MICHELE RUGGIERI (1543—1607)

消失的铺路人

——罗明坚与中西初识

钟永宁 著

中华书局

图书在版编目(CIP)数据

消失的铺路人:罗明坚与中西初识/钟永宁著. —北京:中华书局,2022.4
ISBN 978-7-101-15659-1

Ⅰ.消…　Ⅱ.钟…　Ⅲ.①罗明坚(1543~1607)-人物研究②东西文化-文化交流-研究-中国-近代　Ⅳ.①B979.954②G129

中国版本图书馆 CIP 数据核字(2022)第 043488 号

书　　名	消失的铺路人——罗明坚与中西初识
著　　者	钟永宁
责任编辑	王贵彬
出版发行	中华书局
	(北京市丰台区太平桥西里 38 号　100073)
	http://www.zhbc.com.cn
	E-mail:zhbc@zhbc.com.cn
印　　刷	三河市宏盛印务有限公司
版　　次	2022 年 4 月第 1 版
	2022 年 4 月第 1 次印刷
规　　格	开本/920×1250 毫米　1/32
	印张 10¼　插页 2　字数 300 千字
印　　数	1-3000 册
国际书号	ISBN 978-7-101-15659-1
定　　价	58.00 元

目 录

敲 门

1.寻找丝国

1498年,对东西方世界来说,不是一个平静之年,虽然很多人还不知道有另一方世界。

一年前的1497年的7月8日,葡萄牙航海家瓦斯科·达·伽马(Vasco da Gama)肩负国王和家族的使命,率领4艘帆船、170多名水手,从里斯本出发,踏上寻找东方富庶大国的航程①。

半个世纪后,葡萄牙著名诗人路易斯·贾梅士(Luis de Camoens)这样描绘了当时达·伽马船队离别里斯本海港的情景:

> 未知的旅途如此地漫长,行人必定已失落在远方;
> 女人哭诉着哀怨,
> 男人心痛地悲叹;
> 母亲姐妹的心在挂念,
> 爱人更因挚爱而不安;

---

① 1499年7月,葡萄牙国王曼努埃尔一世(Manuel I)致信西班牙国王:"殿下知道,我曾派遣本朝廷贵族瓦斯科·达·伽马重返中国及其兄弟保罗·达·伽马(Paulo da Gama)率领四艘船只进行海上发现。他们启航已两年多了。"葡萄牙国家档案馆,圣维森特档,第3簿,第513页。转引自金国平编译:《西方澳门史料选萃(15—16世纪)》,广东人民出版社2005年版,第1页。

年年月月的企盼和翘首，

换来冰冷的恐惧与悲伤。①

达·伽马为何心如铁石，无视亲人们的一片哀怨悲伤，航向东方？

此前，欧洲大陆已经流传，在遥远的东方有一个叫契丹（Cataio）②的神秘王国，那里盛产西方无法仿制的高级奢侈品丝绸和瓷器，而它们是达官贵人们标榜身份之物，常常被当作最珍贵的礼物进献给国王和贵族，普通人难得一见。这些奇货很少能运抵西方市场，而一旦到达欧洲，就会被卖出天价。横跨欧亚的土耳其奥斯曼帝国，阻隔着东西方贸易商路，渴求东方黄金、香料、丝绸、瓷器、茶叶等商品的葡萄牙人，不得不试图横跨浩渺凶险的印度洋。

15世纪，伊比利亚半岛上的蕞尔小国葡萄牙，完成了政治统一和中央集权的进程，拥有先进的造船、航海技术，制造出了当时世界上最先进的三桅快帆船。葡萄牙通过阿拉伯人、意大利人等掌握了中国的罗盘技术、指南针，还使用四分仪测量星星的高度，推测航船所处的纬度。它还拥有当时最强大的武器——火枪和火炮。13世纪西征的蒙古人将中国火药带到欧洲，欧洲人在战争中不断将其改进成更先进的武器。拥有了最先进造船、航海技术和强大武器的葡萄牙人，为了效劳天主、消灭异教徒，为了获取黄金和黄金般的香料，攫取财富，希望走出逼仄国土，向外扩张：

---

① 转引自〔美〕夏伯嘉（R. Po-chia Hsia）著，向红艳、李春园译：《利玛窦：紫禁城里的耶稣会士》，上海古籍出版社2012年版，第32页。

② 葡萄牙语中早期称中国为契丹（Cataio）。公元15世纪，西班牙人克拉维约（Klaviyo）在《克拉维约东使记》中用"契丹"称呼中国，此种叫法随即在欧洲流行。

对于人民来说,扩张主要是一种移民形式:追求较好的生活条件和摆脱压迫制度。对于教士和贵族来说,扩张意味着传播基督教和占领土地,这是为天主和国王效劳的形式,是赢得相应的报酬、封地、官职的形式,而这些在葡萄牙这个狭小的宗主国里是越来越难得的。对于商人来说,扩张意味着生意兴隆,意味着他们可以在产地购买原料和高价转卖。对于国王来说,扩张是提高威望的机会,使贵族们有事可干,更重要的是可以开辟新的财源,特别是在国王收入大幅度下降的时刻,更是如此。[①]

葡萄牙阿维兹王朝(Aviz House,1385—1580)开创者若昂一世(João I),首先进取北非的摩尔人城市摩洛哥。他的第三个儿子恩里克(Henrique,即亨利王子),继续组织冒险家沿着非洲西海岸向南远征,成为葡萄牙航海和海外扩张事业的奠基者,点燃了葡萄牙整个民族向外"发现"的激情。

怀揣"幸运儿"曼努埃尔一世[②]向东方扩张的勃勃野心,达·伽马船队沿着迪亚士(Diogo Dias)开辟的航线,绕过南非好望角,再沿非洲东海岸航行至今肯尼亚的马林迪港。在这里,船队遇到来自印度的大帆船,在一位熟悉季风规律的阿拉伯领海员带领下,劈波斩浪,穿越印度洋西北角,抵达印度西南部的重要港口城市卡里库特(Calicut,又称科泽科德),历史性地完成了欧洲到东方的首次海上

[①]〔葡〕J. H. 萨拉依瓦(José Hermano Saraiva)著,李均报、王全礼译:《葡萄牙简史》,花山文艺出版社1994年版,第124页。

[②]曼努埃尔一世(1469—1521),有"幸运儿"的绰号,其来历是因为他意外当上国王,且刚一登基就迎来了葡萄牙东方贸易帝国全盛期,其实这主要归因于其前任若昂二世(João II,1481—1495年在位)的功业。

航行。

此地属于中国古籍中所称的古里国,是明朝敕封的海外番邦。一百年前,郑和首次下西洋便带着大量丝绸、瓷器来到过这里。1407年,郑和第二次下西洋时,古里国王接受明成祖的敕书,自愿成为中国的藩国①。当时,中国商人已经航行到此从事贸易,建有多处商站,当地人称之为"中国人的堡垒"(Chinacota)②。

达·伽马抵达古里国这一天为1498年5月20日。这年为明朝弘治十一年,明孝宗朱祐樘正月时照例在京城南郊举行国祀,祭拜天地;二月,北元鞑靼部落首领小王子遣使求贡,明孝宗不予理会。小王子时常寇边,孝宗只是驱赶而已,不轻易劳师远征③。明孝宗此时二十九岁,治国风格迥异于其父明宪宗。他有一个痛苦的童年,为防宪宗宠妃万贵妃毒手,母亲纪氏带着他隐遁在安乐堂,凄风苦雨中度日。他被父亲"发现"后,其母还是被万贵妃逼死。即位后,有感于宫廷险恶和前朝弊政,他谦谨待人、勤于政事,抑制宦官、任贤使能,废除苛法、与民休息,"兢兢于保泰持盈之道",使日益浸弱的大明江山"朝序清宁,民物康阜"④,史曰"弘治中兴"。

葡萄牙侵犯古里国的消息不会那么快传到明朝。对这些海外

---

①《瀛涯胜览》:"永乐五年,朝廷命正使太监郑和等,赍诏敕赐其国王诰命银印,及给赐升赏各头目品级冠带。统领大䑸宝船到彼,建起碑亭,立石云:'去中国十万余里,民物咸若,熙暤同风,刻石于兹,永示万世。'"〔明〕马欢著,万明校注:《明本〈瀛涯胜览〉校注》,广东人民出版社2018年版,第57—58页。

② 金国平编译:《西方澳门史料选萃(15—16世纪)》,广东人民出版社2005年版,第8页。

③〔清〕张廷玉等撰,中华书局编辑部点校:《明史》卷一五《孝宗》,中华书局1974年版,第191页。

④〔清〕张廷玉等撰,中华书局编辑部点校:《明史》卷一五《孝宗》,中华书局1974年版,第196页。

藩国,明政府并无经济诉求,封其为属国,只是为了宣示国威、怀柔
远人。几千年以来,中国人都认为天圆地方,幅员辽阔的华夏即为
世界的中心,周边之国属于蛮夷,蛮夷须接受华夏教化;这种天下观
念所衍生的对外国策,就是严夷夏之防和以文德怀柔远人。明朝开
国后,即奠立以朝贡贸易体制为核心的对外政策,以册封、通使、朝
贡、赏赐、互市等仪式,羁縻外邦,诸国只要尊事中国,就不予征伐,
且不惜亏蚀国库,以博得万国来朝的盛世景象①。诸国也乐于享用这
种厚来薄往的最惠国贸易待遇,每隔几年便带着大明皇帝赐给的勘
合印信和本地特产,梯山航海而来。明孝宗承继祖先所立的朝贡贸
易体制,践位以来,即有安南、暹罗、占城、日本等国多次入贡。

但此时东南沿海的私人海上贸易已经兴盛起来。利之所在,沿
海豪门巨室纷纷打造大船扬帆出海贸易,一般百姓则以帮雇身份参
与其中,市舶贸易严重冲击贡舶贸易②。

达·伽马的船队抵达印度后,在西南部港口城市开展不太顺
畅的贸易,最后带回了一批香料(主要是胡椒)、象牙和宝石,还有
中国的丝绸、瓷器,原路回国。1499年,他返抵里斯本,向曼努埃尔

① "何乔远曰:'高帝既平定天下,诏谕诸夷,诸夷君长,或使或身,悉随使者来朝贡,
则高丽、日本、大小琉球、安南、真腊、暹罗、占城、苏门答腊、西洋、爪哇、彭亨、百
花、三佛齐、浡泥凡十五国,臣服最先而最恭顺。高帝作祖训,列诸不征,且示勿
勤远略之意。'"参〔明〕谈迁著,张宗祥点校:《国榷》卷一六《乙未永乐十三年七
月丙申朔》,中华书局1958年版,第1119页。明太祖告诫后代的祖训如此说道:
"四方诸夷,皆限山隔海,僻在一隅。得其地不足以供给,得其民不足以使令。
若其自不揣量,来扰我边,则彼为不祥。彼既不为中国患,而我兴兵轻伐,亦不
祥也。吾恐后世子孙,倚中国富强,贪一时战功,无故兴兵,致伤人命,切记不
可。"〔明〕朱元璋:《皇明祖训》,北京图书馆藏明洪武礼部刻本。
② "成、弘之际,豪门巨室间有乘巨舰贸易海外者。奸人阴开其利窦,而官人不得显
收其权。"〔明〕张燮著,谢方点校:《东西洋考》卷七《饷税考》,中华书局2000年
版,第131页。

国王和王后展示了从卡里库特买来的中国瓷器,受到国王和王后的嘉赏。

三年后的1502年,曼努埃尔一世命令达·伽马再度出征。他率领20艘军舰,原路从葡萄牙航海到印度,仍在卡里库特登陆。这次,他有备而来,以武力攻占了古里王国。返回葡萄牙后,他又将搜刮到的中国瓷器献给了国王和王后。

达·伽马带回的中国珍品,更加激发了葡萄牙王室对东方帝国丰饶物产的遐想。1505年,曼努埃尔一世派阿尔梅达(Francisco de Almeida)任葡属印度总督,推动葡萄牙殖民势力继续向东方扩张。

这一年6月,身体孱弱、励精图治的明孝宗,以三十五岁华龄早逝。孝宗作为中国皇帝的特例,一生只娶妻张氏一人,如平民般过着一夫一妻的生活。他与张氏生了两子一女,次子和女儿早夭。弥留之际,他召顾命大臣入乾清宫,遗诏传位于十五岁的独苗朱厚照,是为明武宗正德皇帝。

明武宗,天资聪颖,处事果决,如剪除太监刘瑾、御驾亲征抵御边患,但自幼万千宠爱集于一身的他,完全不同于其在苦难中泡大的父亲,却与其祖父明宪宗如出一辙,沉迷享乐,不理朝政,不同的是,他不啻耽乐宫中,还喜好与宦官四处冶游,热衷方外之物,散漫率性,没有节制。

明武宗在对外关系上,沿袭前朝海禁和朝贡贸易体制。但朝贡贸易体制于地方政府,非但不能获得税收,还因为高价采买,成为地方财政的负担。由于连年兴兵,广东地方财政空虚,正德三年(1508),广东布政使吴廷举等人以缺少上供香料为由,开始对外国来广东的船只进行抽分(收税),将市舶贸易合法化。这引致朝议纷起。正德九年(1514),武宗只得重申禁止与番人贸易、抽分。

1509年,葡萄牙派殖民老手阿丰索·德·阿尔布克尔克

（Alfonso de Albuquerque）接任葡属印度总督。这位"东方凯撒"于1510年11月25日攻占了印度西海岸重要港口城市果阿（Goa），把整个西印度洋置于其武力控制之下，为继续东进、剑指中国，建立了坚固的桥头堡。

越接近中国，葡萄牙王室就越想了解中国。早在1508年4月，曼努埃尔一世便派遣迪奥戈·罗柏斯·德·塞魁拉（Diogo Lopes de Sequeira）率领舰队，从印度向东挺进满剌加。临行前，国王对塞魁拉详尽交代：

> 你必须探明有关秦人的情况，他们来自何方？路途有多远？他们何时到满剌加或他们进行贸易的其他地方？带来些什么货物？他们的船每年来多少艘？他们的船只形式和大小如何？他们是否在来的当年就回国？他们在满剌加或其他国家是否有代理商或商站？他们是富商吗？他们是懦弱的还是强悍的？他们有无武器或火炮？他们穿着什么样的衣服？他们的身体是否高大？还有其他的一切有关他们的情况。他们是基督徒还是异教徒？他们的国家大吗？国内是否不止一个国王？是否有不遵奉他们法律和信仰的摩尔人或其他任何民族和他们一道居住？还有，倘若他们不是基督徒，那么他们信奉的是什么？崇拜的是什么？他们遵守的是什么样的风俗习惯？他们国土扩展到什么地方？与哪些国家为邻？①

---

① 此文原件藏葡萄牙国立档案馆。引自张天泽著，姚楠、钱江译：《中葡早期通商史》，香港中华书局1988年版，第36页。另可参见〔葡〕巴洛斯（João de Barros，又译为"巴罗斯"）等著，何高济译：《十六世纪葡萄牙文学中的中国》，中华书局2013年版，第10—11页。

葡萄牙国王似乎想了解有关中国的一切。

塞魁拉带着葡王的一连串疑问，率领船队停泊在离满剌加不远的一个小岛上。当时满剌加也是中国的藩国。14世纪末15世纪初，满剌加欲摆脱暹罗控制而独立。永乐三年（1405），满剌加酋长拜里迷苏剌（Parameswara）派使臣到明朝朝贡并请封，明成祖封拜里迷苏剌为满剌加国王。郑和下西洋，多次到满剌加，并代表明朝将皇帝的诏书、诰印、冠带、袍服、碑铭，敕给满剌加国王①。因为国王皈依伊斯兰教，称苏丹，因此它被称为满剌加苏丹国。此后满剌加与中国保持着经常性的贸易关系，中国民间商船也远行至满剌加，与当地商人开展香料、丝绸、瓷器等贸易②。满剌加王国因为马六甲海峡的特殊地理位置，成为15—16世纪中西方贸易的中心，脱颖而为马来半岛一个强盛王国。

塞魁拉悄悄地与马六甲港的中国商人交往，刺探中国情报。他与中国人第一次接触是在一艘船上，中国船长盛情邀请他上船共进晚餐。饭后，他在给国王的报告中，描绘了中国人的状貌和饮食方式。

但诡秘的塞魁拉船队，还是遭到了当地人的袭击，不得不启程归国。

1511年4月，葡印总督阿尔布克尔克率军从果阿东行进攻满剌

---

① 〔清〕张廷玉等撰，中华书局编辑部点校：《明史》卷三二五《满剌加》，中华书局1974年版，第8416页；〔明〕马欢著，万明校注：《明本〈瀛涯胜览〉校注》，广东人民出版社2018年版，第34—35页。

② "这个城市（指马六甲）所有的物产，如丁香、芦荟、檀香、安息香、大黄、象牙、名贵宝石、珍珠、麝香、细瓷及其他各种货物，绝大部分从外面来，从秦土（terra dos Chins）来。"转引自金国平编译：《西方澳门史料选萃（15—16世纪）》，广东人民出版社2005年版，第8页。

加，8月，满剌加被征服，末代苏丹马哈穆德（Sultan Mahmud，中国史籍称"妈末"）出逃，并遣使向明朝求援。满剌加为东西方贸易的重要中继站，当时，中国和南洋的丝绸、瓷器、香料运抵于此，印度、阿拉伯的商船从这里满载而去。葡人攻占满剌加，掐断了中国商品通往印度洋的咽喉，给中国官方和民间的东西洋贸易致命一击，明朝廷从此失去了在该地区的盟主地位[①]。

占领满剌加后，阿尔布克尔克向国内发回报告，不可一世的葡萄国王很快便制订了一个进军东亚的计划。阿尔布克尔克率领葡萄牙舰队在南洋诸岛及东南亚海域四处游弋探查，向南到了摩鹿加群岛，向北抵达泰国。他们发现，泰国人和一些南洋小国均属于明王朝的藩国，历年与中国开展官方贸易，隐隐嗅到了东方大国的诱人味道。

1513年春，4艘中国商船来到满剌加，商人们发现此地已被外族人占领，于是不敢在城中久留，匆匆返航。一心想探听中国的葡萄牙人，派了一支小船队尾随而行。龟缩在船中的，就有葡萄牙满剌加商品经管员佐治·欧维士（Jarge Álvares）。

1513年6月，这支葡萄牙小船队在中国广东屯门（Tamão）[②]登陆，佐治·欧维士在岛上竖起了一块刻有葡萄牙王国徽章的石柱。他由此被称为迄今所知的第一个到达中国的葡萄牙人，也是第一个

[①] "中国自满剌加被葡占据后，在南洋诸国威信亦渐失，是谓为'开中国外交失败之渐'，不亦宜乎？"梁嘉彬：《明史稿佛郎机传考证》，王锡昌等著：《明代国际关系》，台北学生书局1968年版，第11页。

[②] 关于Tamão现在的位置，学界存在争议，有台山上川岛、下川岛，东莞东涌，内伶仃岛，大铲岛，香港大屿山等等说法。有人说，它是葡萄牙人占据小岛后，给自己占据的小岛起的名字，在中国典籍中并无此名。早期来华的葡萄牙商人以屯门为贸易据点，屯门也因此被他们称为"贸易之岛"。

从海路到中国的欧洲人①。他直到1516年八九月间才回到满剌加,首次带回有关中国的第一手消息。他对中国的初步感觉是:"中国人希望与葡萄牙人和平友好,他们是一个非常善良的民族。"②

此时,距葡萄牙人达·伽马首度到东方探险,已有十九个年头。

---

①〔葡〕巴洛斯等著,何高济译:《十六世纪葡萄牙文学中的中国》,中华书局2013年版,第70页。一说欧维士是在葡印总督阿丰索·德·阿尔布克尔克的派遣下,由中国商人指引,从马六甲到达中国广东沿海的。由于广东地方官的拦阻,他们未能上岸,只私下与中国私商交易。但欧维士在回航之前,偷偷登上屯门岛,并将刻有葡萄牙王国徽章的石柱立在那里,以作为葡萄牙人到达此地的标志。参见万明:《中葡早期关系史》,社会科学文献出版社2001年版,第24页。

②一说次年春天,欧维士返回马六甲,声言中国无所不有,到处充满发财机会,将香料运到中国去,所获的利润与载往葡萄牙所获的利润同样多,而将中国丝缎、珍珠、帽子等运到马六甲,可获利30倍。见张天泽著,姚楠、钱江译:《中葡早期通商史》,香港中华书局1988年版,第41页。

2. "葡囚来信"

　　葡萄牙人触摸到中国十一年后的1524年,在广东提刑按察使司的大牢中,两位葡萄牙囚犯克里斯托瓦·维埃拉(Cristóvo Vieira)和瓦斯科·卡尔渥(Vasco Calvo)买通狱卒,写信给停泊在"广海一带"一位不知姓名的葡萄牙船长,央求葡印总督派人解救他们。信中追忆使团在华的活动,诉说葡人在广州狱中的悲惨遭遇,描述广州城池地形,谋划葡人如何攻占广东——这就是著名的"葡囚来信"[1]。

　　维埃拉是葡萄牙第一个来华使团的幸存者。作为他们使团大使的多默·皮列士(Tomé Pires)当时已经瘐死狱中[2],而转到同一牢里的葡萄牙囚犯,大都被执行死刑,只有维埃拉等4人活下来,其中包括并非葡使而系入此狱的葡萄牙商人卡尔渥。卡尔渥三年前抵达中国海岸进行走私贸易,被中国海军俘虏,投入维埃拉等人所在的监狱。

---

[1] 参见〔葡〕巴洛斯等著,何高济译:《十六世纪葡萄牙文学中的中国》,中华书局2013年版,第64—160页。

[2] 一说多默·皮列士后来离开广州,被中国官府放逐苏北,在那里,他和当地女子结婚生子,生活了二十七年,并劝化了不少基督徒,直到他死为止。参见E. Bretschneider, *Mediaeval Researches from Eastern Asiatic Sources*: *Fragments Towards the Knowledge of the Geography and History of Central and Western Asia from the 13th to the 17th Century*, II, Munshirm Manoharlal Pub Pvt Ltd, pp.137-139.

维埃拉的信,追述了葡萄牙使团的来华过程:

1514年,明正德九年,即葡萄牙人触摸中国边境小岛屯门的次年,葡萄牙国王曼努埃尔一世命令费尔南·安德拉德(Fernão Peres de Andrade,《明史》中称"加必丹末")率领一支船队从里斯本出发,准备组织和护送使团朝觐中国皇帝明武宗。

一路凯歌东进的葡萄牙人,通过各种渠道打探到了中国的情况,虽然其中不乏虚假的传闻,但通过南亚、东南亚诸国与中国的关系,已经知道中国是一个疆域辽阔的强盛帝国,除了藩国使臣,中国政府严禁其他外国人进入中国内地,当然也不能进入内地经商。葡萄牙人不敢像先前对待东南亚小国一般恣意诉诸武力,他们欲仿效当时中国周边诸国与明政府的朝贡贸易方式,通过派使团朝觐中国皇帝,打开与中国的贸易之门。

使团人员由葡印总督选派。1517年6月17日,费尔南·安德拉德船队护送充任大使的多默·皮列士从马六甲出发前往中国,船队共计8艘帆船,每艘船上都配备了指挥官和中国领航员。

皮列士,曾经当过葡萄牙国王曼努埃尔一世的私人医生和药剂师,此时为马六甲的药物经管员,不久前刚完成了他的《东方志》一书,其中一章专记中国。他并没到过中国,书中有关中国的信息,来自马六甲的中国商人。虽不乏称许中国之语,但他在字里行间流露出对中国的不屑,并说用10艘印度总督攻占马六甲的舰只就能控制中国[1]。就是这样一个满脑子想武力征服中国的人,现在却欲以和平使节身份进入中国。

8月15日,使团船队抵达广东屯门,在未经明朝海防官员允许

---

[1] 〔葡〕巴洛斯等著,何高济译:《十六世纪葡萄牙文学中的中国》,中华书局2013年版,第171页。

的情况下,皮列士率领3艘大船,直驶广州。船队9月底一到广州,即竖起国旗,鸣放三响礼炮,广州城中"铳声如雷",居民大为惊骇。

当时,处理外国事务的海道副使汪铉去了北京,广东按察使司金事顾应祥带管海道,处理外夷事务。他第一次见到如此奇异外貌、举止傲慢的夷人。会见后,他立即派人到广西梧州向两广总督陈金禀报。

明朝的总督一职,本为中央都察院派驻地方总督军务的命官,有时称提督、总制,军务完了即罢。明王朝建立后,各省实行三司分治,布政使司主管民政与财政,按察使司主管司法,都指挥使司主管军事,三司互不统属,不能兼任,权归中央,听命于朝廷。景泰三年(1452),广西浔州(今桂平)、梧州的瑶民、僮民再度起义,反抗官府。而广东总兵董兴和广西总兵武毅因无上司的节制,互相推诿,致使局势恶化。为扭转局面,兵部尚书于谦奏请朝廷,特遣右都御史王翱总督两广军务,主持镇压两广瑶民、僮民起义,规定自总兵以下皆受节制,开两广设置总督之端①,这也是明朝设置总督常官之始。天顺元年(1457),两广总督被撤。成化初,平定广西大藤峡"瑶乱"后,为便于协调两广军政事宜,复设两广总督,并建总督府于粤西重镇梧州。

陈金,湖北应城人,正德十年(1515)任两广总督。听了广州官员的禀报后,他即令三堂总镇太监宁诚,总兵、武定侯郭勋先赴广州,言自己随后就到。

广州的广东地方官在珠江边迎候他们先后到来,其场面煞是壮观:

---

① "于谦请以翁信、陈旺易之,而特遣一大臣督军务,乃以命翱。两广有总督自翱始。"〔清〕张廷玉等撰,中华书局编辑部点校:《明史》卷一七七《王翱》,中华书局1974年版,第4701页。

　　江中舟船如云,旌旗飘扬,彩棚夺目,地上百姓载歌载舞。一大广场上,有一个刻工精美的石码头(指蚬子埠)。他在那里登岸。这些财政、军事、司法及政务官员使用的颜色、服饰及前呼后拥的仆役看得人眼花缭乱。一些步行,一些骑马。马袋装饰得怪里怪气。所使用的肚带及饰物比我们在盛大的场合使用的还要华丽。当天,城墙头丝质彩旗飘扬。连塔楼旗杆上迎风招展的大旗也是丝质的。旗杆之高大,完全可以作圆形大船的桅杆。此地富甲天下,丝绸如山。华人用黄金打金箔,用丝绸作彩旗,如同我们使用廉价的漆、粗麻手帕一般。①

这是欧洲人所描述的当时的迎候情景。文中说广州"富甲天下,丝绸如山",艳羡之情溢于言表。

　　入城后,宁诚、郭勋先与葡人相见。令他们诧异的是,这个外夷首领(指费尔南·安德拉德)见了他们后,居然只是颔首,腰杆笔直,无下跪举动。

　　陈金听说宁诚和郭勋受到外夷怠慢,怒不可遏,命令杖责通事(翻译)二十大棍,并吩咐市舶提举吴洪赐,领外夷到光孝寺"习礼三日"。葡人被引到光孝寺,第一天练跪左腿,第二天练跪右腿,第三天练磕头,之后才被允许进见②。可知当时官员们是多么看重夷人的

①〔葡〕巴洛斯:《若昂·德·巴罗斯亚洲史——旬年史之三》,转引自金国平编译:《西方澳门史料选萃(15—16世纪)》,广东人民出版社2005年版,第138—139页。
②顾应祥《静虚斋惜阴录》:"正德间,予任广东按察司佥事,时巡海副使汪铉进表赴京,予带管海道。暮有番舶三只至省城下,放铳三个,城中尽惊。盖前此番舶俱在东莞千户所海澳湾泊,未有径至城下者。市舶提举吴洪赐禀,予亲至怀远驿审视。其通事乃江西浮梁人也,禀称此乃佛郎机国遣使臣进贡,其使臣名加必丹,不曾相见。予即差人往梧州呈禀。三堂总镇太监宁诚、总兵武定侯郭勋俱至。其头目远迎,俱不拜跪。总督都御史陈金独后至,将通事责治二十棍,(转下页)

态度和礼仪。

但广州官员,对这些未见于《大明会典》名录的葡国使团人员,仍按朝贡之礼待之,将他们安排在怀远驿居住,"城中达官贵人登门拜访。当地官员根据接待大使的规定,下令为他们提供一切"①。

怀远驿在广州归德门外西南的十八甫蚬子埗,是外国朝贡使者住宿之处。明代继承宋元以来的市舶司制度,洪武三年(1370)在广东的广州、福建的泉州、浙江的宁波设市舶司,"掌海外诸蕃朝贡市易之事"。广东市舶司负责占城、暹罗、满剌加、真腊诸国朝贡事,浙江市舶司负责日本朝贡事,福建市舶司负责琉球朝贡事。后来市舶司一度罢废,明成祖永乐元年(1403)复设,并分别在广州、泉州、宁波设怀远驿、来远驿、安远驿,接待贡使。市舶司官员查验朝贡表文、勘合,辨其贡道、贡期,检验贡物,确定进京人数,供应贡使饮食物品,采买正贡以外的"附至番货"。

费尔南·安德拉德船队不久后离开广州,在珠江及沿海一带候命和打探中国情况②,只留下皮列士一行等候朝廷消息。次年,即1518年的2月10日,朝廷对葡萄牙进贡之事有了批复。当时国人称葡萄牙为佛郎机③,朝廷认为佛郎机过去没有进贡过,不知此次进贡

(接上页)吩咐提举:'远夷慕义而来,不知天朝礼仪,我系朝廷重臣,着他去光孝寺习礼三日方见。'第一日始跪左腿,第二日跪右腿,三日才磕头,始引见。"〔明〕顾应祥:《静虚斋惜阴录》卷一二《杂论三》,《北京图书馆古籍珍本丛刊》(64),书目文献出版社1996年版,第29—30页。

①〔葡〕巴洛斯:《若昂·德·巴罗斯亚洲史——旬年史之三》,金国平编译:《西方澳门史料选萃(15—16世纪)》,广东人民出版社2005年版,第141页。

②费尔南·安德拉德于当年9月初收到马六甲要塞司令的召回命令,之后他率领船队满载黄金及其他贵重货物从东涌启航,返回马六甲。1520年7月,他返回葡国,受到国王接见。

③"佛郎机"是Falanchi的音译,源于法兰克族(Franks)的称呼。公元5世(转下页)

是否有诈,还说佛郎机依恃武力,在满剌加国及苏门答腊国剽劫,如果朝廷也封它为藩国,那些备受其害的藩国知道了,将无法让它们敬顺朝廷。因此,朝廷命令广东布政使按礼节犒劳使者,给予他们一些地方特产,让他们回国,而他们带来的货物,付给银两①。

将朝廷批复结果告知葡使后,葡使要求广东官员再报。可能是当时葡使通事火者亚三②贿赂宁诚,走通了皇帝身边宠臣江彬的门路,广东官府为葡使向朝廷再三禀报③。1520年1月23日,明廷终于批准葡使前往南京,觐见打着御驾亲征宁王之乱④旗号至此的武宗。

于是,葡使一行26人乘了3艘快船从广州出发,在火者亚三引领下,于5月到达南京。一到南京,乖巧精明的火者亚三,贿赂武宗

(接上页)纪时,该族在法兰西北部到德意志西部地区建立了法兰克王国。后来,曾与法兰克王国发生过武力冲突的回教徒用"佛郎机"来称呼欧洲的天主教徒。当中国人看到航抵广州的葡萄牙人时,也称其为"佛郎机"。1571年西班牙王国占领了吕宋岛,将吕宋变成了自己的殖民地。由于西班牙人也是欧洲天主教徒,于是中国人亦称其为"佛郎机"。

① 正德十三年(1518)正月壬寅:"佛郎机国差使臣加必丹末等贡方物,请封,并给勘合。广东镇巡等官以海南诸番无谓佛郎机者,况使者无本国文书,未可信,乃留其使者以请。下礼部议处,得旨:'令谕还国,其方物给与之〔值〕。'"台北"中研院"史语所校勘:《明武宗实录》卷一五八,1962年影印本。

② 关于火者亚三的身份、汉名、籍贯,学术界一直有争议。对其身份,有人认为他就是一名翻译,有人认为他是葡萄牙对中国政府声称的大使;其汉名、籍贯有江西浮梁人说、中国回回商人说、东洞庭傅永纪说等等。可参见金国平、吴志良:《"火者亚三"生平考略——传说与事实》,《明史研究论丛》(第10辑),紫禁城出版社2012年版,第226—244页。

③《明史》有佛郎机人"夤缘镇守中贵,许入京"的记载。参〔清〕张廷玉等撰,中华书局编辑部点校:《明史》卷三二五《佛郎机传》,中华书局1974年版,第8430页。

④ 宁王之乱,亦称"宸濠之乱",指明武宗正德十四年(1519)由宁王朱宸濠在南昌发动的叛乱。叛乱波及江西北部及南直隶西南一带(今江西省北部及安徽省南部),由南赣巡抚王阳明、吉安太守伍文定平定。

近臣江彬,江彬将火者亚三引见给武宗。武宗对于边疆异域文化有浓厚兴趣,先后学会了蒙古语、藏语和回回话,听说火者亚三懂葡萄牙语,遂将其留在身边,并盛情接待了葡使,还多次与皮列士下西洋跳棋,让葡使出席朝廷宴会①。

这时,流亡在外的满剌加末代苏丹马哈穆德,派遣使臣抵达中国,控告葡人用武力夺取满剌加,要求明廷援助其复国。御史丘道隆、何鳌奏请武宗,要求驱逐佛郎机人。但武宗不予理睬,反而与葡使相约赴北京宫廷,商谈两国贸易事宜。

按照预先约定,皮列士等使团人员先行北上。1521年1月,他们抵达北京城。武宗也随后回京。

在北京期间,火者亚三仗着皇帝的恩宠和江彬的势力,颐指气使。在四夷馆,见到礼部主事梁焯,他不行跪拜礼。梁焯大怒,命人对其施以杖刑。江彬见此,对梁焯不屑地说道:"亚三与皇上一起玩耍得多么好,怎么肯向你这个小官下跪呢?"②

皮列士进宫递交了他带来的三封信札:一封是葡王曼努埃尔一世致明武宗的;第二封是费尔南·安德拉德致武宗的,这封信在广州已被翻译成中文;还有一封是两广总督陈金举荐葡人使团的。当通事向武宗翻译葡王信时,武宗发现其与已译成中文的费尔南·安德拉德的信大相径庭。通事慌忙辩解,说译文是为了符合中国习惯。

---

① 据黄佐纂《广东通志》卷六二《梁焯传》:"又番人写亦虎先与其甥米黑儿马黑麻以贡献事诬陷甘肃文武大臣,时彬与钱宁用事,二夷人者或驰马于市,或享大官之馔于刑部,或从乘与,馐珍膳于会同馆,或同仆臣卧起。而大臣被诬者皆桎梏幽囚。以是轻每〔侮〕朝官,焯每以法约束之。"转引自戴裔煊:《〈明史·佛郎机传〉笺正》,中国社会科学出版社1984年版,第13页。

② "亚三恃帝骄甚。从驾入都,居会同馆。见提督主事梁焯,不屈膝。焯怒,挞之。彬大诟曰:'彼尝与天子嬉戏,肯跪汝小官邪?'"〔清〕张廷玉等撰、中华书局编辑部点校:《明史》卷三二五《佛郎机》,中华书局1974年版,第8431页。

武宗雷霆大怒,官员随即逮捕了通事。接着,北京大臣们交章上奏,说佛郎机人侵略古里、满剌加等国,现又借行商之名,图谋侵略中国,不宜允许他们进入中国的任何地方。于是,官府下令禁止葡国使团人员进入皇宫。

武宗突然于4月15日崩于豹房,时年仅三十一岁。

在给武宗举哀期间,葡人不懂中国规矩,仍要商谈通商之事。

与此同时,费尔南·安德拉德之弟西蒙·安德拉吉(Simão de Andrade)奉葡王之命来到广东沿海,受到中国舰队拦截后退驻屯门,在这里,他们"未经允许,擅自修筑工事,建炮台、堡垒、哨所,像对待非洲黑人那样对待中国人,他们赶走了中国商人,俘虏船员、掠夺钱财和货物,纵容部下肆意抢劫百姓,俘走他们的妻女并任意欺侮、蹂躏"①。1520年9月,西蒙携大批掠夺物和准备贩卖的中国儿童潜逃。

武宗无嗣,内阁首辅杨廷和说服皇太后张氏,令与武宗血统最近的堂弟、封于今湖北钟祥市的兴献王之次子朱厚熜接位,是为明世宗。

在世宗即位前夕,杨廷和联合皇太后张氏,说服当时的司礼太监魏彬,诛杀武宗幸臣江彬,处死火者亚三。世宗即位后批准礼部、兵部决议,正式宣布断绝与葡萄牙的往来,遣其使臣回国。

葡萄牙人以委曲之姿展开所谓"使团外交"之时,也祭出他们一路东来屡试不爽的武力。

1521年5月,葡萄牙派遣迪奥戈·卡尔伏(Diogo Calvo)率舰

---

① 〔葡〕施白蒂(Beatriz Basto da Silva)著,小雨译:《澳门编年史(16—18世纪)》,澳门基金会1995年版,第4页。严从简也说:"(佛郎机)退泊东莞南头,盖屋树栅,恃火铳以自固,每发铳声如雷。"〔明〕严从简著,余思黎点校:《殊域周咨录》,中华书局1993年版,第320页。

队到达广东屯门。广东地方官令其撤出中国水域,但葡人却借口"接济使臣衣粮"而退守屯门,"设立营寨,大造火铳",凭借地理优势先向中国海防巡逻队发动攻击,挑起屯门之役。

时年五十六岁的广东海道副使汪铉奉命迎战。初战因为葡方火力强劲,明军败走。败后,汪铉重整旗鼓,借助风力将放满草料和油料的小船接近敌方船队,又令人暗将葡船凿漏,发起进攻,葡军最后失败。迪奥戈·卡尔伏率残兵逃回马六甲,其他葡人被捕入狱。

屯门海战后,明政府要求中国战船凡见到悬挂葡萄牙旗帜的船只,就要将其击毁。

1522年4月,受葡萄牙国王派遣,马丁·阿丰索·德·梅勒·科迪尼奥(Martim Afonso de Melo Coutinho,又译"末儿丁·甫思·多·灭儿")从里斯本出发前往东方,企图在中国修建城堡,构筑殖民据点并开展通商活动。8月初,运载着300多名葡萄牙士兵的6艘战舰驶入屯门。之后,在西草湾①,葡军与明军展开激战。明军在备倭指挥柯荣和百户王应恩的指挥下最终击败了葡军②。

葡萄牙人除了在广东沿海走私贸易,挑起战事,还不时干起抢劫百姓、蹂躏妇女、掠买人口的勾当,民间一直传言红毛鬼佛郎机人喜欢吃小孩③。这可能只是传闻,但葡萄牙人与当地人走私贸易后掠

① 关于西草湾的位置,学界争议颇大,有新会、香山、东莞诸说。

② "(葡人)遂寇新会之西草湾,指挥柯荣、百户王应恩御之。转战至稍州,向化人潘丁苟先登,众齐进,生擒别都卢、疏世利等四十二人,斩首三十五级,获其二舟。余贼复率三舟接战。应恩阵亡,贼亦败遁。"〔清〕张廷玉等撰,中华书局编辑部点校:《明史》卷三二五《佛郎机》,中华书局1974年版,第8431页。

③ "(佛郎机)潜出买十余岁小儿食之,每一儿予金钱百。广之恶少掠小儿趋之,所食无算。居二三年,儿被掠益众。"〔明〕严从简,余思黎点校:《殊域周咨录》,中华书局1993年版,第320页。嘉靖初,刑科给事中王希文上《重边防以苏民命疏》称:"正德间,佛郎机匿名混进,突至省城,搜违则例,不服抽分,烹食婴(转下页)

买儿童,却是事实。因而在当时的广东民间,葡萄牙人给人以嗜利贪财、凶恶恐怖的印象。

因为葡萄牙人在中国海域的野蛮行径,加之倭寇猖獗,嘉靖皇帝于1522年罢去浙江、福建两个市舶司,唯存广东市舶司,不久之后广东市舶司也被罢置,全面禁止大明臣民从事任何海上贸易,强化了明朝开基以来的海禁政策。有大臣建议将皮列士使团人员作为间谍处死,但朝廷最后还是宽恕了这些葡萄牙人。5月22日,葡萄牙使团离开北京。

经过四个月漫长之旅,葡萄牙使团抵达广州。他们立即被广东当局逮捕,先关进布政使司的监狱,后转到按察使司监狱,这些人后来不是病死就是被处死,幸存者维埃拉和系入此狱的葡萄牙商人卡尔渥最后得到机会,写信向外求助,要求攻打广州、营救自己。

对葡萄牙的首个来华使团,广东地方官员在开始的时候虽然不满于其倨傲无礼,但还是将其视同当时其他的朝贡贸易之国,安排其在贡馆居住,并为他们赴北京朝觐多次奏报,可谓礼遇有加;但当葡萄牙使团不被朝廷认可、遣返广州后,广东地方官本可以如朝廷一样将其遣返回国,但他们却以监禁或处死的加码惩处显示对朝廷决策的拥护,并欲以此撇清之前与葡使的干系。

(接上页)儿,掳掠男妇,设棚自固,火铳横行,犬羊之势莫当,虎狼之心厄测。"〔清〕印光任、张汝霖著,赵春晨点校:《澳门纪略》卷上《官守篇》,广东高等教育出版社1988年版,第19页。

3. 落脚澳门

两次中葡海战,使葡萄牙王室意识到,在中国沿海建立城堡和扩张基地极不现实,凭借武力无法征服中国,撬开通商的大门。西草湾之战后,葡萄牙败将科迪尼奥在写给国王的信中这样说道:

> 我主,这便是那里发生的情况。不应再向远在葡萄牙万里之外的地方派遣舰队,即便船坚炮利,亦非万无一失,我的情况便是一例……我们在此可用武之地非我们想象那般,敌人亦比我们想象的强大得多。[①]

1521年12月12日,葡萄牙国王曼努埃尔一世在里斯本病逝,接位的新国王若昂三世(João Ⅲ)为了恢复失去的对华贸易,放弃了其父推行的征服政策。他敕令负责中国事务的马六甲城防司令马斯卡雷尼亚斯(Pero de Mascarenhas):

> 因为朕得到情报说,对华贸易利润巨大,所以必须刻意保

[①] 马丁·阿丰索·德·梅勒·科迪尼奥1523年10月25日致葡萄牙国王若昂三世的信,藏葡萄牙国家档案馆,编年档1-30-40。转引自金国平编译:《西方澳门史料选萃(15—16世纪)》,广东人民出版社2005年版,第41—42页。

存。如你所知,目前已破坏殆尽,必须努力恢复原状,保持和平
与友好。你要努力寻求和平与友好,向广东及中国各港口大吏
表示朕对一切违背他们意愿的事情不满、愤怒……你要尽可能
地向所有人表明你希望重开贸易、谋求和平与友好的愿望。办
理情况如何,随时禀报朕知道。[1]

葡萄牙新国王改变过去葡萄牙对中国咄咄逼人和武装征服之势,对
中国官府显示和平友好。此后若干年里,葡萄牙国王未派官方武装
骚扰中国。

但葡萄牙商人还是暗中与中国海盗、日本倭寇以及东南亚不法
商人勾结,驾驶武装船只,到防守薄弱的浙江和福建沿海,冒名暹罗
或满剌加进行走私贸易,建立了漳州之月港、厦门之语屿、诏安之走
马溪、浙江之双屿等几处据点。贸易季节,葡人在这些海湾的滩头
搭起蔽身和存货的席棚,离开时则把棚子拆掉或烧毁。

广东海禁使地方政府失去昔日海外贸易的抽分收入,财政压力
倍增,加之当时两广连年用兵,广东地方官为地方财政计,想开海
禁。嘉靖八年(1529)十月,两广巡抚林富奏请开海,说了四点好处:
一是抽分收税,供朝廷使用;二是补充连年佣兵的军饷;三是便于广
西筹办征伐的物资;四是满足老百姓的营生需要[2]。

---

[1] 里斯本国家档案馆,老档第875号,第71—72页。转引自〔葡〕萨安东(António Vasconcelos de Saldanha)主编:《16—19世纪葡中关系史研究》,澳门东方葡萄牙学会1996年版,第83页。

[2] 林富上言:"粤中公私诸费多资商税,番舶不至,则公私皆窘。今许佛郎机互市有四利。祖宗时诸番常贡外,原有抽分之法,稍取其余,足供御用,利一。两粤比岁用兵,库藏耗竭,籍以充军饷,备不虞,利二。粤西素仰给粤东,小有征发,即措办不前,若番舶流通,则上下交济,利三。小民以懋迁为生,持一钱之货,即得展转贩易,衣食其中,利四。助国裕民,两有所赖,此因民之利而利之,(转下页)

对此,明廷内部争议蜂起。事实上,广东沿海港口是当时华南货物的出口孔道,即使在海禁期间,沿海走私贸易也没有消停,且获利更丰,而长时间紧闭国门,将殃及广东乃至整个国家的经济命脉,广东开海可使国家再次控制对外贸易格局。最终,朝廷批准了林富的请求。但鉴于葡萄牙人曾经在广东沿海的恶行,朝廷及地方官府仍明令禁止葡萄牙商人来广东通商互市。

1542—1543年,葡萄牙人发现日本,此后葡萄牙和日本的贸易增长,导致他们在中国沿海的活动更加猖獗,葡萄牙走私者、日本海盗、地方走私集团在闽浙沿海相互勾结,且商且盗,严重影响了当地的安宁。

1547年,力主海禁、武力解决海盗危害的右副都御史朱纨,被委任为闽浙总督,受命讨伐葡萄牙人和倭寇。他生于狱中,从小生活贫困,经寒窗苦读,终中进士,出仕累迁至广东布政使。他为官清正,行事果敢,且具韬略。到浙江后,朱纨缉捕了当地与双屿岛有关联的商家80多人,严惩其中罪大恶极者。嘉靖二十七年(1548)四月七日,他指挥明军发动了对双屿岛葡萄牙及倭寇势力的总攻,大获全胜;同时他还重惩与海寇有勾连者。因为得罪了当地官员缙绅,被交章上告,当朝御史陈九德也以朱纨擅杀之名,上章弹劾,嘉靖皇帝遂革其职,朱纨愤极自杀[1]。

福建、浙江两省大行海禁,葡人遭受毁灭性的打击,被彻底逐出闽浙海域,不得已重返广东沿海。他们主要在广东的上川及浪白滘等地进行走私贸易。这种临时性的交易,加上和日本贸易的迅速增

(接上页)非开利孔为民梯祸也。"〔清〕张廷玉等撰,中华书局编辑部点校:《明史》卷三二五《佛郎机》,中华书局1974年版,第8432页。

[1]〔清〕张廷玉等撰,中华书局编辑部点校:《明史》卷二〇五《朱纨》,中华书局1974年版,第5403—5405页。

长,使葡人迫切希望在广东沿海取得一个稳定的据点。

1552年,已停止官方对华行动多年的葡萄牙,派遣旅日贸易船队司令索萨(Leonel de Sousa),率一支由17艘商船组成的舰队由马六甲前往中国。但中国的各处港口壁垒森严,不允许葡萄牙人泊岸,他遂同其他葡商一起驻泊于上川岛,同广州来的华商进行走私贸易。1553年,在即将趁季风离开上川返回马六甲时,索萨欲与广东海道副使汪柏修好,他委托西蒙·阿尔梅达(Simão de Almeida)与汪柏谈判。两人达成非正式的口头协议:只要葡人不公开"佛郎机"身份,且遵循"十分抽二"之法,葡萄牙享受如朝贡国家暹罗般的待遇,甚至允许葡人到广州进行贸易①。

是年,"有夷商因船只触风破损,愿借濠镜地晾晒浸水货物,海道副使汪柏徇贿许之"②。有学者认为这是葡萄牙人入据濠镜、澳门开埠之始,一些学者认为这些"夷商"并非葡萄牙人,而是东南亚"夷商"③,但不管其是否为葡萄牙人,此时入澳"夷商"所居草棚寮屋,均为进行季节性贸易而搭盖的临时居所。1557年,葡萄牙人获准在澳门修建永久性房屋,从此葡萄牙人放弃了之前的"据点"上川岛和浪白岛,定居澳门④。

---

① 可参考〔葡〕施白蒂著,小雨译:《澳门编年史(16—18世纪)》,澳门基金会1995年版,第13页;金国平、吴志良:《葡人入据澳门开埠历史渊源新探》,《三条丝绸之路比较研究学术讨论会论文集》,2001年,第347—398页。一说在1554年12月,参见汤开建:《澳门开埠初期史研究》,中华书局1999年版,第92—94页。
② 〔明〕郭棐等纂:《广东通志》卷六九《番夷》,万历三十年(1602)刻本。
③ 参见万明:《中葡早期关系史》,社会科学文献出版社2001年版,第85页;费成康:《澳门:葡萄牙人逐步占领的历史回顾》,上海社会科学院出版社2004年版,第20—22页。
④ 《耶稣会会士在亚洲》称:"是年(1557),广东的官员将这澳门港给了葡萄牙居住。他们先是在上川(1553),然后在浪白滘(1555)。从这些岛屿,他们同华(转下页)

　　葡萄牙人落脚澳门并被允许到广州贸易，意味着从1513年触及中国以来的四十多年里，企图通过武力、出使都未能达到的通商目的得以实现。面对葡萄牙的到来，开始的时候，广东地方政府乃至中央王朝几乎本能地从天下大国、怀柔远人的意识出发，试图将其纳入朝贡贸易体制。但葡萄牙毕竟不同于中国周边的小国，不但在出使朝觐过程中，对官员乃至朝廷多有不尊，还不时张耀武力，与走私集团、海盗、倭寇一道骚扰中国沿海地区，所以中央朝廷最终未将其纳入朝贡体系。广东地方政府代表中央政府抵制葡萄牙的各种侵扰，捍卫地方的安宁；对葡萄牙的贸易诉求和活动，从维护地方秩序和增加地方财税出发，致力于如何将其控制在特定的区域，让葡萄牙落脚澳门，成了最终的选项。在这个过程中，葡人行贿官员，明朝借葡师助剿海寇、倦于管理澳门乃至搜寻龙涎香等因素，也起了作用。从此，葡萄牙人可以定期深入内地广州进行贸易，买入丝绸、生丝、瓷器，用大吨位的大帆船输往日本、马六甲等地，又从南亚、东南亚等地运进香料、檀木、樟脑等，逐渐建立起广州—澳门—果阿—欧洲航线、广州—澳门—马尼拉—拉丁美洲航线、广州—澳门—长崎航线，以及广州—澳门—望加锡—帝汶航线，获取他们渴望已久的丰厚利润。

　　但此时站在中国门外敲门欲进的，不只是这类腰佩武器的所谓"商人"。

（接上页）人和日本人做了几年的生意。"《远游记》第221章："其时葡人与华人在岛上交易，直至1557年广东官员在当地商人的要求下，将澳门港划给了我们做生意。"转引自金国平编译：《西方澳门史料选萃（15—16世纪）》，广东人民出版社2005年版，第234—235页。

4. "岩石，岩石"

随着葡萄牙人突入中国沿海，立足澳门，西方基督教世界急欲进入中国。

15 世纪末开始的大航海时代，国王与教廷在征服东方上并驾齐驱，如影随形。葡萄牙、西班牙这两个天主教国家具有强烈的宗教激情，不仅热衷于海外贸易，猎取财富，也致力于扩张天主教信仰。1612 年，葡印军人、编年史学家库特（Diogo do Couto）颇有感触地说道：

> 在葡萄牙国王征服东方过程中，总是想统一或整合精神的力量和世俗的力量，缺了一个，另一个也就发挥不了作用。[①]

因而，在插上西、葡殖民者旗帜的土地上，堡垒和货仓旁边很快便会耸立起尖尖的教堂。

当时欧洲的宗教改革和反宗教改革更推动了这一过程。1521 年，被逐出天主教的马丁·路德（Martin Luther）成立新教，主张

———

① C. R. Boxer. *The Portuguese Seaborne Empire*（*1415-1825*），Alfred A. Knopf, 1969，p.228. 转引自顾卫民：《"以天主和利益的名义"：早期葡萄牙海洋扩张的历史》，社会科学文献出版社 2013 年版，第 333 页。

"《圣经》至上""因信称义",欧洲宗教改革运动随之风起云涌。这极大地挑战了罗马教廷的权威。16世纪上半叶,罗马教廷忙于意大利战争,战争之后,罗马教廷失去了对意大利和欧洲的控制力,宗教改革声浪,在欧洲尤其是新教国家越来越高。1545—1563年,罗马教廷组织天主教会在意大利和德意志边境小城特兰托(Trent)召开会议,明确与新教彻底决裂,宣称"圣传"也是信仰之源,选民为获得救赎,必须通过教会这个媒介,积极信仰上帝和行善。会议重振教皇和天主教组织的权威,确定教皇有任命和罢免各国教会高级教士的权力。天主教会在此前后采取了一系列反制新教的举动,如1542年成立宗教裁判所,1543年实行书刊检查制度,1559年推出《禁书目录》等。

天主教反宗教改革,抛弃了原来的呆板教条,大力投入教育,为补偿在欧洲失去的广阔天地,再生的罗马天主教会,把注意力转移到海外新发现的大陆。罗马教廷发现,葡萄牙、西班牙的海外扩张有助于天主教的传播,因此对两国的扩张大力支持,授予两国保教权,裁定两国领地的归属,同时要求两国国王有义务提供传教经费和在交通等方面的支持。1493年,教皇亚历山大六世(Alexander VI)裁定,以大西洋佛得角群岛西边100里格的子午线为界,以东的疆域归葡萄牙征服,以西交西班牙人拓展。1529年调整为:以通过摩鹿加群岛东方297.5里格的子午线为分界,以东属西班牙,以西属葡萄牙。

葡萄牙被称为"带着信仰旅行的民族",宗教意识浓烈。葡萄牙国王若昂三世是一位狂热、虔诚的天主教徒,与父亲曼努埃尔一世乐于享受新航路所带来的财富不同,他还热衷于天主教在新世界的传播。

天主教向外扩张的先遣军和主力军,就是耶稣会,其创始人为西班牙人伊纳爵·罗耀拉(Ignatius de Loyola)。1534年8月15日，他会合同道，在巴黎蒙特马特(Montmartre)圣母教堂，发愿去耶路撒冷拯救灵魂，过一种贫穷生活，后来因为去"圣地"传教不可能，转而效忠罗马教宗。他1539年筹建修会，1540年9月，依照教宗保罗三世的敕谕建立耶稣会。

　　这是一个完全新型的修会。以往的修会采取共同生活的方式，修士统一着装，在修道院集体生活，共同参加日课。耶稣会却不建修道院，要求会士在行动中冥思，以天下为家，融入社会，以传教士、中学老师、大学教授、科学家或宫廷告解神父等身份，完成教会的使命。

　　耶稣会宣布效忠罗马教宗，罗马教廷也乐于将耶稣会作为对抗新教、传播信仰的代理人或者说是"贴身卫士"，给予耶稣会独立运转特权，规定耶稣会士不必服从地区主教的权力。1545年，保罗三世颁发通谕，允许耶稣会士无须通过教区主教就可履行除主持婚礼以外的其他圣职①。另外，耶稣会还拥有与异教徒广泛和解的权力。

　　耶稣会仿军队建制，行政关系为总会长—省教区—教省—副教省—学院—住院，下级必须绝对服从上级：

　　　　对于修会上司安排的一切事物，假如未见其中有任何罪恶的迹象，那么我们当在盲目的服从中否认自己所持的一切反对意见和判断。我们应当意识到，每一个生活在服从之中的人，都必须甘愿接受修会上司的指引和领导——因为是神意通过上司在指引和领导，仿佛他是一副死掉的身躯，任人带向各方，

―――――――――

①〔法〕埃德蒙·帕里斯(Edmond Paris)著，张茄萍、勾永东译：《耶稣会士秘史》，中国社会科学出版社1990年版，第23—30页。

任人随意处置，或像一位老者手中的拐杖，无论在何处，也无论为何目的，均听从主人的意愿，侍奉主人。①

所有耶稣会士必须服从总会长，及时向总会长汇报他们的宗徒生活以及他们所在国家的情况。耶稣会因为军事化管理，纪律森严，被后人称之为"耶稣连队"。但耶稣会又注重个性，强调个体的作用。14世纪发端于意大利的文艺复兴运动，此时已波及欧洲各国，它主张用"人权"反对"神权"，强调人的个性发展和现实生活。耶稣会作为神权组织，也吸收了人本主义的一些思想，在传教上反对经院哲学的一些做法，表现出灵活性、包容性，除了重视和培育传教士的人文科学素养、应变能力，还注重将传教与当地文化和宗教结合起来②。

耶稣会提出不顾任何地理和政治条件去帮助和安慰灵魂，异域传教成为耶稣会的重要使命。这刚好与葡萄牙海外扩张的梦想不谋而合，葡萄牙成为耶稣会向外传教的跳板和支持者。在耶稣会获教皇批准以前，葡萄牙国王若昂三世就曾写信给葡萄牙驻罗马大使佩德罗·马士加路也（D. Pedro Mascarenhas），向罗马教皇建议批准耶稣会的成立，并想尽办法，尽可能多地雇佣耶稣会士为葡萄牙

---

① 转引自〔德〕彼得·克劳斯·哈特曼（Peter C. Hartmann）著，谷裕译：《耶稣会简史》，宗教文化出版社2003年版，第14页。

② "耶稣会的外交宗旨是'使一切服从于人'。在贯彻这一宗旨过程中，耶稣会士对新体制新观念和新思想表现出高度的宽容。这种自由主义常常表现在他们的行为和决断中，以致有人认为耶稣会代表了教义上的不妥协和哲学上的相对弹性。"A.H. Rowbotham, *Missionary and Mandarin*, *The Jesuits at the Court of China*, Berkeley University Press, 1942, p.292. 转引自顾卫民：《"以天主和利益的名义"：早期葡萄牙海洋扩张的历史》，社会科学文献出版社2013年版，第118页。

效力。

1540年6月,耶稣会创始人之一沙勿略(Francis Xavier)来到葡萄牙,希望从这里去东方传教。他1506年4月7日出生于西班牙那瓦尔(Navarre)。其父胡安·德哈苏斯博士(Juan de Jassu)是西班牙王国内阁大臣的幼子,其母是两个世家大族的遗产继承人。1525年,十九岁的沙勿略远赴法国巴黎求学,在这里,他与同乡罗耀拉认识,之后协助后者创办耶稣会。

沙勿略来到葡萄牙后,先在若昂三世王宫从事宗教事务。次年4月7日,罗耀拉根据罗马教宗敕令,派遣沙勿略率领第一支远征队,乘"圣地亚哥号"(Santiago)船从里斯本出发前往印度和远东传教。此时,沙勿略三十五岁。

次年,他到达印度,其后,在印度、锡兰、马六甲、新加坡、摩鹿加群岛等地传教。

1549年,沙勿略从鹿儿岛登陆日本。此时日本正处于分裂的"战国年代"。刚到日本,沙勿略照例穿着黑色修道服传教,到处碰壁。一年之后,他脱下被视为清贫和圣洁象征的黑色长袍,披上了佛教的"外衣"①,不再直接宣讲教义,而是通过传授科学知识、开展学术研究等间接方式传教,获得了民众与僧人的认可。从此,耶稣会势力在日本突飞猛进,成千上万的日本人——从农民到丰臣秀吉的侍从,都改信了天主教。许多信奉天主教的大名开始捣毁本地的

①裴化行《利玛窦神父传》说,沙勿略在日本所译教理问答中还存在着运用"佛教用语"的现象,如曾把基督教的上帝称为"大日"(佛教用语),甚至在经过梅奇奥·依内兹神父的修改后,其中"危险的词"仍达"五十来个"。见〔法〕裴化行(Henri Bernard)著,管震湖译:《利玛窦神父传》(上册),商务印书馆1998年版,第91页。

神殿,甚至有些大名强迫他们控制下的农民改变信仰①。

但沙勿略最想去传教的地方是中国。他说:"如谋发展吾主耶稣的真教,中国是最有效的基地。一旦中国人信奉真教,必能使日本唾弃现行所有各教学说和派别。"还说:"中国人智慧极高,远胜日本人,且擅于思考,重视学术。"②

在亚洲诸国传教过程中,沙勿略总是打听有关中国的情况,决心尽早到中国施展他的抱负。在印度、日本的传教经历,让他确立起在东方传教的适应性方针。在经过对中国政治和文化的一番了解后,沙勿略认为,在中国传教更应采取适应性政策。印度和日本当时均非中央专制集权国家,在这两个国家,传教士们只要向具有一定自治权力的地方当局申请,就可获准居住和传教。而当时的中国,作为中央专制集权国家,外国官方正式派遣的使节,只有在皇帝恩准下才能进入。耶稣会主张对所有人行使牧师职责,但首要的是归化统治者和上层人士。沙勿略作为耶稣会创始人,自然明了耶稣会走上层路线的思想,他觉得进入中国传教需要皇帝同意或者先要归化皇帝,因此决定以朝觐皇帝的方式进入中国。

机会终于来了,这已是他在东方奔波十年之后。

1551年11月15日,沙勿略乘葡商杜阿尔特·伽玛(Duarte de Gama)的商船离开日本,准备前往印度果阿。12月中旬,他抵达上川岛。在此,他邂逅老朋友迪奥戈·佩雷拉(Diogo Pereira)。佩雷

---

① 参见 Moraes, *St. Francis Xavier*, *Apostolic Nuncio*, *1542-1552*; Schurhammer, *Francis Xavier*, *His Life*, *His Times*. 转引自黄一龙:《两头蛇——明末清初的第一代天主教徒》,上海古籍出版社2015年版,第12页;〔法〕裴化行著,萧濬华译:《天主教十六世纪在华传教志》,商务印书馆1936年版,第70页。

② 方豪:《中国天主教史人物传》上册《方济各·沙勿略传》,中华书局1988年版,第60页。

拉是葡萄牙马德拉岛（Madeira）人，多年来一直在东方海洋上进行获利丰厚的商业活动，成为富可敌国的商人。他是一个虔诚的天主教徒，与沙勿略至迟在果阿时就已认识，极力支持沙勿略在东方的传教行动。

佩雷拉此时正准备开船离开上川岛驶往印度，两人相逢后一路长谈，沙勿略将他想到中国拜见皇帝的计划告诉了佩雷拉。佩雷拉对沙勿略的计划表示赞同，愿意把他的船交给沙勿略使用，还送他3万金币。

1552年2月，沙勿略抵达果阿，马上将自己的计划，呈给葡印总督阿尔丰索·纳罗尼亚和果阿的主教吉阿瓦尼·阿尔布魁儿克（Giovanni Albuquerque）。总督和主教批准了沙勿略出使中国的计划，并任命佩雷拉为使团团长，沙勿略为使团成员。

豪情万丈的沙勿略于当年4月匆忙离开果阿。在抵达马六甲时，他拜访了总督阿尔瓦列斯·特伊蒂阿（Alvares Taidio）。这位总督与佩雷拉此前曾有过节，听说佩雷拉的新使命后，十分不快，因而无论沙勿略如何劝说和威慑，这位总督就是不同意沙勿略出使中国。这样，沙勿略欲以使节方式进入中国化为泡影。

4月17日，一心想进入中国的沙勿略，带着耶稣会士巴尔塔萨·加戈（Baltasar Gago）、阿尔瓦罗·费雷拉（Álvaro Ferreira）和华人安东尼奥·山塔飞（António de Santa Fé）启程东行，经过四个月的航行，于8月底抵达中国上川岛。

当时上川乃一荒岛，葡萄牙人和中国商人选在这里贸易。沙勿略到岛上后，便请求葡萄牙人为他建一座草棚小教堂，并马上到葡萄牙和中国商人中打探愿意带他进广州城的人。

岛上到处张贴着布告，禁止洋人入境和中国人私通洋人。上川岛通往大陆的每条航道都被警卫封锁和防守着，因此，不管沙勿略开多大的价,中国商人都不敢让沙勿略随他们的船去广州城。

沙勿略为此很忧虑,害了一场热病,持续了两个礼拜。稍微好些后,他又去寻找愿意把他带进中国的商人,但还是没有人愿意为他冒险。

终于有一天,一位广州商人在沙勿略许诺给予200担胡椒后,表示愿意带沙勿略及安东尼奥进入内地。当他喜滋滋地将这个消息告诉葡萄牙商人时,遭到后者的纷纷反对。他们说,这样做是十分危险的,因为那个中国商人在得到报酬后,可以把沙勿略投入大海,或者把他遗弃在某一荒岛上,让他饿死;退一步说,即使那位中国商人不这样做,让他侥幸偷渡成功,但一个外国人,没有正式勘合、国书,在广州城一露面,就可能被抓起来投入大牢,被活活打死。

但沙勿略主意已定,不听这些商人们的劝诫。当时葡萄牙商人们害怕受到牵累,劝他在他们生意结束后再实施这个行动。沙勿略对他们说,他会在他们离开后再执行这个计划。

但那个中国商人后来一直未出现。

此时,葡萄牙商船差不多走光了,上川岛只剩下他、安东尼奥和他的另一名翻译。他肋膜炎宿疾未愈,现在又得了热病,发着高烧。一天,他栽倒在野地里,安东尼奥将他背到四面通风、摇摇欲坠的茅棚。他吃不进任何食物,病情一天天恶化。1552年12月3日凌晨,时年四十六岁的沙勿略在一块大石头上魂归天国,那正是他在东方传教的第十一个年头①。

沙勿略未能进入中国传教,但受到沙勿略精神激励的传教士,

---

① 以上所述关于沙勿略在上川岛的经历,参见〔法〕费赖之(Louis Pfister)著,冯承钧译:《在华耶稣会士列传及书目》,中华书局1995年版,第5—6页;〔意〕利玛窦、〔比〕金尼阁(Nicolas Trigault)著,何高济、王遵仲、李申译:《利玛窦中国札记》,中华书局1983年版,第134—138页;等等。

一批批奔赴东方,试图进居中国内地。

1555年7月20日,在沙勿略去世两年多后,印度耶稣会葡人大主教努内斯·巴莱多(Melchior Nunes Barreto)在赴日途中访问上川岛。同年8月和11月之间,他两度到广州,每次停留一个月,试图营救3名被俘的葡国人和3名本地基督徒。

1556年末,葡萄牙籍多明我会士加斯帕·达·克路士(Gaspard da Cruz)搭乘一艘中国商船从柬埔寨来到中国海岸,与几位葡萄牙商人来到广州布政使衙门,再次商讨释放广州在押的葡囚。为此,他们带去了2盎司多龙涎香。葡人想用这些龙涎香赎回2名葡萄牙囚犯。他和巴莱多一样,在葡萄牙人广州贸易季节结束后,被勒令离开广州①。

1565年11月,澳门耶稣会负责人弗朗西斯科·派瑞斯(Francisco Peres,又译"培莱思")携带两份要求允许他们在中国开教的正式申请书(一份中文,一份葡萄牙文),来到广东巡抚衙门,他虽然受到官府礼貌的接待,但最后还是被劝回澳门②。

1568年,澳门西班牙籍耶稣会士瑞贝拉(Jnail Bautista Ribeira),在未经会长批准下私闯广州,申请在中国内地传教,同样被官府断然拒绝。他后来被派回欧洲,在给耶稣会总会长的报告中,说天主教进入中国毫无希望:

在我居住澳门的三年中,我做了所有能做的一切,力图进

---

①Raffaella D'Intino, *Informacoes das cousas da China*, pp.216-218,转引自吴志良、汤开建、金国平主编:《澳门编年史》(第一卷),广东人民出版社2009年版,第110页。

②〔法〕费赖之著,冯承钧译:《在华耶稣会士列传及书目》,中华书局1995年版,第16页。

入这个大陆,但是我认为,我没有得到任何有价值的东西。①

1568年间,澳门耶稣会士黎伯腊(Jean-Baptiste Ribeira)和黎耶腊(Pierre-Bonaventure Riera)奉命进入广州,其传教请求亦被广州官吏拒绝②。

因为屡受挫折,澳门的一些传教士认为要进入中国内地传教,只能如在美洲和非洲国家一样,采取非"适应性"的武力开路方式③。瑞贝拉在给耶稣会总会长的报告中就说:

> 让中国人改变信仰是没有希望的。除非依靠武力,在军人的面前给他们指出这条道路。

巴瑞托在写于1569年11月2日的信中也说:

> 用武力迫使中国的皇帝给予传教士进入中国传教的权利,同时给予当地人接受真理(即福音)的权利。④

---

① 转引自〔美〕邓恩(George H. Dunne)著,余三乐、石蓉译:《一代巨人——明末耶稣会士在中国的故事》,社会科学文献出版社2014年版,第2页。
② 〔法〕费赖之著,冯承钧译:《在华耶稣会士列传及书目》,中华书局1995年版,第17页。
③ "到达西印度的所谓基督教徒们,一般用两种主要手段摧残西印度各国百姓,一是通过非正义的、残暴的、血腥的战争;一是通过残酷的剥削压迫。"〔西〕巴托洛梅·德拉斯·卡萨斯(Bartolomé de las Casas)著,孙家堃译:《西印度毁灭述略》,商务印书馆1988年版,第19页。
④ 转引自〔美〕邓恩(George H. Dunne)著,余三乐、石蓉译:《从利玛窦到汤若望——晚明的耶稣会传教士》,上海古籍出版社2003年版,第2页。

不只是澳门传教士有此想法。

1579年6月，方济各会马尼拉代理省会长阿尔法罗（Alfaro）秘密前往中国，在广州被驱逐后也感慨道：

> 没有士兵的介入而希望进入中国，就等于尝试着去接近月球。[①]

总之，在沙勿略去世后二十多年里，西方传教士企图采取各种官方、非官方的方式进入中国传教，一个个正面强攻，一个个都无功而返[②]，以致"多数人都是这样断定、这样公开地讨论说：往中国去传教，简直是虚掷力气与妄废光阴的愚傻工作"[③]。

时任耶稣会远东巡视员的范礼安（Alessandro Valignano）在其著作《东印度巡察记》中也谈及传教士入华之难：

> 在整个中国实施的监视和警戒极其深严，所以无论是何人都不可能踏入中国的任一地方；即使进入到中国的国土，马上就被发现并被官府抓起来。官府用杖狠狠敲打并杀害这些"侵入者"，或者那些侵入者是和中国人做生意的商人，如果不能证明他们是由于偶然的原因或是海上的暴风雨漂到中国来的人，

---

① 转引自〔美〕邓恩著，余三乐、石蓉译：《一代巨人——明末耶稣会士在中国的故事》，社会科学文献出版社2014年版，第3页。

② 谢和耐（Jacques Gernet）说，自沙勿略到罗明坚，其间至少有25名耶稣会士、22名方济各会士、2名奥古斯丁会士和1名多明我会士等50名神父分别想尽办法，力图进入中国，但都以失败告终。参见〔法〕谢和耐、戴密微等著，耿昇译：《明清间耶稣会士入华与中西汇通》，东方出版社2011年版，第35页。

③ 〔法〕裴化行著，萧濬华译：《天主教十六世纪在华传教志》，商务印书馆1936年版，第179页。

官府就会把他们当作侵入者关入大牢,决不放出。传教士们曾多年付出很大的努力想要进入中国,或是想要取得滞留广东的许可,然而一次都没有成功。①

据说,在澳门一间学校窗前,范礼安面对蓝天碧海的远方,发出绝望的呼喊:

　　　岩石呀,岩石,你何时打开,岩石呀?②

大海那边就是他日思夜想却不得其门而入的大明帝国内陆。

范礼安,1538年12月③生于意大利那不勒斯王国基耶蒂(Chieti)的一个贵族家庭。他曾在帕多瓦大学(University of Padua)法学院学习法律,十九岁那年他得到法学博士学位,以后在教皇宫廷内做过几年实习。1566年5月29日,二十八岁的范礼安离开威尼斯共和国来到罗马,进入罗马圣安德(S. Andrea)修院学习,加入了耶稣会。次年5月18日他到罗马学院,与日后成为耶稣会总会长的克劳迪奥·阿桂委瓦(Claudio Acquaviva,又译作"阿夸维瓦")一同学习。1572年8月范礼安从学院毕业,同年9月1日到马切拉塔学院担任院长。

---

① 〔意〕范礼安著,〔日〕高桥裕史译注:《东印度巡察记》,日本平凡社2005年版,第161—162页。转引自江彩芳:《范礼安与中日传教团(1578—1606)》,暨南大学硕士学位论文,2008年。

② 参见〔葡〕曾德昭(Alvaro Semedo)著,何高济译:《大中国志》,上海古籍出版社1998年版,第213页。

③ 对于范礼安的生日,还有1539年2月9日、1539年2月20日等说。参见〔法〕裴化行著,萧濬华译:《天主教十六世纪在华传教志》,商务印书馆1936年版,第176页。

　　1573年2月5日，范礼安向耶稣会总会长墨丘里安（Everardo Mercurian）申请去印度传教。8月，墨丘里安召范礼安到罗马，任命他出任东印度视察员。9月8日，墨丘里安正式委任范礼安出任远东耶稣会视察员，并要他写一本关于沙勿略的传记[①]。此时，范礼安三十四岁。

　　1574年3月23日，范礼安偕同41位耶稣会士[②]，从里斯本出发到东方赴任。他先在印度开展传教事务，1579年7月25日进入日本。多年的传教实践和对东方文化的了解，使他认识到在东方传教，不能强制输入殖民地文化或者说葡萄牙化，而必须适应当地文化。此时的日本，沙勿略的适应性策略被严格限制，范礼安深感失望，他以自己的权威，重拾沙勿略的传教策略。

　　范礼安决心实现沙勿略的遗愿，使耶稣会士成功进入中国内地。他一到印度，就开始收集有关中国的资料，了解中国社会和文化。1578年9月6日，他抵达澳门。此时，澳门耶稣会住院及天主圣母堂正在扩建，初具规模，他甚感欣慰。在这里，他继续了解中国的情况，认为中国有着深厚的历史文明，是一个伟大而受人尊敬的国家，过去来华传教的失败，根源在于传教士身上的民族和文化优越感，及由此而来的欧洲主义传教方式。他对澳门传教士原来的传教策略和工作方式不以为然，指出澳门教会让入教的中国人都"葡萄牙化"，"学习葡国语言，取葡国名姓，度葡国生活"的做法，"不但可

---

① 参见〔美〕马爱德（Edward Malatesta）：《范礼安——耶稣会赴华工作的决策人》，（澳门）《文化杂志》1994年第4期。
② 参见〔美〕马爱德：《范礼安——耶稣会赴华工作的决策人》，（澳门）《文化杂志》1994年第4期；〔法〕裴化行著，萧濬华译：《天主教十六世纪在华传教志》，商务印书馆1936年版，第177页。

笑而且无用"①,认为"到目前为止,教会使用于任何地区的传教方式都不能适用于中国",主张采取一种与在其他国家,包括印度、日本等国在内的,完全不同的传教路径和方法:

> 欲在中国传教,传教士必须娴熟中文,不是地方方言,而是中国的知识阶层所通用的官话,他们必须研习并适应中国的文化和风俗习惯,他们必须了解这一伟大而可敬的民族的历史文化,并进一步与蒙受此文化熏陶的人们打成一片。②

对传教士如何进入中国,范礼安可谓苦心孤诣,此时他急需深谙其传教思想的同道,帮他敲开"岩石"之门。

---

① 徐宗泽:《中国天主教传教史概论》,上海徐家汇土山湾印书馆1938年版,第169页。

② 范礼安还说:"对于入中国传教,唯一的方法是要绝对避免以前往别国去的传教士所遵照的路程。"参见〔法〕裴化行著、萧濬华译:《天主教十六世纪在华传教志》,商务印书馆1936年版,第178页。

二

东 奔

1. 皈依

1543年，与范礼安家乡相距不远，在意大利南部小城斯品纳佐拉（Spinazzola），格拉维那（Gravina）公爵府公务员路道威高（Ludovico Ruggieri）的妻子朱莉亚·富乃拉（Giulia Fonella），生下了一个男孩，父亲给他起名"蓬皮利乌斯"（Pompilio Ruggieri）。

他就是后来的罗明坚①。

斯品纳佐拉属于那不勒斯王国的味诺撒（Venosa）区。当时的那不勒斯，盛产小麦，是意大利的粮仓，工业主要是新兴丝织业。罗明坚在当地读完中学后，离开家乡，进入那不勒斯大学学习，攻读民法和教会法。教会法是关于天主教的法律制度，在基督教神学思想基础上，吸收若干罗马法原则而形成。罗明坚在那不勒斯大学度过十年寒窗，最终获得了民法与教会法两个博士学位。

从那不勒斯大学毕业后，罗明坚进入那不勒斯王国宫廷工作，担任教庭法院的推事，处理法律事务。

当时的那不勒斯王国属于西班牙哈布斯堡王朝。1494年至1559年历时六十五年的意大利战争，使意大利大部分领土成为西

①一般认为，罗明坚的华文姓名之"罗"来自它的意大利文姓Ruggieri，"明坚"则出自他的洗名Michele。

班牙的领地。当时那不勒斯王国的国王为菲利普二世(Felipe II),其父为神圣罗马帝国皇帝查理五世(Charles V),其母为伊莎贝拉(Isabella)。在查理五世于1556年宣布退位后,菲利普二世继承了哈布斯堡帝国除家族起源地奥地利和德意志之外的其余所有领地,包括西班牙、尼德兰、西西里与那不勒斯、弗朗什孔泰、米兰及全部西属美洲和非洲殖民地。

那不勒斯王国当时由以西班牙总督为首的西班牙官员统治,归属于在马德里召开的意大利事务高级委员会。在那不勒斯王国,实行的是君主专制,贵族和神职人员具有特权地位,贵族包括传统封建贵族、都会贵族、工商阶层上层、新生资产阶级,他们购买土地、爵位和称号,大公、侯爵、公爵、伯爵、男爵等爵位,按一定价格自由售卖。封爵的贵族和高级神职人员取得土地的管理权,得到地方的司法和行政权力。为反抗西班牙统治和当地贵族的横行霸道,在歉收和饥荒年月,农民和市民起义风潮不断。

罗明坚的青少年时代,就生活在这样一个外族统治、战乱频仍的不安国度。他的家庭虽算不上贵族,但父亲与自己都是政府公务员,境遇比一般平民好很多。他是少有的双料博士,有才学奠基,按部就班,完全可以成为社会精英,过上体面安定的生活。

任职时,身边发生了一件对他心灵震动很大的事件。菲利普二世的异母弟唐·胡安(Don Juan de Austria)把罗明坚的同事,一名教庭法院推事判处绞刑。他的这名同事,因为严处了一位曾参加勒滂特海战的杀人犯,触犯了唐·胡安发出的敕令:对任何参加勒滂特海战的杀人犯都要赦免。

勒滂特海战发生于1571年10月,是由西班牙殖民帝国、罗马教廷和威尼斯组成的神圣联盟舰队,与奥斯曼土耳其帝国舰队在地中海勒滂特海角发生的一场大战。二十四岁的唐·胡安任神圣联盟舰队司令,率领208艘战舰,以弱胜强,将土耳其230艘战舰围困在海湾内。最后,土耳其只有30艘战舰逃脱,其余均被掳获,死伤30 000多人。但神圣联盟也损失不小,16艘战舰被损毁,伤21 000人、亡8 000人。

罗明坚认同同事的秉公执法,认为任何人都不能有法外之权,即使他功勋盖世,唐·胡安是在以权干法,践踏了法律的基本准则,因而对哈布斯堡王朝政治非常失望[1]。

这一年,罗明坚二十八岁,他毅然辞去蒸蒸日上的官职,离开那不勒斯到罗马,进入罗马学院(Roman College),攻读神学和哲学。罗马学院于1551年由耶稣会创始人罗耀拉创立,是耶稣会总会设在中央的教育机构,云集了一批优秀的数学家、物理学家、天文学家以及基督教人文主义学者。

在罗明坚生活的16世纪中期,宗教改革和反宗教改革继续在意大利激荡,意大利南部的那不勒斯成为宗教改革的中心,具有明显的反教皇和西班牙特征。而罗马是欧洲反宗教改革的中心,罗马教廷一方面设立宗教裁判所,对异教、新教支持者和具有所谓异端思想的人,以火刑等形式予以惩处,并禁止文艺复兴作品发行;另一方面推进教会自身改革,其中以新生的耶稣会最具活力。耶稣会组

---

① 澳门皮来资神父介绍了罗明坚的一桩陈年往事:"我们于此(澳门,即在1581年7月24日到达时)遇到了中国传教区的那不勒斯人罗明坚神父。他曾是那不勒斯教庭法院的推事。当时发生了奥地利的唐·胡安把罗明坚的教友——一名教庭法院推事判处绞刑一事,因为他制止了一次杀人,这样就触犯了由唐·胡安发出的对任何接受参加勒滂特海战的杀人犯都要赦免的诏令。罗明坚受到了这种表率行为的感动,放弃了世俗生活而进入修会。他在那里研究了神学,耶稣会士埃韦拉尔多神父为他谋得为从事一种推事职务的费用。"〔法〕舒特(J. F. Schütte)著,耿昇译:《耶稣会士进入中国的过程》,《西北第二民族学院学报》(哲学社会科学版)2000年第1期。

织新颖,效率高,大力投入教育,在欧洲形成了以学院为据点的庞大网络,为当时的欧洲提供了最好的教育,适应了人文主义正在兴起的社会渴求教育的时代需要,吸引了当时意大利的一些年轻人前往求学。

1572年10月28日,罗明坚进入耶稣会创立的罗马圣德肋初学院学习。在入校陈述时,罗明坚表示愿做一位完美的耶稣会士,并将自己的名字从"蓬皮利乌斯"改为听上去更基督教化的"弥格尔"(Michele),全名 Michele Ruggieri①。

在圣德肋初学院和罗马学院学习期间,罗明坚与其他同学一样,按照罗耀拉《神操》开展灵魂操练,接受耶稣会的组织训练。《耶稣会会宪》规定,耶稣会最高领导人为总会长,每一地区设分会长一人,由总会长任命;会士入会必须经过一段严格的见习期,并发誓绝对服从一切不涉及犯罪的命令;会士必须经常向上级和总会长汇报,凡认为值得报告的,都要采用"密封寄送"的形式,给院长、省长和总长提供报告②。

随着葡萄牙在东方的不断扩张,天主教传教士一批批走向东

①关于罗明坚进罗马圣德肋初学院和罗马学院学习的时间顺序,有不同的说法,一说他先进罗马学院学习一年,再去圣德肋初学院,学习一年后又去了罗马学院。他于1572年10月28日进入圣德肋初学院,当时对他自己所做陈述的记录如下:"邦皮利伍士·罗明坚1572年10月28日进入本初学院。升神父否无所谓。经调查,并无人会阻碍;时年29岁,生在拿波里王国威诺沙教区斯皮拿卓拉镇(Spinazzola)。罗氏曾在拿波里攻读民法与教法十年之久,曾获上两法学博士学位。后在罗马学院修神学一年。借天主的圣宠之助立志要遵守本会所有规则与会宪,愿做一位完美的耶稣会士,升神父与否,他本人无所谓,但全听长上的安排,目前准备晋升铎品。他亲手签名,以示负责。"参见〔意〕利玛窦著,罗渔译:《利玛窦书信集·序》,台北光启出版社1986年版,第16—17页。
②参见戚印平:《远东耶稣会史研究》,中华书局2007年版,第441—442页。

方,此时耶稣会总会已经向东方派出29批远征队。1576年底,耶稣会印度教省代表、葡萄牙耶稣会士马丁·达·席尔瓦(Martim da Silva),来到罗马筹集经费并招募赴东方的传教士。为此,次年初,耶稣会总会长墨丘里安决定,从罗马学院遴选学生,组成新一批远征队。此时罗明坚已在罗马学院学习了四年,还没有完成所有的神学课程,却向墨丘里安提出了申请,说自己适合于"传道远方"。结果,他与利玛窦(Matteo Ricci)、巴范济(Francesco Pasio)、鲁道夫·阿桂委瓦(Rodolfo Acquaviva)等八人一同被选上①。

利玛窦,1552年10月6日出生于意大利东部马尔凯州的马切拉塔。其父乔瓦尼·巴蒂斯塔·利奇(Giovanni Battista Ricci)是一名药剂师,在教皇领地内和别处经营几处产业,家道殷实。利玛窦九岁进入当地由耶稣会士开办的学校,读完了高小、初中。十六岁时,其父将他送往罗马攻读法学,对他寄予厚望。在校期间,他通过故乡老师的介绍,结识了一些耶稣会神父。三年后(1571年8月15日),他背着家人,敲开罗马圣德肋初学院的校门,早罗明坚一年多进入该校学习,皈依耶稣会。其父闻讯后,急忙赶往罗马,想阻止他,不料途中突发高烧,不能及时赶到,自叹这是天意安排,只得抱病折返。利玛窦在圣德肋初学院学习十三个月之后,于1572年9月15日进入罗马学院,与罗明坚一同学习。在罗马学院求学期间,利玛窦与罗马教会上层人士建立了良好的私人感情联系。

巴范济(1554—1612),意大利博洛尼亚人,是一位法学博士、教皇国司法牧师的儿子,1572年10月加入耶稣会,当时是罗马学院学生。

———————

① 参见〔法〕费赖之著,冯承钧译:《在华耶稣会士列传及书目》,中华书局1995年版,第23页。

鲁道夫·阿桂委瓦,其父为意大利阿特里公爵,叔父克劳迪奥·阿桂委瓦是耶稣会士,1581年继墨丘里安之后成为耶稣会总会长。

利玛窦、巴范济此时均已完成学业,1577年5月18日,他们在席尔瓦带领下离开罗马前往葡萄牙,7月到达里斯本。罗马教皇"保教权"规定,从欧洲派到东方的传教士,必须由享有远东传教权的葡萄牙国王批准并负责相关费用,他们要一律从葡萄牙首都里斯本出发。

2. 印度

　　1577年,是罗明坚漫长等待的一年。11月,学期终于结束,三十四岁的他与鲁道夫·阿桂委瓦等,离开罗马赴葡萄牙。临行前,教皇格里高利十三世(Gregory XIII)接见了罗明坚一行,对他们表示同情,说东方"荆天棘地",去那里"一定要受到许多苦楚"。传教士们表示不会惧怕,"他们的性情可是十分温和,然而他们的意志倒是万分的坚决,大有赴汤蹈火在所不辞的气概"[①]。

　　罗明坚一行来到葡萄牙里斯本,与先前到达的利玛窦、巴范济等会合。罗明坚在同伴中年岁居长,因为性情温和,大家乐于同他接近。

　　席尔瓦到里斯本后,还选调了几名葡萄牙耶稣会士,其中就包括孟三德(Duarte de Sande)。他1531年11月4日出生于葡萄牙吉马朗伊什(Guimarães),加入耶稣会较早,大学毕业后在科英布拉大学(Universidade de Coimbra)教授辩学(逻辑学)。

　　对东方充满憧憬的传教士们,做着出发前的各种准备。1578

[①]《罗明坚致罗马麦尔古里亚诺(P. Mercuriano)神父书》,1580年11月8日,撰于澳门,〔意〕利玛窦著,罗渔译:《利玛窦书信集》(下册),台北光启出版社1986年版,第427页;〔法〕裴化行著,萧濬华译:《天主教十六世纪在华传教志》,商务印书馆1936年版,第181页。

年3月,葡萄牙国王塞巴斯蒂安(Dom Sébastien)召见出征的耶稣会士。之后,应葡萄牙耶稣会院长之请,里斯本圣洛克教堂(Igreja de São Roque)大主教向罗明坚、巴范济、阿桂委瓦等6名耶稣会士晋铎神父之职。至此,罗明坚正式被按立为神父。

3月23日夜,罗明坚等14位耶稣会士①来到里斯本宫殿广场,准备在这里分坐3艘大帆船,向东方进发。罗明坚与利玛窦、孟三德等5名耶稣会士,兴奋地走向"圣路易斯号"(St. Louis)。其他传教士分乘"慈爱耶稣号"(Love Jesus)、"格里高利号"(Gregory)。将他们分到3艘船,可能是让他们分别负责各条船上商人、水手和其他随船人员的宗教生活。

船为当时的"葡萄牙大帆船",木质,四桅,长约150英尺,宽约40英尺,四层甲板,顶层高25英尺,可搭载400—500名乘员。

24日清晨,3艘大船启航,徐徐离别特茹河口,驶向大洋。船先顺着大西洋季风南行,四天后到达马德拉群岛,八天后到达加那利群岛,十五天后到达佛得角群岛。船员们每天满眼都是单色调的海水,开船时的兴奋此时早已烟消云散,日子过得沉闷寡味。一个月后罗明坚所在的"圣路易斯号"最先通过了赤道,船队转向西南,驶往巴西的东北角,等待西风。赤道附近,骄阳似火,高温使船上的人个个大汗淋漓,湿透衣襟,食物和水也变味变臭,人人焦躁不安,夜不能寐,头痛,牙龈肿痛,四肢疼痛,没有食欲。

船队终于等来了西风,转向东南方向航行,从南纬20度快速地驶向好望角。6月20日前后,"圣路易斯号"平安通过了凶险的好望角。其他两艘船没有这么幸运,遇到了猛烈的风暴,在巨浪中颠簸

---

① 夏伯嘉的说法是"十名神父和四名兄弟"。参见〔美〕夏伯嘉著,向红艳、李春园译:《利玛窦:紫禁城里的耶稣会士》,上海古籍出版社2012年版,第31页。

旋转反复多日后,才最终通过"死亡之角"。

痛苦的日子里,耶稣会士们领着船员们不断地祷告,唱赞美诗,做弥撒,最危险的时候还要组织游行。

船队绕过好望角,驶入非洲大陆与马达加斯加岛之间的大通道——莫桑比克海峡。出海后最为顺利的"圣路易斯号",迎来了航程中最猛烈的风暴。7月21日、22日,"格里高利号"和"圣路易斯号"前后抵达莫桑比克港,此时船在大海里已航行了四个月,大家兴奋地登岸。休整了二十多天后,船队重新启航,在8月底再次跨过赤道。乘着印度洋的季风,船队向位于东北的印度方向驶去。

1578年9月13日,在离开里斯本近六个月之后,船员们抵达印度的果阿①。

果阿,位于印度半岛西海岸中段,坐落在一个半月形港湾内的岛屿上,它的东、北两面有小河与大陆隔开。这里有着漂亮的花园洋房与教堂,葡式建筑的白灰墙壁,掩映在棕榈树和各种葱郁的植物之间。

自1510年被阿尔布克尔克攻占后,这儿就成为葡萄牙东方殖民活动的大本营。与此同时,天主教的各大修会也将这里作为东方传教的基地,前往远东传教的耶稣会士大都要在这里停留一段时间,接受传教前的教育培训。

脑袋还在不停地摇晃的罗明坚一行,拖着疲倦的身体登岸,看到一大片葱绿的草地,赶紧坐下休息。闲聊中,说到以后去哪里传播福音,作为老大哥的罗明坚,饶有兴趣地分派起任务来:"鲁道夫·阿桂委瓦,你去做神学家;巴范济,你去做哲学家;利玛窦,你去

---

① 这批被派往东方的传教士在海上的艰险航程细节,可参见〔美〕夏伯嘉著,向红艳、李春园译:《利玛窦:紫禁城里的耶稣会士》,上海古籍出版社2012年版,第28—39页。

做数学家;我做律师,然后我们一起去中国传教。"当时基督教世界包括耶稣会,还没有一位传教士进入中国内地,因而在大家一阵惊愕之后,罗明坚微笑着说,他刚才说的,只是让大家轻松一下——罗明坚抵达印度后的这个分派任务之说,后来被基督教世界视为一个伟大的预感①。

席尔瓦带领大家朝圣保禄学院(College of St. Paul)走去,他们受到耶稣会印度大教区的教区长路伊·维森特(P. Rui Rodrigo Vicente)等师生们的热烈欢迎②。

圣保禄学院,1543年由沙勿略筹划建立,旨在为耶稣会东亚传教区培养传教人才。许多传教士在离开葡萄牙时仅接受了部分培训,他们不得不在到达印度之后完成他们剩下的学业。在大多数情况之下,他们必须完成三年制的亚里士多德哲学课程和四年制的道德、思辨神学课程。

罗明坚与同来的传教士们继续他们的神学学习,基本上每天要

---

① 《真福罗道耳富·阿桂委瓦神父对利玛窦未来传教工作的预感》(1587年9月):"当时我们坐在一起聊天,其中有真福罗道耳富、罗明坚、巴范济与利玛窦(那时他尚未升神父),所谈的是天主预订他们在未来传教区的工作,不过当时长上尚未决定派他们到那里去传教。基于罗明坚年龄最长,他便开玩笑似地给大家分配工作,并谓大家将去中国开教。罗道耳富为神学家、巴范济为哲学家、利玛窦为数学家、罗明坚为法学家。之后,罗明坚神父微笑着对他们说,他这样安排只是让大家轻松一下而已。但罗道耳富却郑重说:'神父,请不要笑,的确将是如此。'后来也果然是如此:除罗道耳富外(天主注定他为殉道者,较神学家更荣耀),其他三位果然都到了中国……"这段文字据说摘自罗明坚向耶稣会总会长阿桂委瓦所写的有关中国的传教报告——自1557年11月至1592年。参见〔意〕利玛窦著,罗渔译:《利玛窦书信集》(下册),台北光启出版社1986年版,第423—424页。

② 以上参见〔美〕夏伯嘉著,向红艳、李春园译:《利玛窦:紫禁城里的耶稣会士》,上海古籍出版社2012年版,第41页。

上三课①。

但在学院学习了两个月之时,罗明坚突然接到学院的通知。

原来,沙勿略曾传教过的印度马拉巴海岸(Malabar,即捕鱼海岸)信徒较多,传教的修士太少,为使那些捞珍珠者和新近皈依的教徒能够遵守基督教法和欧洲市民法,学法律出身的罗明坚,被维森特派往那里传教。

1578年11月间,罗明坚带着一箱书——包括教理书和法律书籍上路。他绕过印度半岛的得康(Deccan)到达捕鱼海岸。他与那里的耶稣会神父住在一起。为了与当地人顺利接触、交流,罗明坚觉得必须学好当地人的语言,于是发奋学习泰米尔语。据说短短数月,他就基本学会了,能听懂当地人的告解②,其语言天赋显示了出来。

当时在日本传教的范礼安,正在谋划天主教进入大中国的计划。此前他去了澳门。澳门的传教士对范礼安的传教策略不以为然。范礼安觉得,要想传教士进入中国,就必须懂得中国语言,而中国的象形方块文字,与西方字母拼音文字有天渊之别,学会中国话,需要超常的语言天赋。他找遍澳门的传教士,未发现一个令他满意的,于是决定从印度传教士中选派。

1579年4月12日,维森特收到范礼安的来信,在信里,后者

①《罗明坚神父致麦尔古里亚诺神父书》,1581年11月12日,撰于澳门,〔意〕利玛窦著,罗渔译:《利玛窦书信集》(下册),台北光启出版社1986年版,第430页。

②参见《罗明坚神父致麦尔古里亚诺神父书》,1581年11月12日;《罗明坚致总会长阿桂委瓦神父书》,1583年2月7日,〔意〕利玛窦著,罗渔译:《利玛窦书信集》(下册),台北光启出版社1986年版,第430、446页。裴化行的说法是:"罗司铎接到知会后,立即从事学习达木而(即泰米尔)民族的言语,学过五个月以后,他已经能听告解神工。"参见〔法〕裴化行著,萧濬华译:《天主教十六世纪在华传教志》,商务印书馆1936年版,第182页。

要求他速派具有语言天赋的耶稣会士伯纳迪诺·德·费拉里斯（Bernardino de Ferrario）去澳门。但费拉里斯此时正抱病在身，不能成行，维森特为完成范礼安的任务，决定另外选派。

最终，印度众传教士公举了罗明坚，据说，这是"综合考虑其年龄（35岁）、品德、技能、意愿及其他各项必要素质之结果"[1]。

听到要去中国的消息，罗明坚心情复杂，一方面他很喜欢马拉巴这个地方，在这里，他十分惬意，既受到同行上上下下的认可和赞扬，也已融于当地人生活；另一方面，他想到能去中国传教，刚抵印度时跟几位神父的玩笑话似乎要应验，又感到莫大的欣慰[2]。

1579年4月12日，罗明坚在接到维森特的调令后，当天即收拾行李，动身去中国。

遗憾的是，当天没有到澳门的船只，可能是被兴奋冲昏了头脑，罗明坚居然决定由陆路去中国。他沿着印度极南端西南特拉汪高尔海岸（Travancor，今名Travancore）与正南尖端之戈莫陵（Comorin Cape）海岬前行，有时骑马，有时步行，越过一个个土著村

---

[1] "范司铎就给驻在哥阿城的省会长去信。这时省会长正在摩鹿哥群岛视察教务，印度众传教司铎公举罗明坚代理。"见〔法〕裴化行著，萧濬华译：《天主教十六世纪在华传教志》，商务印书馆1936年版，第178页。"罗神父的被选任，乃综合考虑其年龄（35岁）、品德、技能、意愿及其他各项必要素质之结果。在捕鱼海岸数月之中，罗神父曾以极大的虔心与热忱学习泰米尔语，并已能接受以此种语言所作的告解；罗神父的声望极高，以至于耶稣会驻所内外都对他的离去深感遗憾。"*Documenta Indica*，1540-1597，18 volumes，editer，Joseph Wicki. Rome：MHSI，1948-1988，vol.XI，pp.645-646.转引自〔美〕夏伯嘉著，向红艳、李春园译：《利玛窦：紫禁城里的耶稣会士》，上海古籍出版社2012年版，第45—46页。

[2] 罗明坚说："我本来很喜欢那个地方，但能去中国开教，我也感到非常安慰，因为在未到印度之前，我原曾希望到中国去传教。"《罗明坚神父致麦尔古里亚诺神父书》，1581年11月12日，撰于澳门，〔意〕利玛窦著，罗渔译：《利玛窦书信集》（下册），台北光启出版社1986年版，第430页。

落,穿过一座座恐怖森林,如此日夜兼程十五天后,在海岸发现了一艘开赴马六甲的货船①。

船首先沿着印度半岛南行,深入大洋之后,顺着洋流折向东航行,横渡印度洋后,进入马六甲海峡。船上装满了货物,没有什么座位,罗明坚只得长时间站在甲板上。一位乘客见罗明坚总是站着,让座于他,罗明坚百般推辞,执意不坐②,最终在盛情之下,接受了座位。

到马六甲海峡后,罗明坚转乘去澳门的船。1579年7月20日,在海上漂泊了三个月的罗明坚终于抵达澳门。

---

① 《罗明坚神父致麦尔古里亚诺神父书》,1581年11月12日,撰于澳门,〔意〕利玛窦著,罗渔译:《利玛窦书信集》(下册),台北光启出版社1986年版,第430—431页。
② "可巧这时正有一只上马六甲的船,上面的人载和货物装得非常之满,丝毫没有隙地。可是这事并不能阻碍他往中国去的热心,他不避辛苦地站在甲板上面。以后有一位乘客见他的处境实在可怜,情愿把自己的座位让给罗司铎,后者百般推辞,执意不肯,毕竟在盛情之下,接受了别人所让给他的座位……"〔法〕裴化行著,萧濬华译:《天主教十六世纪在华传教志》,商务印书馆1936年版,第182—183页。

3. 澳门

　　此年,两广总督刘尧诲重修了《苍梧总督军门志》[①],在这本专记明代两广总督辖区军事的志书里,绘有一幅《全广海图》。图中澳门半岛处标"香山澳",并指"夷人住此"。在"香山澳"与"横琴山"之间,标有"十字门澳",并称"夷船泊此澳内"。此"夷人"当然主要是葡萄牙人。

　　这块名义上属大明王朝、实际上由"夷人"居住的土地,由葡印总督派出的官员管理,为首的是葡萄牙赴日船队的队长和王室大法官,居民必须遵守葡萄牙国法律和规章。明政府主要向这里征收税金[②]。

　　此时的澳门,大约有五六千人口,其中葡萄牙男子大约有近千人,还有作为妻子或配偶与葡萄牙男子一道生活的马来、日本和中国内地女人及其混血子女,有出身于非洲和东南亚的水手、佣人、奴隶,还有从广东、闽南而来的中国商贩和劳工。除了中国人外,基本

---

① 《苍梧总督军门志》始修于嘉靖三十一年(1552),万历七年(1579)刘尧诲任两广总督,在原书基础上增补修订,万历九年由广东布政使司刻印。

② 佚名:《市堡书》,(澳门)《文化杂志》编:《十六和十七世纪伊比利亚文学视野里的中国景观》,大象出版社2003年版,第116—118页。

上都是讲葡萄牙语的基督徒①。

　　澳门当时已成为东亚天主教中心。1555年11月,沙勿略逝于上川三年之后,第一批耶稣会士来到澳门。1562年澳门建了第一所教堂——圣安东尼奥修道院,第二年耶稣会士设立了驻所,1571年开办了耶稣会学院。此年西班牙从地球的另一端来到东方,占领菲律宾,享受东方保教权已久的澳门葡萄牙人感受到了威胁,求助于罗马教廷。时任教皇格里高利十三世于1576年1月23日发布大敕书,正式宣布设立澳门葡萄牙主教区,辖区包括中国、日本、朝鲜和所有毗连岛屿,试图将西班牙人的活动限制在菲律宾。澳门葡萄牙主教区第一任主教为莱奥纳多·萨(D. Leonardo de Sá)②,但他未赴任,由在澳门的贾尼劳(Belchior Carneiro,又译"加奈罗")神父署理。

　　贾尼劳是葡萄牙耶稣会士,1551年10月5日,他与其他8位耶稣会士在葡萄牙埃武拉(Evora)创立耶稣会圣灵学院(Espírito Santo),并担任院长。该学院后来成为耶稣会培养前往东方传教人才的摇篮。1568年5月底,贾尼劳受葡萄牙国王塞巴斯蒂安之命,抵达澳门,准备就任日本和中国教区主教。当时在澳门传教的物质条件极为恶劣,主教堂只包括一个简陋的木板小教堂和一间木板小居屋。贾尼劳与其他的耶稣会士一起居住在三年前由耶稣会建起的房子里③。

①1562年12月26日,吉尔万尼·蒙特介绍澳门时称:当时澳门已有5 000人,葡萄牙已婚者在这里达到800人。Manuel Teixeira, *Macau no Séc.* XVI, p. 43;Manuel Teixeira, *Macau e a Sua Diocese*, Vol 3, pp.135-136.转引自吴志良、汤开建、金国平主编:《澳门编年史》(第一卷),广东人民出版社2009年版,第125页。

②萨主教约在1578年被任命为澳门主教,但一直没有上任,于1581年才抵达澳门就任。

③参见意范礼安《东印度巡察记》,该书初稿完成于范礼安1577年岁末首次巡视马六甲期间,最后定稿是在首次巡视日本教会之初的1580年,全文用意大利语写成。

罗明坚到达澳门的十几天前,范礼安刚离开澳门。离开时他留下手令:"尽心学习阅读、书写与讲中国语文。"[①]但范礼安此时并不知道被选派来澳门的传教士是谁。罗明坚后来曾经对人说,看到范礼安手令后"大惊骇",如果不是考虑到耶稣会士绝对服从上级的规定,他可能不会承担此事[②]。

罗明坚为何"大惊骇",不得而知。但不管原因如何,年已三十六岁的罗明坚开始学起中国话。他学的是当时的官话[③]。

很快,他发现这种语言文字很难学:

> 中国语文非常难学,超出其他任何国家的文字,因为它无字母,字又多得不可计数,可说世界上有多少字,它也有多少字,因此为能达到会念的程度需要很长的时间,据说即使中国人也须读书十五年后方能读通、能写文章,由此可知是如何地难学习了,因此开始时我没有信心能把它学好;但在服从之下,我尽力学习。[④]

---

① "由马六甲平安抵达中国(的澳门),不幸到时,巡视员神父于15天前动身去了日本,而给我们留下书面指示,要我尽心学习阅读、书写与讲中国语文。"《罗明坚神父致麦尔古里亚诺神父书》,1581年11月12日,撰于澳门,〔意〕利玛窦著,罗渔译:《利玛窦书信集》(下册),台北光启出版社1986年版,第431页。

② "彼(指罗明坚)接读范礼安神甫所留之训示决严守之。惟后此曾对人言,彼得悉训示之内容后,大惊骇,脱非忆及服从之义,将为之气沮。"〔法〕费赖之著,冯承钧译:《在华耶稣会士列传及书目》,中华书局1995年版,第23页。

③ 明朝灭元定都南京后,即以南京音为基础音系,形成南京官话,永乐年间迁都北京,移民北京的南京移民较多,南京官话成为当时北京语音的基础,整个明朝时期都通行这种官话。

④ 《罗明坚神父致麦尔古里亚诺神父书》,1581年11月12日,撰于澳门,〔意〕利玛窦著,罗渔译:《利玛窦书信集》(下册),台北光启出版社1986年版,第431页。罗明坚在1583年2月7日写给耶稣会总会长阿桂委瓦的信中也说了类似的(转下页)

当时在澳门学官话尤其困难，这里缺乏学官话的环境和老师。澳门本地人，大多讲粤语，商人能听懂官话但说得很差。找一位合适的老师很难，罗明坚开始请的老师只会官话，不懂葡语，他与老师无法沟通。因此，罗明坚利用一切机会与内地来澳门的讲官话的青年交流。他在耶稣会住所旁建了一所小屋，在这里，罗明坚向这些年轻人传授葡萄牙语，他们则教他官话。

学习官话口语，第一步就是要准确发音，罗明坚为了使自己和其他传教士学会听、讲官话，后来以他熟悉的罗马字发音系统编写了汉语学习资料，这就是大约1586年编就的《葡汉辞典》和《宾主问答辞义》①，总结了他先前学习中国官话发音的知识和经验。

其中，《宾主问答辞义》是罗明坚以罗马字注音学习汉语官话发音的练习资料。全篇均为以罗马字注音的汉语官话日常对话。如：

主人问曰：相公贵省？

答曰：某省。

主人问曰：贵府？贵县？

（接上页）话："世上有多少事物，就有多少中国字，它并无字母可循，这为葡萄牙人以及神父们学习简直是不可能的事。""据说即使中国人为能达到相当水准，也须读十五、二十年不可。"《罗明坚致总会长阿桂委瓦神父书》，1583年2月7日，撰于肇庆，〔意〕利玛窦著，罗渔译：《利玛窦书信集》（下册），台北光启出版社1986年版，第446页。

① 1934年，意大利汉学家德礼贤（Pasquale M. D'Elia）在罗马耶稣会档案馆（Archivum Romanum Societatis Iesu，ARSI）首次发现《葡汉辞典》手稿和附在辞典正文之前的9页散页文献。手稿在罗马耶稣会档案馆编号为Jap-Sin. I 198。散页文献标题为"Pin ciùven tà ssignì"，德礼贤译为《平常问答词意》，杨福绵先生订正为《宾主问答辞义》，并确认这篇对话乃罗明坚亲笔所书。参见〔美〕杨福绵：《罗明坚、利玛窦〈葡汉辞典〉所记录的明代官话》，《中国语言学报》1995年第5期。

答曰：某府。某县。

主人问：高姓？

答曰：某姓。

问曰：尊号？

答曰：某号。

主人曰：久仰！

答曰：不敢。

主人曰：看茶来。

主人问：相公到此有几久了？

答曰：有许久了。

问曰：贵处到这里有几多日程？

答曰：有几多。①

罗明坚请了一位中国画师来教他，后者用毛笔画图，让罗明坚看图识字。如画一匹马后，他告诉罗明坚这个动物中国话读"ma"，写作"马"②。这样学中国字，场面有点滑稽，传教士和商人们在旁边看到，常常发笑。

在澳门的耶稣会士，对罗明坚学习中国语言不能理解，一位神父指责罗明坚："一位神父可以从事会中其他事业，为什么浪费大好光阴学习什么中国语言，从事一个毫无希望的工作？"③当时的葡萄

---

① 转引自杨少芳：《西人汉语学习第一篇：〈宾主问答辞义〉初探》，《国际汉学》2018年第2期。

② 《罗明坚致总会长阿桂委瓦神父书》，1583年2月7日，撰于肇庆，〔意〕利玛窦著，罗渔译：《利玛窦书信集》（下册），台北光启出版社1986年版，第446页。

③ 《罗明坚致罗马麦尔古里亚诺神父书》，1580年11月8日，撰于澳门，〔意〕利玛窦著，罗渔译：《利玛窦书信集》（下册），台北光启出版社1986年版，第426页。

牙籍耶稣会神父,将服务自己同胞作为自己首要而且往往是唯一的
职责,他们为暴躁的商人、桀骜的水手制定文明规范,劝阻斗殴、平
息冲突。他们对进入中国内地传教早已失去了信心,声称把黑人洗
白,也比去中国内地"传播福音"容易①,揶揄罗明坚学习中国语言是
枉费心机。

　　神父们因不理解以致阻扰罗明坚学习中国语言②。利玛窦后来
在致耶稣会总会长阿桂委瓦的信中,道出了罗明坚当时的处境:

　　　　罗明坚神父在这里住了三年,同院神父几乎使他变成了殉
　　道烈士,百般为难他。③

神父们的排斥、阻扰,给罗明坚带来了极大困扰。但他没有因此而
退却,而是夜以继日埋头学习中国话。

　　1580年,有一位在澳门经商的意大利人弃俗加入了澳门方济
会,入会前赠给罗明坚300葡元(斯古底),罗明坚用它在耶稣会住院
后面的小山上建了一座房舍,作为传教实习之所——罗明坚称其为
"经言学校",利玛窦后来称其为"圣玛尔定经言学校"。在那里,罗
明坚一边发奋学习中文,一边开始用中文向澳门华人传教。这是中
国第一所外国人学习汉语的学校和用汉语传教的机构。此前,澳门

<hr>

① 参见〔法〕裴化行著,管震湖译:《利玛窦评传》(上册),商务印书馆1993年版,第56页。
② "澳门团体诸道长意度其(罗明坚)永远不能操华语,写华文,常阻扰其学业,而命其执行教务。"〔法〕费赖之著,冯承钧译:《在华耶稣会士列传及书目》,中华书局1995版,第24页。
③《利氏致罗马总会长阿桂委瓦书》,1583年2月13日,撰于澳门,〔意〕利玛窦著,罗渔译:《利玛窦书信集》(上册),台北光启出版社1986年版,第41页。

传教士的工作,主要面向非中国籍的外来人口,使用的语言主要是葡萄牙语。罗明坚在经言学校里变更归化对象和交流语言,并将其视为"归化庞大中国的隆重开始"①。他摒弃了当时传教士们普遍怀揣的欧洲文化优越感,开始践行认同中国文化的适应性传教策略。

罗明坚的中文能力进步较快。1581年11月,学习中文两年后,罗明坚在致耶稣会总会长的信中声称,自己已认识15 000个中国字,逐渐能看懂中国书籍了②。1582年2月,他向总会长报告,说自己已能用中文撰写宣扬基督教理的小册子,如《天主真教实录》(Doctrina)、《圣贤花絮》(Flos Sanctorum)、《告解指南》或信条(Confessionario)与要理问答(Catechismo)等③。

澳门传教士们在自身进入中国内地无望之时,一方面理解不了罗明坚学习中国语言的良苦用心,并从中作梗;另一方面又防备蠢蠢欲动、急欲进入中国的西班牙奥古斯丁、方济各会士,联合当时在澳门的葡萄牙商人势力设法阻拦。

哥伦布、麦哲伦发现美洲后,西班牙殖民者将军旗和十字架一起插在殖民土地上,一方面无情地用暴力杀戮和奴役印第安人,另一方面摧毁其文化,把欧洲文化和宗教带到那里强加给土著居民。

---

① 《罗明坚神父致麦尔古里亚诺神父书》,1581年11月12日,撰于澳门,〔意〕利玛窦著,罗渔译:《利玛窦书信集》(下册),台北光启出版社1986年版,第432页。

② "目前我已认识一万五千中国字,逐渐可以看中国书籍了;且于一五八一年我曾到广东省会广州小住,曾翻译这本中文小册子,兹只给您寄去一本……我的拉丁文不精,但相信辞尚能达意,是我在广州百忙中移译与印刷的。这本书不大,与其他的中文与西文著作不可同日而语,但内容丰富,甚受中国学人们的推崇。"《罗明坚神父致麦尔古里亚诺神父书》,1581年11月12日,撰于澳门,〔意〕利玛窦著,罗渔译:《利玛窦书信集》(下册),台北光启出版社1986年版,第431页。

③ 《罗明坚致总会长阿桂委瓦神父书》,1583年2月7日,撰于肇庆,〔意〕利玛窦著,罗渔译:《利玛窦书信集》(下册),台北光启出版社1986年版,第446—447页。

随着麦哲伦打通美洲至东方的太平洋航线,占领美洲的西班牙人向传说中的富庶中国进发。1564年,西班牙海军在西班牙奥古斯丁会士马丁·达·拉达(Martin de Rada)等人引导下,从墨西哥出发,次年到达菲律宾群岛中的宿务岛。

此后,在征服菲律宾群岛的过程中,西班牙垂涎于中国的财富,一直在等待潜入中国内地的时机。1569年7月8日,马丁·达·拉达在致墨西哥总督的信中说道:如果国王陛下欲求幅员辽阔、富裕、文明发达,拥有比欧洲更大而坚固、具有围墙的城市的中国,必须首先占住菲律宾群岛,其理由,"一是因为不宜以高舷船在中国海岸众多的岛屿和浅滩之间穿行,宜用桨船;二是为了征服这样一个辽阔、人口众多的土地,必须有支持和万一退却之所"。他还说华人不善打仗,全靠人多势众和墙上的堡垒,如果占领某个堡垒,华人便成了瓮中之鳖,所以不需要多少人,就能将他们制服[1]。次年,他又在信里提议派传教士到中国去,"将把国王的伟大告诉中国人,让他们知道臣服陛下是他们的义务。因为是陛下出钱派遣传教士去教导他们的"。四年之后的1574年,西班牙国王菲利普二世正式批准了占领中国的计划。

1571年,西班牙完全占领了向中国称臣纳贡的藩国——吕宋,并将马尼拉辟为首府。

有了吕宋这个跳板,西班牙殖民和宗教势力开始寻找机会进入中国内地。

---

[1]《拉达神甫致墨西哥总督函副本,汇报菲律宾的重要消息》(*Copia de carta del P. Martin de Rada al Virrey de México, dándole importantes noticias sobre Filipinas*),1569年7月8日于宿务,塞维利亚东西印度总档案馆,Aud. de Filipinas, 79。转引自金国平编译:《西方澳门史料选萃(15—16世纪)》,广东人民出版社2005年版,第258页。

　　此时,福建把总王望高到吕宋侦察广东潮州海盗林凤的下落。王望高回程时,菲律宾总督派遣拉达和另外一名传教士、两名军官,随同王望高到福建。总督写了三封信交给他们,一封给中国皇帝,一封给福建巡抚,第三封给漳州地方长官,目的是想在中国海岸获得一处相当于葡人在澳门的基地。时任福建巡抚刘尧诲,湖南临武人,嘉靖三十二年(1553)进士,曾任八闽巡抚、江西巡抚,他友好地接见了拉达一行。这帮传教士后来到各城门东瞅西看,引起地方官的警觉,刘尧诲下令"加意防范",限制他们"不得离开屋门一步";对于他们居留传教的请求,官府以西班牙人捉到林凤为交换条件,他们只得怏怏而返①。

　　1579年6月,也就是罗明坚达到澳门前一个月,方济各会马尼拉代理省会长阿尔法罗,在马尼拉附近的一个港口弄到一条快船,秘密前往中国。船上除了阿尔法罗和水手外,还有三位方济各会神父、三位西班牙军士,另有一位会讲西班牙语的中国青年和四位马尼拉土著。几天后,他们在中国近海遇到一条从漳州开往广州进行贸易的盐船,说服船主把他们带到珠江口外。之后,他们乘坐一艘中国帆船赴广州,随行的神父记载了这段新奇的旅程:

　　　6月21日我们沿着珠江两条支流中的一条溯流而上,很快两条支流又汇合在一起,延伸出许多条支流。这边和那边,所有的河道上布满了来来往往的船。我们一直跟着前面的船航行,我们向许多船上的人询问,没有一个人回答我们。他们只是瞧瞧我们,冲着我们笑,一些人还痴呆呆地望着我们这些奇

---

① 拉达后来写了《出使福建记》和《记大明的中国事情》。参见〔葡〕伯来拉、克路士等著,何高济译:《南明行纪》,工人出版社2000年版,第246—292页。

怪而新奇服装的洋人。大约航行了差不多两里格的水路,我们
发现前面出现了一大片停泊的船只,紧接着我们望见一座高高
的、结构非常奇特而又美丽的塔,随后我们又看到了城墙,许多
船只停泊在城墙的脚下。①

　　他们从广州上岸后,向盘问的中国官员声称,他们来此的目的
是向中国人宣讲福音,希望在此居住。广州官员立即请示刚接替凌
云翼任两广总督的刘尧诲。刘尧诲深知朝廷禁止外国人进驻中国,
但他与上次一样,没有直接拒绝这批传教士,而是令海道副使刘世
赏酌情处置。由于总督如此姿态,当时的广东官员对方济各会士比
较友善,在方济各会士们穷困潦倒流落街头的时候,官员还从府库
中按月拨出一定数量的钱接济他们②。
　　澳门方面似乎比广东官员更紧张。阿尔法罗给澳门主教贾尼
劳等人写信,请他为西班牙传教士居留中国提供帮助。贾尼劳回
信,要阿尔法罗就西班牙传教士进入中国传教的合法性作出解释。
当时的澳门兵头莱昂内尔·布里图(Leonel de Brito)则直接向广东
官府递交了公函,说阿尔法罗等人是吕宋派来的间谍,建议将他们
驱逐出境;他甚至恐吓广东官府,说马上有一支西班牙舰队要来占
领中国的某个城市。此信最后交到了两广总督刘尧诲处。刘尧诲
似乎没有理会澳门方面的"提醒",主动提出接见阿尔法罗等人。8
月21日,阿尔法罗一行来到肇庆,刘尧诲先后两次会见他们,并观看

①*Sinca Franciscana*,Vol 2,Augustín de Tordesillas,*Relación del Viage que Hizimosen China*,p.107.转引自崔维孝:《明清之际西班牙方济会在华传教研究(1579—1732)》,暨南大学博士学位论文,2004年。
②参见伍玉西:《澳门与马尼拉关系的开始——1579—1584年间赴澳门的西班牙人》,《社会科学辑刊》2016年第4期。

了他们带来的圣像和经书。据阿尔法罗一方的说法，事情最后坏在翻译手上。他们的华人翻译西蒙（Simão）嫌佣金太少，故意将阿尔法罗请求总督批准传教士入华居住的话，译成"传教士请求两三个月后再让他们走"。刘尧诲听后，爽快地答应他们可以多住三至四个月。9月3日，阿尔法罗等人以为进入中国的事情办妥，高兴地回到广州。而广州官员接到总督命令后，通知他们只能在广州住三个月。11月10日，阿尔法罗带着部分西班牙方济各会士离开广州，15日抵达澳门[1]。

阿尔法罗到澳门后，"看到因为不懂当地的语言，他在广州城对居民的皈依一事无成，于是在一些澳门居民的请求和建议下，他认为在澳门成立一个方济各会的修院是个好办法。他和他的同伴们最终可以在修院里学习汉语"[2]。修院次年建成，名"圣方济各天使圣母修院"（Nossa Senhora dos Anjos da Porciúncula）。他们在修道院果真开办了一所学院，招收了20个青少年学子，教授他们学习中文。阿尔法罗希望他们学成中文后，可以进入广州城。

是年，阿尔法罗结合自己在澳门的处境，给一位在广州分手后回到马尼拉的神父写信，告诫同会的兄弟要处处小心行事，不要引起葡萄牙人的怀疑。但这封信被澳葡当局截获，他引起澳门葡萄牙同道更加的嫉恨和排斥。6月，阿尔法罗为了洗清写信之事，赴印度向葡印总督陈述相关情况，不幸在交趾支那海域突遇风暴身亡。不久，他的澳门方济各会神父，将修院的20余名修生解散，神父本人不

---

[1] *Sinca Franciscana*, Vol 2, Augustín de Tordesillas, *Relación del Viage que Hizimosen China*, pp.104-145. 参见崔维孝：《明清之际西班牙方济会在华传教研究（1579—1732）》，中华书局2006年版，第64—77页。

[2] 转引自金国平编译：《西方澳门史料选萃（15—16世纪）》，广东人民出版社2005年版，第247页。

久后被澳门当局驱逐出境①。

可见,在罗明坚之前,阿尔法罗已经意识到了学习中国语言对进入中国内地的重要性。阿尔法罗虽然在澳门办了修院学习汉语,但修院很快因为澳葡势力的阻挠而解散,阿尔法罗自己还为此丢了性命。

这就是罗明坚生逢的澳门,根深蒂固的欧洲文化优越感和葡萄牙利益至上原则,与对进入中国内地传教的悲观主义和排他敌意,在这里弥漫交织。

①Manuel Teixeira, *Macau e a Sua Diocese*, Vol3, p 406;Sinica Franciscana Vol2, Augustín de Tordesillas, *Relación del Viage que Hizimosen China*, pp.106-107. 转引自吴志良、汤开建、金国平主编:《澳门编年史》(第一卷),广东人民出版社2009年版,第181—182页。

三

登 堂

1. 初入广州

罗明坚克服万难学习中国语言，为的是能顺利进入中国内地居住，当他如其所言认识了许多中国字后，就开始寻找进入内地的机会。

进入中国内地传教的首选地非广州莫属。当时广州是明朝市舶司所在地，是全国第一大港，也是唯一对葡萄牙商舶开放贸易的口岸。葡萄牙人虽住在澳门，但贸易的供求市场都在广州。葡商运往广州的商品，主要有胡椒、苏木、白银、棉花、象牙、檀香；收购的货物以丝绸、茶叶、麝香为大宗。1572年，明朝政府正式开放葡萄牙人进入广州贸易。从1578年开始，葡萄牙人的商船获准参加每年在广州举办的交易会，会期延续两三个月，有时达四个月。1580年以后，根据两次不同的季风，交易会每年举办两次，一次是在1月，另一次是在6月末①。

---

① "葡萄牙商人已经奠定了一年举行两次集市的习惯。一次是在1月，展销从印度来的船只所携来的货物；另一次是在6月末，销售从日本运来的商品。这些集市不再像从前那样在澳门港或在岛上举行，而是在省城本身之内举行。由于官员的特别允许，葡萄牙人获准溯河而上至广东省壮丽的省会作两天旅行。" 〔意〕利玛窦、〔比〕金尼阁著，何高济、王遵仲、李申译：《利玛窦中国札记》，中华书局1983年版，第144页。瑞典人龙思泰（Anders Ljungstedt）的《早期澳门史》（1836）亦有类似记录："开始时市场每年开放一次，但从1580年起，根据两次不同的季候风，每年开放两次。贸易的经理人，从1月份起采购运往印度和其他地方（转下页）

每逢交易会开锣，广东官员就身着红袍，迈出大城门，征收葡萄
牙人带来的税金①。葡商运往广州的商品，在官府抽分之后才能销
售。由于官府抽分很费时间，很多葡萄牙商货被广州近乡商贩串通
城内和外省商贩先行交易②，葡萄牙人免了抽分和等待时间，获利
更丰。

罗明坚想借葡萄牙商人去广州定期贸易的机会，进入中国内
地。1580年11月8日，他在给罗马神父的信中说道：

　　我趁有船开往印度之便，给您去信后，便收到中国一省会

（接上页）的货物，从6月份起采购运往日本的货物。每年两个月、三个月，有时是
四个月。"载〔瑞典〕龙思泰著，吴义雄等译：《早期澳门史》，东方出版社1997版，第
108页。意大利商人卡莱蒂（Francesco Carietti）作于16世纪末的《世界周游记》
（*Ragiona-menti del mioviaggiointorno al mondo 1594-1606*）对集市时间有另一
种说法："在广东的城市，每年9月及10月举行送往东印度的商品，送往日本的商
品（集市）是在4月及5月。……虽然首领的船只常常会面临危险，但他只要花费
20至25天将商品送往日本，就可以获得40 000至50 000斯格特。首领于6月从
支那出发，（来年）3月返回支那，所以有8个月的时间中看不到此船。但同年10
月间返航的情况也时有发生，这是为了用日本的船运往在同月召开的前述广东
集市购入的即将送往东印度的商品。"转引自〔日〕榎一雄：《明末澳门》，《榎一雄
著作集》（5），日本汲古书院1993版，第186—187页。
① 阿儒达宫图书馆：《耶稣会会士在亚洲》，Cod.49-v-10，fls.10v-11。转引自金国
平：《西方澳门史料选萃（15—16世纪）》，广东人民出版社2005年版，第276—
277页。
② 霍与瑕："凡番夷市易皆趋广州。番船到岸，非经抽分，不得发卖。而抽分经抚巡
海道行移委官，动逾两月，番人若必俟抽分乃得易货，则饿死久矣……广东（州）
隔海不五里而近乡名游鱼洲，其民专驾多橹船只，接济番货。每番船一到，则通
同濠畔街，外省富商搬瓷器、丝绵、私钱、火药违禁等物，满载而去，满载而还。追
星趁月，习以为常，官兵无敢谁何。比抽分官到，则番舶中之货无几矣。"〔明〕霍
与瑕：《霍勉斋集》卷一二《上潘大巡广州事宜》，咸丰七年（1857）补刻本。

广州来的一个好消息,广州离澳门不远,约有一百多公里(原作五十罗马里),在澳门有我们的会院一座。治理广东的官吏们准许住在澳门的全体居民,不论住在何区、不论任何身份、不论何天皆可去广州经商,不必要求特别许可,什么时候离开任便,但为避免拥挤,产生混乱,每条船只准乘五位葡萄牙人。这样新的措施为他们葡人太方便了,从此可以更方便、更自由地和中国交易了;因为以往一年只准一次前往经商。这为我们神父们也是件好消息,尤其为我,因为我基于服从来到这里,准备进入中国内陆已一年了,目前正在学习中国话与了解中国的风俗习惯,等候一有机会便前往内陆;但尚不能在那里居留,尤其多年前,曾为一位少年僧人付洗而他父亲非常反对,曾惹起很大的风波。神父!对此您将收到详细的报告。希望托天主的圣宠能够前往,逐渐北上,直达首都北京,中国皇帝就在那里定居。①

从信中可知,罗明坚想利用最早的"广交会",先到广州,渐次北上,争取在皇帝所在的北京定居。

其实,传教士借"广交会"进入广州,非罗明坚发明。如前文所述,在罗明坚之前,耶稣会神父巴莱多、葡萄牙籍的多明我会士克路士等,就曾随商船进入广州,但他们都在短暂停留后又回到澳门②。

上面信中说"尤其多年前,曾为一位少年僧人付洗而他父亲非

---

① 《罗明坚致罗马麦尔古里亚诺神父书》,1580年11月8日,撰于澳门,〔意〕利玛窦著,罗渔译:《利玛窦书信集》(下册),台北光启出版社1986年版,第425—426页。

② "广州交易会"断断续续维持了七十余年的时间(1559—1571年间断,1640年关闭)。参见伍玉西:《明代中后期"广州交易会"与中西文化交流》,《广州大学学报》(社会科学版)2016年第10期。

常反对,曾惹起很大的风波",说的是1575年春季,澳门神父克里斯托旺·科斯达(Cristóvo da Costa)随同葡商参加广州交易会,请求广东官府准许自己入住广州传教,遭到拒绝。在此期间,科斯达结识了广州的一位年轻佛家子弟,并成功让其改信天主教。年轻人随科斯达来到澳门。圣诞节那天,贾尼劳主教为其授洗,起教名"保禄",并打算送他去日本深造。此事为广州佛教界知悉,他们遂召集保禄亲友及当地民众示威,要求严惩澳门葡人,致使广州当局扣留了进广州交易的葡国商船,没收葡人商品,还声言要捣毁澳门商埠。保禄为了避免连累澳门,在贾尼劳主教陪同下回到广州。

此事在广州酿成一场大风波。海道因此下令,此后不许煽惑中国青年的传教士在广州居留①。

罗明坚的前驱未给广州官民留下好印象,加上之前葡萄牙商人在东南沿海的所做所为,罗明坚清楚自己属于不受广东人欢迎之列,对进入广州居住,并无多大的把握,所以在给耶稣会总会长阿桂委瓦的信中,他如此说道:

> 只可惜目前对中国话我尚不能运用自如,而且我学的是官话,在澳门用广东话,因此没有机会实习,只有到中国内陆地方才有实习的机会。因此视察员神父要我无论如何,非进入内地不可。但这似乎是不可能的,是超出人力所能做的,因为中国人不喜欢外国人进入,尤其皇帝明文禁止洋人进入——闭关

---

① "有一位葡籍耶稣会神父,曾经归化了一位中国青年,想要受洗,这事在广州曾引起了很大的风波,中国监察御史与澳门百姓皆群起干涉,因此海道——该城最高长官下令,今后广州不许'窃夺'中国青年的葡籍神父居留……"《罗明坚致总会长阿桂委瓦神父书》,1583年2月7日,〔意〕利玛窦著,罗渔译:《利玛窦书信集》(下册),台北光启出版社1986年版,第447页。

自守。[1]

　　为不重蹈前辈覆辙，罗明坚周全地做着进入广州的准备。他清醒地意识到，入广州后，必须让官员看出，他既不是佛郎机商人，也不是与上述前辈一样的外国和尚。他写信给耶稣会总会，要求给他加派三位传教士，包括在印度果阿的利玛窦、在蒙兀儿帝国的鲁道夫·阿瓜维瓦和原拟就要派来东方的费郎德·加白才（P. Ferrante Capece），并寄来基督教奥迹之书、旧约故事与基督徒世界等书，以向中国官府表明，他和另外三位传教士"并非只是由马六甲去的四位商人"[2]。

　　1580年4月[3]，正值广州春季交易会，葡萄牙商人需要牧师照料他们的宗教生活，罗明坚抓住机会，报名与商人一同前往广州。

　　第一次去中国内地，罗明坚异常兴奋。船经伶仃洋驶入珠江口。沿岸村落棋布，郁郁葱葱的农田一望无际，绿得像美丽的大草坪。江面上大小船只穿梭往来，有桨船，有帆船。大的桨船每支桨由四五人或六人划，小的一支桨两人划。远方帆樯点点，通向水天相接处。

　　到东莞虎门时，右边可看到虎门炮台，左边则是一个个露出水面的小岛，长长的堤坝围绕着泛着水光的沙田。自16世纪开始，当

---

① 《罗明坚致总会长阿桂委瓦神父书》，1583年2月7日，撰于肇庆，〔意〕利玛窦著，罗渔译：《利玛窦书信集》（下册），台北光启出版社1986年版，第447页。

② 《罗明坚致罗马麦尔古里亚诺神父书》，1580年11月8日，撰于澳门，〔意〕利玛窦著，罗渔译：《利玛窦书信集》（下册），台北光启出版社1986年版，第427页。

③ 一说是12月，见〔法〕裴化行著，萧濬华译：《天主教十六世纪在华传教志》，商务印书馆1936年版，第187页。因为罗明坚在信中提到"复活节那天"，而复活节在每年的3月22日—4月25日之间，因而时间是4月比较合适。

地的强宗大族,致力围垦沙地成为沙田。

一路上,罗明坚不只是观光赏景,还思虑着他和他的同伴如何被这块土地上的主人接纳,不时劝诫商人同伴们到广州后要遵守中国礼仪①。

江面收窄之处,远远地看到一座佛塔高耸于城墙之内。广州到了。

船只在城前的江面上穿梭,装满丝绸、粮食、瓷器、茶叶等物。靠近城墙一侧,密密麻麻的船只停了一大片,有显然是穷人住的小船,也有供官员乘坐的富丽大船,官船大多镀了金,两边有大窗子,挂着丝织的窗帘②。

罗明坚上岸后,立即召集同来的葡萄牙商人练习中国礼仪,其场面颇具戏剧性:珠江边,11只浮桥船扎成一处平台,一众身着华丽服装、佩戴珍贵宝石的葡萄牙商人,跟着罗明坚做下跪动作。罗明坚在稍高的台地上做示范,下面的商人们跟着做动作。罗明坚比画道:在长官跟前,礼仪非常重要,谒见长官的时候要跪着,磕头时头要顶地,时间要长些;对他人要用赞美的口吻,说自己时要用谦卑的词句……③

---

① 参见〔美〕邓恩著,余三乐、石蓉译:《一代巨人——明末耶稣会士在中国的故事》,社会科学文献出版社2014年版,第19页。

② 以上参见〔葡〕加斯帕·达·克路士(Gaspar da Cruz):《中国志》,〔英〕C. R. 博克舍(Boxer, C. R.)编注,何高济译:《十六世纪中国南部行纪》,中华书局2019年版。克路士,葡萄牙圣多明我会修士,1548年,作为12名多明我教士团的一员,乘船赴果阿。最初在印度西岸布道,后来去了马六甲,1556年冬访问广州,在那里居住数月后被驱逐出境。

③ "在他初次伴同一些葡国商人进入广东省城的时候,为涤除由劝化和尚入教而受的耻辱,及提高葡国商人的国籍地位起见,就在江边用十一只浮桥船组成一处看台,葡商人都穿着极华丽的服装,佩戴极珍贵的宝石,跪到意国司铎跟前。片刻后罗明坚给他们说明在长官跟前由尊敬而发生的礼仪是怎样重要,(转下页)

　　演练完毕，罗明坚夹在葡萄牙商人间进城。从江面码头远远望去，被城墙包裹的广州城，后高前低，中穴正平，两侧逶迤，正北端的越秀山上，耸立着巍峨的镇海楼。

　　镇海楼，因为楼高五层，老百姓一般称之为"五层楼"，是明洪武十三年（1380）兴建的。明洪武三年（1370），广州拆除了原宋代东城、子城、西城之间的城墙，填埋了中间的濠池，合为一体。十年后，广州城扩建，把北城墙扩展到越秀山上，同时在山上修筑了一座五层楼以壮观瞻。嘉靖四十四年至四十五年（1565—1566），两广总督吴桂芳主持在沿江商业区加筑了外城，即在原来旧城的基础上，增筑了自西南角楼以及五羊驿，环绕至东南角楼的城墙，使广州外城长1 100余丈，高2.8丈，有9座城门[①]。其中3座城门位于城南，朝向珠江，从珠江上岸可以进城南的门。

　　罗明坚与葡萄牙商人向正南的城门走去，他们在入门处登记自己的名字[②]。

　　南门宏伟高大，上有雉堞。城门自上而下包有铁皮，前有坚实的吊闸。入口处有胸墙。胸墙前的门像内墙的门，也有吊闸。

（接上页）又教给他们几种中国的礼式：在谒见长官的时候要跪着；要磕极深而又经过工夫很长的头；在提起别人的时候，要用赞美的口吻，在说自己的时候却用很谦卑的词句。对于这些普通的礼貌，葡萄牙商人素不注重，可是中国人要把他们看作野蛮，没有受过教育的人。"〔法〕裴化行著，萧濬华译：《天主教十六世纪在华传教志》，商务印书馆1936年版，第187—188页。

① 参见蒋祖缘：《明代广东巡抚与两广总督的设置及其历史地位》，《广东社会科学》1999年第2期。

② "葡萄牙商人在广州贸易那几天，白天当他们进城门的时候，必须在一个记录簿上登记他们的姓名，傍晚出城，再在记录簿的上面划掉自己的名字。"〔澳〕杰弗里·C.冈恩（Geoffrey. C. Gunn）著，秦传安译：《澳门史：1557—1999》，中央编译出版社2009年版，第28—29页。

进城的人特别多，人们穿着斜襟的白布袍、黑布袍，有的牵着狗，有的背着乳猪，有的挑着蔬菜，有的夹着各种物品，在城门鱼贯而入，性急者吆喝着让其他人让道[①]。

城内房舍都比城墙低，街道笔直，榕树浓荫夹道。路面青砖铺得齐整，靠近房屋的路面要高些，路中间要低些，以便于排水。横跨路面的雄伟牌楼，不时迎面扑来。

靠近南部的新城一带，为商业区。明代中后期，随着商业的发展，原来的旧城区无法容纳更多的商民，他们便辏集在城南沿江一带。嘉靖年间外城修好后，把这个大市场包裹于城中，海寇来袭，商民因此可以有恃无恐。隆庆年间，海寇曾一本入犯广州，就被外城所阻。沿街铺面一间接一间，铺里和牌楼下售卖多种商品。濠畔街、高第街、卖麻街等都是经营番货的著名街市，摆满了胡椒、苏木、象牙、檀香等，尤其是濠畔街，飞桥跨水，番夷辐辏，犀象如山，花岛如海，灯红酒绿，歌舞升平，其繁华胜过当时南京的秦淮河[②]。

正对南门的大道为承宣街（今北京路），它是城市中轴线，路面较宽，整条大街为全城枢纽，亦是全城最繁华地带。沿着这条大道向北，为官衙区，其北端为广东布政司署，其余官衙均以此为中心，棋布在其东西两侧。东侧自北而南为番禺县衙、番禺学宫、清军道、府学、盐课司等，西侧为广州府、都司、前后左右等四卫、南海县衙、

---

① 〔葡〕克路士：《中国志》，〔英〕C. R. 博克舍编注，何高济译：《十六世纪中国南部行纪》，中华书局2019年版，第138页。

② "（濠畔街）有百货之肆，五都之市，天下商贾聚焉。屋后多有飞桥跨水，可达曲中，宴客者皆以此为奢丽地……此濠畔当盛，平时香珠、犀象如山，花岛如海，番夷辐辏，日费数千万金，饮食之盛，歌舞之多，过于秦淮数倍。"〔清〕仇巨川：《羊城古钞》，广东人民出版社1993年版，第581页。

分巡总兵府、察院、提学道、按察司等①。

　　与葡萄牙人打交道的官员主要是海道，即海道副使。嘉靖期间，广东不时有海盗之乱，因而在提刑按察使司设巡视海道副使，管理外贸、外交，处理各种夷务。海道原驻广州，后移驻东莞南头，平时例行稽查和操练水军，有事则督兵出海剿捕。是年，海道副使衙署又回驻广州。

　　时任海道副使为朱东光。他是江西临川龙溪人，少年时在福建上学，隆庆二年（1568）以福建瓯宁籍中进士。初授浙江平阳知县，到任不久就查出久悬未决的土豪杀人匿尸案，民以为神。为抵制倭寇骚扰，他用自己的俸禄资助修建钱仓镇城堡，民众感激，建城隍庙，尊其为城隍爷。丁忧服满后，补祁门县令。后调任户部。万历四年（1576）任河南颍州按察分司佥事。因平乱、治水有功，万历八年（1580）升任广东海道副使②。

　　罗明坚来到海道副使衙门，见正门绘有两个手执棍杖的巨人，门廊很高，入门后是一个几乎方形的大院，一条比门略窄的走廊，从门口笔直通往院子尽头；走廊用方石块整齐铺设，有齐腰高的栏杆，

——————————

① 参见曾新：《明代广州城市自然环境及城市布局的特征——明代地方文献中的广州城地图研究》，《岭南文史》2005年第4期。

② "朱东光，以福建瓯宁籍中隆庆戊辰进士。初任平阳知县。有土豪杀人匿尸数十年不能断。东光甫下车即廉得真尸于郊外，民以为神。丁艰归，服阕，补祁门令。以最召拜户科给事，不避权势。为颍州佥事，崔荷聚乱，缉捕其魁，开河有功，超升山东副使，寻改广东。未几转右参政。致仕归，修宗谱、建祠宇、置义田，有范文正遗风。"〔清〕童范严修，陈庆龄等纂：《临川县志》卷四一《人物志二》，同治九年（1870）刻本。另，《明神宗实录》卷九九"万历八年（1580）闰四月甲子"载："升河南佥事朱东光为广东副使。"《明神宗实录》卷一四五"万历十二年（1584）正月壬寅"载："升广东副使朱东光为广东右参政分守岭西道。"台北"中研院史语所"校勘，1962年影印本。由此可知，朱东光于万历八年至万历十二年（1580—1584）在广东海道副史任上。

尽头处为一大台,这座台后,有一级跟它一样宽的台阶,台阶那边是一条有顶盖的道,全用巨大方石铺成①。

在大堂见到海道朱东光,罗明坚彬彬有礼,用文绉绉的官话说道:

> 吾等身为僧侣,因仰慕中国良政,离乡浮海来华,希望能下赐寸土,筑室而居以毕天年。②

由于罗明坚会说中国官话,还做出类似中国人的礼貌举止,朱东光对他颇有好感。

夜幕降临,葡萄牙商人必须出城,回到城外的船上过夜,如果他们还留在城里,那就是犯罪,将遭到监禁③。罗明坚白天时曾对海道朱东光说,只有在岸上,他才能举行自己的宗教仪式,因此请求住在岸上的屋子里。

十五年前,1565年11月,澳门耶稣会会长弗朗西斯科·派瑞斯来到广州,要求在广州传教,他曾带着通事到广东官府,请求上岸居住,理由与罗明坚相近:"我请求准许上岸居住,住在小房子里,按人们认为合适的时间长短居留,好让我向创世主祷告,求他保佑中国国王和他整个王国,主要还是保佑治理这个王国的人们,因为我不能在海上这样做,这是违背上帝的训诫的……"官员最后问他会不会说中国话,旁边的通事说他不会。官员说:既然他还得带通事,那

---

① 克路士《中国志》记述了当时广州官府衙门的形制。见〔英〕C. R. 博克舍编注,何高济译:《十六世纪中国南部行纪》,中华书局2019年版,第114—115页。
② 〔日〕平川祐弘著,刘岸伟等译:《利玛窦传》,光明日报出版社1999年版,第68页。
③ 〔澳〕杰弗里·C. 冈恩著,秦传安译:《澳门史:1557—1999》,中央编译出版社2009年版,第28—29页。

就无法在中国到处走了,不过,如果他学会中国话,就很方便了①。

而这次,朱东光答应了罗明坚的请求,安排了一个小屋给他居住,为此还特意颁发了一道告示②。

入夜,喧嚣一天的城门轰然关闭,每座城门的两扇门间,贴有一张封条,上面盖有官员的印。每道门有一员"将官",领着几个士兵防守。街道的尽头都有门,派专人看守,守卫者入夜锁门,举着灯笼在街上巡查,不时鸣锣几声,整过城市安然阒静③。

罗明坚在小屋里设立祭坛,礼拜日和节日,葡萄牙商人到他的住屋做弥撒,接受圣礼。别的日子里,当他们做生意时,罗明坚单独在屋里学习中国话,门外不时传来叫卖肉、鱼、蔬菜、水果的声音④。

罗明坚有时走出小屋,在城里逛逛,他尤其想了解这里普通人的生活和信仰。他看到人们见面时笼着袖子作揖,互致问候,说着"食饭未晒"(粤语音,意为吃过饭没有)。

此时广州佛教兴盛,寺院林立。老城的中部,官衙盘踞,寺院难以插足,它们都挤在老城的西北部、新城的商业区及北部的越秀山。

① 〔法〕裴化行著,管震湖译:《利玛窦评传》(上册),商务印书馆1993年版,第55—56页。
② 裴化行说罗明坚在一封信中言道:"我得到皇帝的特恩,有人给我皇家的住宅——就是有点太小——并且在各个大街小巷张贴告示,任何人不得到我这里搅扰,违者处以死罪。"见〔法〕裴化行,萧濬华译:《天主教十六世纪在华传教志》,商务印书馆1936年版,第188页。未查到罗明坚原信,"皇帝""皇家"肯定有误。
③ 文中所出现的"将官"一词乃克路士《中国志》中的提法,实为低级军官。参见克路士:《中国志》,〔英〕C. R. 博克舍编注,何高济译:《十六世纪中国南部行纪》,中华书局2019年版,第116—117页。
④ 克路士《中国志》载:"这个地方有一件了不起的事,那就是沿街叫卖肉、鱼、蔬菜、水果及各种必需之物,因此各种必需物品都经过他们的家门,不必上市场去了。"〔英〕C. R. 博克舍编注,何高济译:《十六世纪中国南部行纪》,中华书局2019年版,第138页。

城郊也有不少寺庙,散布在东面的大东门外,西面的太平门外上下西关涌、大观河一带,以及北部远郊的白云山风景区内。

罗明坚所住小屋,在城西番坊附近,周围也有不少寺庙,如兴化寺、六榕寺、国庆寺、仁王寺、开元寺、光孝寺等;还有高耸的伊斯兰教光塔。

他发现,人们除了在寺庙烧香拜佛外,还在房门后的过道里设有祭坛,摆上他们的神,每天早晚燃着香上供。江上的船民在船尾设一方祭坛,摆上他们的神。每当放船出海,渔民便把道士招徕于船上。道士穿着长袍,手摇一种小铃,哼着歌,走向船头。那里插着许多绸旗,立了一幅鬼像,道士向它弯腰行礼并不时献上祭品,点烧钱纸,以为如此鬼就不会伤害船只。

他还发现居民在决断一个事情时,往往在神面前占卦。问卦时,要先跟神讲话,百般讨好他,求他给一个好卦。说完就丢卦。如果求到的是坏卦,他们就大声骂神,称其猪狗之类,骂够后,又说好话安抚他,求他原谅。然后,又要丢卦,往往要丢好几次,直到求到好卦为止。之后他们满意地向神还愿,将带来的煮熟的猪头、鸡、鹅、鸭及米饭、酒摆在神面前,在香雾缭绕中,向神跪拜作揖。他们将祭物分成两部分,一部分是小猪耳朵,鸡、鹅、鸭的嘴和爪,几粒米饭,一点点酒,将它们装在一个盘子里,摆到祭坛上请神"吃";人们当着神的面,把其余肥美的部分吃个精光[1]。

朱东光给罗明坚小屋时,颁发了不许市民打扰的告示。但屋里的奇异图像,举办的独特宗教礼仪,很快就在城里传开了,居民们争先恐后来到罗明坚的小屋外,向内偷视。有人还在那间小屋子的外墙开了一个小洞,从洞眼中瞧小屋内的动静。

---

[1] 以上关于广州人的信仰,可参见克路士:《中国志》,〔英〕C. R.博克舍编注、何高济译:《十六世纪中国南部行纪》,中华书局2019年版,第185—187页。

复活节那天，在为葡萄牙商人及其家属讲完弥撒之后，罗明坚在小屋里休息。但直到半夜，仍有人弯腰站在门外向里张望，罗明坚尴尬、无奈地望着门外的人，不好叫他们离开。

后来，他日渐习惯了人们的窥视。但平静的日子很快被打破。一天，一人手拿一块石头，跨入小屋，挥舞石头在自己头上连砸三下，然后把石头扔到罗明坚脚下。殷红的鲜血从那人额头汩汩而出，如红虫爬向面颊。那人转身走出房门，高声对街上的人说，屋里的番鬼和尚拿石头砸伤了他。看热闹的人越来越多，在门前围了一大圈。

朱东光闻讯赶来，欲将罗明坚带回衙门讯问。但官员一来，那位受伤者立即溜走了。朱东光向罗明坚了解事情原委，然后走出来向围观群众宣布，屋里的外国和尚并没有砸人，那个溜走的受伤者是为了向和尚敲诈一笔钱，故意砸伤自己。

广州城里的一些官员也来小屋参观，他们翻看罗明坚带来的宗教书籍，向他打听这个宗教的教义。观看小圣堂时，这些人还按照参拜佛教寺庙的习惯，放了一些钱在案上。罗明坚对这些来访者，颔首微笑，毕恭毕敬，有问必答。官员们对这个能与他们交谈、知道一些中国礼节的外国人感到十分惊奇，也频频回礼。

罗明坚原以为，公开为葡萄牙人做弥撒，会招致官员们的阻拦，而现在官员非但不禁止，还表现出浓厚的兴趣，这是他没料到的，这似乎使他看到了一线希望。但他不知，官员们对他宗教的认识，与自己不在一个频道上，官员们大多是从佛教的角度去揣度罗明坚的宗教的。

时间过得很快，罗明坚还没适应广州的生活，葡萄牙三个月的贸易季结束，他只得随葡萄牙商人回到澳门①。

---

① 罗明坚第一次到广州的见闻和活动，详见《罗明坚致总会长阿桂委瓦神父书》，1583年2月7日，撰于肇庆，〔意〕利玛窦著，罗渔译：《利玛窦书信集》(下册)，台北光启出版社1986年版，第447—448页。

2. 再入广州

　　回到澳门，罗明坚在经言学校继续学习中国官话，他在广州与官员和市民的交流，使他的中国官话水平提高了不少。

　　不知不觉，1581年的春天贸易季又到了。罗明坚再度随葡萄牙贸易团，坐上了去广州的船，这次有神父安德烈·平托（Adré Pinto）陪同。

　　一到广州，他便找到朱东光，要他安排一个住的地方。这次，朱东光安排罗明坚住进暹罗馆①。

　　对此，罗明坚颇感意外，朱东光身边的人也感到意外。暹罗馆是暹罗和安南这两个东方朝贡小国公使来中国朝贡时，在广州的下榻之处，他们每三年都要经广州到北京向大明朝廷朝贡，前任海道已经规定这地方是不能给佛郎机人居住的。

　　在海外来朝诸国中，明朝对暹罗格外优渥。明初严行海禁，有

──────────

① "在一五八一年春季，罗明坚二次来到广州，立时上书督宪，请求容许在陆地居住，督宪立即指定把暹罗国贡馆，这是暹罗和安南的公使每三年从这里经过一次所下榻的地方，作为司铎的住址……"〔法〕裴化行著，萧濬华译：《天主教十六世纪在华传教志》，商务印书馆1936年版，第189页。此"督宪"，据当时罗明坚诸信件，当为广东海道朱东光。

时甚至断绝各国贡使前来,但暹罗却破例被准许进行朝贡贸易①。洪武四年(1371)阿瑜陀耶王朝第三代国主波隆摩罗阇便向明朝第一次朝贡,从此,阿瑜陀耶王朝和明朝没有断过贡使关系②。万历七年(1579),朝廷设暹罗馆作为四夷馆中的第十馆,明朝与暹罗的关系更加密切③。

明朝规定贡使所经之地,地方官可准许其进行贸易;明中叶以后,特准暹罗贡使在广东贸易。可以说,朱东光的格外开恩,让罗明坚享受了暹罗贡使的待遇。

前任海道明文禁止佛郎机人在暹罗馆居住,而现任海道却公然同意,朱东光对罗明坚的优待,很快传遍广州城,人们议论纷纷,有传言说,朱东光收了佛郎机人的贿赂。

为自证清白,朱东光找到罗明坚,问他是否认得中国字、是否能朗读中文公文。罗明坚说大概可以。此时罗明坚已又学了一年中文,学会不少汉字和简单的汉语会话。

朱东光立即拿起一张便条,在上面写了几行字,递给罗明坚,然后集合两百多名侍从,当着他们的面问罗明坚他有没有收佛郎机人的钱,罗明坚说没有,贿赂这事完全是假的。朱东光听后非常高兴。

---

① 《明太祖实录》卷二三一“洪武二十七年(1394)春正月甲寅”条:“禁民间用番香番货。先是,上以海外诸夷多诈,绝其往来,唯琉球、真腊、暹罗许入贡。”台北“中研院史语所”校勘,1962年影印本。

② 据江应樑先生考证,终明一代暹罗共朝贡108次,其中前半期贡使来往繁密,后半期较疏,其中正好以葡萄牙殖民主义者与暹罗发生接触的这一年即公元1516年(明正德十一年)作分界线。在这以前的一百四十八年中(1368—1516),暹罗贡使共来92次,平均每一年半就来朝贡一次。自正德六年以后的一百二十七年中(1516—1643),暹罗贡使只来过16次,平均每八年来一次。参见江应樑:《古代暹罗与中国的友好关系》,《思想战线》1983年第4期。

③ 〔明〕谈迁著,张宗祥校点:《国榷》卷六八,中华书局1958年版,第4221页。

罗明坚行礼后退出。据说在罗明坚离开后,朱东光在葡萄牙商人面前对罗明坚大赞一番①。

由于高级官员对罗明坚有好感,其他一些中国官员因此对他也表现出友好的姿态。一些官员对罗明坚在礼仪上网开一面,一般人见到官员时,都是俯伏跪拜,他们却允许罗明坚在谒见时站立②。

罗明坚想趁机长期留住广州。他拜访广东总兵黄应甲。总兵统管一省军事,是一个比海道更高级别的官。黄应甲,字汝第,安徽怀宁人,万历五年(1577)升任浙江总兵官,复改镇广东,屡破倭寇③。见面时,罗明坚送给黄应甲一块表。后来,罗明坚还多次拜访他,每次都很讲礼节。黄应甲对罗明坚非常客气,问罗明坚需要什么帮助。当得知罗明坚想在内地居住,传播他的宗教后,黄总兵虽然对他的宗教如当时其他官员一样不明就里,但表示可以把他带到更远的内地去④。

---

① 事见《罗明坚致总会长阿桂委瓦神父书》,1583年2月7日,撰于肇庆,〔意〕利玛窦著,罗渔译:《利玛窦书信集》(下册),台北光启出版社1986年版,第448—449页。

② "海道对我的优待很快传遍全城,一般百姓都不敢惹我,而其他低级官员争相和我交往……"《罗明坚致总会长阿桂委瓦神父书》,1583年2月7日,撰于肇庆,〔意〕利玛窦著,罗渔译:《利玛窦书信集》(下册),台北光启出版社1986年版,第449页。

③ 参见张文达:《中国军事人物辞典》,黑龙江人民出版社1988年版,第476页。

④ 罗明坚本人在1583年2月7日写给耶稣会总会长阿桂委瓦的信中是这样说的:"他们之中有一位是军队里的将军,我赠送他一块钟表。他甚至提出可以把我带到更远的内地去。"利玛窦说得更详细一些:"该省的军事首脑也是他(指罗明坚)的朋友,罗明坚送给他一块表:这是一种用许多小金属齿轮安装成套的计时工具。这位官员被称为总兵,也就是将军(据考证此人是黄应甲),在神父有机会访问他时,他也对神父特别礼遇。这些与官员们的早期友谊,对于发展对基督教的友好态度是很有价值的。"见〔意〕利玛窦、〔比〕金尼阁著,何高济、王遵仲、李申译:《利玛窦中国札记》,中华书局1983年版,第146页。

　　黄应甲的话,最终没有兑现。罗明坚在暹罗馆住了两个月后,又不得不与葡萄牙商人悻悻回到澳门。

3. 三入广州

1581年9月，罗明坚第三次进入广州。一般认为这次与其同行的是西班牙耶稣会士佩德罗·高麦兹(Piero Gòmez)神父，但据罗明坚1581年11月12日致麦尔古里亚诺神父的信，似乎高麦兹没有与他同往①。高麦兹于当年7月24日，与修士弗兰西斯科·皮雷斯(Francisco Peres)抵达澳门。他们奉耶稣会总会长之命，准备赴日本传教。在当时的澳门传教士中，只有高麦兹神父始终支持罗明坚学习中文②，罗明坚与他正在以问答体形式，合写《简单的世界创生史》。

这次，罗明坚一行又被安排在暹罗贡馆居住。

罗明坚住下后，在屋里举行弥撒，仍然有很多人来看稀奇。当

---

① "在一五八一年九月及十月里，罗明坚和他的同伴哥美斯(Piero Gómez，即高麦兹)第三次入广州城，又住在暹罗贡馆……"〔法〕裴化行著，萧濬华译：《天主教十六世纪在华传教志》，商务印书馆1936年版，第190—191页。但罗明坚1581年11月12日在写给麦尔古里亚诺神父的信中这样说："我已三次到过广州……最近一次我同一位同伴在那里住了两个月，是澳门院长高麦士(P. Pietro Gómez，即高麦兹)神父特准的。"〔意〕利玛窦著，罗渔译：《利玛窦书信集》(下册)，台北光启出版社1986年版，第435页。

② "只有葛安德(Gómez)神甫一人始终鼓励之。"〔法〕费赖之著，冯承钧译：《在华耶稣会士列传及书目》，中华书局1995年版，第23页。

地的官员和衙役闻讯光顾他的住所，送一些表示友好的小礼物给他，有时会问他一些问题，其中包括宗教方面的。

海道朱东光与罗明坚来往频密，以致朱东光的一些朋友规劝他不要与外国和尚走得太近，免得触犯朝廷法律，影响自己的前程。

为解答官员的问题，罗明坚觉得要用中文介绍天主教。据说他写了一个关于天主教信仰的大纲，交给了朱东光[①]。

与官员接触中，罗明坚觉得应该多了解中国文化典籍。在广州期间，他开始搜罗、翻阅中国经典书籍，还以拉丁文翻译《三字经》。1581年11月12日，他在致罗马的麦尔古里亚诺神父的信中说道：

> 一五八一年我曾到广东省会广州小住，曾翻译这本中文小册子，兹只给您寄去一本，使您可以知道中国字的写法，同时对中国人的智慧与能力有所了解，并也晓得天主如何使这外教民族深悉伦理道德，以及如何教育他们的子女去实行。……是我在广州百忙中选译与印刷的。这本书不大，与其他的中文与西文著作不可同日而语，但内容丰富，甚受中国学人们的推崇。[②]

罗明坚在1581年底至1582年之间译完了《三字经》，并于1582年的某个时候将其中文印本与拉丁文译本一同寄给耶稣会总会长。他在1583年2月7日给耶稣会总会长的信中说："去年我曾寄去了一

---

① 〔法〕裴化行著，萧濬华译：《天主教十六世纪在华传教志》，商务印书馆1936年版，第191页。

② 《罗明坚神父致麦尔古里亚诺神父书》，1581年11月12日，撰于澳门，〔意〕利玛窦著，罗渔译：《利玛窦书信集》（下册），台北光启出版社1986年版，第431页。裴化行说罗明坚信中所说"这本中文小册子"就是指《三字经》。见〔法〕裴化行著，萧濬华译：《天主教十六世纪在华传教志》，商务印书馆1936年版，第191页。

本中文书,并附有拉丁文翻译。"他在信中自责,由于"时间仓促,拉丁文译文也很不通顺"①。

第三次,罗明坚在广州住了两个月。

三次到广州后,罗明坚对中国有什么印象和认识呢?他在1581年11月12日致麦尔古里亚诺神父的信中作了总结性汇报。

他认为中国人没有哲学,"没有天主的观念与第一以及最高原因的观念",中国人把一切归于"天",天是他们的"老天爷",一切万物都由"天"而来。他们敬地为慈母,因为一切生活必需品皆由它而生。他们认为这个世界由偶然而形成,所有一切皆由"命运"或"天命"所支配,善恶将由上天奖赏或惩罚。

他发现中国人非常敬畏官,说中国"在政治上官阶上下分明,各有职守,无论大小事件无不由上司决定,他们处罚人民,正如同我们学校里处理学童一样"。

他认为中国人很聪慧、精干且极度的温顺与服从,他们叩拜帝王与其大臣,如叩拜神灵一般,"老百姓没有城堡可以抵抗他们(指官员)"。他认为中国人若成了教友,"除非受官府的强力压制,他们是不会轻易叛教的"。

他认为在中国传教必须获得皇帝的批准,说中国老百姓上有父母、官长,直到高高在上的皇帝,因此必须面见皇帝,得其准许传扬天主教。他说两广总督告诉他(其实这时罗明坚还没见到过两广总督,应该是海道或总兵),如要改换宗教或习俗,必须先获得皇帝的批准。

他认为搞定中国皇帝,需要教宗派出使团,携带礼物觐见中国皇帝。他说教宗如能派一特使团来中国,定能打开一条坦途:"假使

---

① 《罗明坚致总会长阿桂委瓦神父书》,1583年2月7日,〔意〕利玛窦著,罗渔译:《利玛窦书信集》(下册),台北光启出版社1986年版,第446页;〔法〕裴化行著,萧濬华译:《天主教十六世纪在华传教志》,商务印书馆1936年版,第191页。

我在罗马,定会跪到圣父面前,要求他颁给我一张国书,以便呈现给中国皇帝,求他准许我在中国传扬福音。"①

罗明坚见广东地方官员收到自己的礼物后,就为自己进入中国出谋划策,所以觉得送礼物给皇帝,在中国传教之事就能迎刃而解。在后来给耶稣会总会长的信中,他不断提醒总会长寄礼物到中国以朝觐皇帝②。

他似乎对进入北京觐见皇帝颇有信心。六年前(1575年春),澳门神父克里斯托旺·科斯达等两位神父曾带着贵重礼物,同葡商们一起进广州参加交易会,拜见广东官员,请求允许他们北上觐见皇帝,但被官员拦阻③。这次,罗明坚向罗马耶稣会神父表示,如果现在再派使团,应该不会发生那样的情况,因为上一次那两位神父只像去广州做生意的商人,而不像使节,因此才不予准许;而且那次的神父不通中文,而这次,自己通中文,可以看中文书,说中国话,获得了官员们的认可,他们称自己为"师傅",因此他可以说服广东官员让使团北上觐见中国皇帝④。

显然,罗明坚在细心观察中国社会,尤其是中国官场,他不只是想在广州留下来,而且还想去北京朝觐皇帝。他敏锐地发觉了中国人的天命思想和畏官心理,但他对官员的观察,多为表象,因此生发出能够觐见中国皇帝的盲目自信。

①《罗明坚神父致麦尔古里亚诺神父书》,1581年11月12日,撰于澳门,〔意〕利玛窦著,罗渔译:《利玛窦书信集》(下册),台北光启出版社1986年版,第432—434页。
②见罗明坚1581年11月12日到致麦尔古里神父信、1583年2月7日致总会长阿桂委瓦神父信、1584年1月25日致总会长阿桂委瓦神父信等。
③见〔法〕裴化行著,萧濬华译:《天主教十六世纪在华传教志》,商务印书馆1936年版,第133—134页。
④《罗明坚神父致麦尔古里亚诺神父书》,1581年11月12日,撰于澳门,〔意〕利玛窦著,罗渔译:《利玛窦书信集》(下册),台北光启出版社1986年版,第433—434页。

4.四入广州

在1582年4月的贸易季,身着黑色紧身短外衣,头戴黑色贝雷帽,短发长须的罗明坚和本涅拉(Mattia Panela)、安德烈·平托又来到广州。本涅拉为澳门法官,安德烈·平托是第二次随罗明坚到广州。

罗明坚一行刚到广州,就卷入了葡萄牙人与广州知府周启祥的一场纠纷。

当时,广州知府周启祥指控有些葡萄牙人掠买中国儿童并计划带往澳门,他传葡萄牙人到河边一座庙里接受审问,并威胁要逮捕那些葡萄牙人。罗明坚、平托带着葡萄牙商人奔向那座庙,在见到周启祥后扑通下跪。周启祥指着他们,气愤地说他们犯了七宗谋杀案,必须严惩。此时,平托大病初愈,身体虚弱,哪能受此惊吓,当场晕倒了。周启祥指着平托,命令手下打他。见此,罗明坚嗖地站了起来,葡萄牙商人也纷纷站了起来,并拔出腰间佩剑。周启祥和卫兵们被葡萄牙人的举动吓坏了,慌忙撤出寺庙,向城里跑去。葡萄牙人也跑回船上,装好火枪大炮,准备迎接官军。但等了很久,也没见明朝军队的影子。后来,周启祥派人告知罗明坚,刚才是一场误会。

冲突发生时,海道朱东光没在广州。他回来之后,对周启祥挑起与葡萄牙人的纠纷一事非常生气,痛责了他一番①。

5月2日,罗明坚意外见到了来自菲律宾的西班牙籍耶稣会士桑切斯(Alphonse Sánchez)②,他是被一个中国人带来的。

这个引领者在发现洋人面貌的桑切斯后告诉他,在珠江上的船中住有葡萄牙商人和传教士,如果桑切斯肯破费几个钱,他就能领桑切斯到这些人所在的地点去见他们。

桑切斯听后非常高兴,对那人说,自己没有带银钱,但只要把他带到那儿,一定会有葡萄牙商人付给他钱。

引领者于是把桑切斯带到葡萄牙商船停泊的地点。船里的葡萄牙商人和传教士乘坐一座小艇来迎接他们。几个欧洲人在万里之外的中国相遇,兴奋不已,彼此拥抱在一起。

桑切斯在葡萄牙人陪同下去见罗明坚。此时广州知府发来召见桑切斯的命令,旁边的引领者不想久留,极力催促桑切斯去见知府。桑切斯来不及与罗明坚细谈,入城向知府衙门而去。

来到堂上,桑切斯向知府行跪拜大礼,知府非常高兴。但很快传来巡按御史驾到的消息,知府于是立即中止了接见,令人将桑切斯安置到罗明坚的住处。

明永乐元年(1403)后,以一省为一道,派监察御史分赴各道巡视,考察吏治,每年8月出巡,称巡按御史。巡按御史为正七品官,品级虽然不高,但号称代天子巡狩,省、府、州、县行政长官皆其考察对

---

① 参见〔美〕夏伯嘉著,向红艳、李春园译:《利玛窦:紫禁城里的耶稣会士》,上海古籍出版社2012年版,第70—71页。

② 桑切斯1541年生于西班牙蒙德加特纳(Mondejartra),1563年入修院,1593年5月27日殁于西班牙阿尔卡纳。见〔法〕费赖之著,冯承钧译:《在华耶稣会列传及书目》,中华书局1995年版,第23页。

象,大事可奏请皇帝裁决,小事即时处理,权力很大①。

桑切斯从知府衙门出来,只见门前鼓乐喧天,一群官员簇拥着一个由四人抬的高大、鎏金轿子。在知府大人的搀扶下,身穿黑色精美哔叽长袍的巡按御史,摇着两只长袖从轿中缓缓下来,站稳后,用眼睛余光扫了一群弯腰作揖、满脸堆笑的官员,然后在鼓乐手让出的走道上,由众人簇拥着向大院走去。先行的官吏都站在两边,夹队恭迎②。

桑切斯离开广州知府衙门回到罗明坚住处,两人一见如故。桑切斯向罗明坚讲述了自己此行的目的和遭遇。

原来,他是奉菲律宾总督佩尼亚罗沙(Don Gonzalo Ronquillo de Penalosa)之命,率一个由26人组成的西班牙使团前往澳门,通知澳门葡萄牙人西葡两国合并之事,劝说澳门葡萄牙人像其他葡萄牙人一样,宣誓效忠菲利普二世。

1578年,葡萄牙国王塞巴斯蒂安死于北非,其叔红衣主教殷利基(Cardial de Henrique)还俗继位,两年后殷利基去世,罗马教皇倾向由殷利基的外甥、在血缘关系上对葡萄牙王位有最优先权利的

①《明史》载:"而巡按则代天子巡狩,所按藩服大臣、府州县官诸考察,举劾尤专,大事奏裁,小事立断。按临所至,必先审录罪囚,吊刷案卷,有故出入者理辩之。诸祭祀坛场,省其墙宇祭器。存恤孤老,巡视仓库,查算钱粮,勉励学校,表扬善类,翦除豪蠹,以正风俗,振纲纪。凡朝会纠仪,祭祀监礼。凡政事得失,军民利病,皆得直言无避。有大政,集阙廷预议焉。盖六部至重,然有专司,而都察院总宪纲,惟所见闻得纠察。诸御史纠劾,务明著实迹,开写年月,毋虚文泛诋,讦拾细琐。出按复命,都御史覆劾其称职不称职以闻。凡御史犯罪,加三等,有赃从重论。"〔清〕张廷玉等撰,中华书局编辑部点校:《明史》卷七三《职官二·都察院》,中华书局1974年版,第1768—1769页。

②巡按出行情形,参见克路士:《中国志》,〔英〕C. R.博克舍编注,何高济译:《十六世纪中国南部行纪》,中华书局2019年版,第158—159页。

西班牙王菲利普二世,继承葡萄牙王位。同年11月,菲利普派军攻陷里斯本。1581年,葡萄牙王室迫于军事和教皇的压力,在托马尔(Tomar)召开会议,承认菲利普二世有条件地继承葡萄牙王位,成为葡萄牙国王菲利普一世。

桑切斯一行3月14日带着总督签署的信件从菲律宾马尼拉出发。4月2日,海上风暴把船卷离了航向,桑切斯一行漂到福建沿海,被中国巡海士兵捕获。守备索要函件,桑切斯掏出信件,打手势说,信是吕宋大吏致广东总督的。士兵将他带到官船后,守备换上官服正式接见桑切斯,桑切斯行了一个军礼,军官们示意他给守备下跪,桑切斯不肯,说只能在上帝面前下跪。守备虽不悦,但也无奈,说要看桑切斯手中吕宋大吏致总督的函件。桑切斯将信不利索地递给了守备。信中说:

> 致中国沿海守军官兵:若遇持本函之神甫,请予通行,勿加伤害。他系吕宋大吏派往广东总督的大使。他以弘扬上帝的圣法为职,为上帝服务。其随行者均系良民,无携带武器,安分守法。①

看完信后,守备又对他盘问一番。

4月11日,桑切斯一行被带到南澳见总兵。总兵盘问后,要他们去广州见海道。桑切斯一行次日启程,在复活节后的第二天抵达惠州。然后,桑切斯将大批人马留在惠州,带领三人前往广州。

但海道朱东光此时去了两广总督府所在的肇庆,桑切斯只好又赴肇庆。见到朱东光,桑切斯递上函件和礼物。朱东光查看函件,却

---

① 转引自金国平、吴志良:《早期澳门史略》,广东人民出版社2007年版,第182页。

拒绝接受礼物，要他们去广州知府那儿先接受调查，再作处置。

5月2日，他们从肇庆来到广州，一上岸，就见到那位引领者，之后就见了江船上的神父和葡萄牙人。

桑切斯和罗明坚一起住了三天。两位耶稣会士相处得极为愉快，桑切斯赞赏罗明坚的学识，也从西班牙国人的角度，对罗明坚过去作为法律官员，在那不勒斯为西班牙国王服务称赏一番①。

广州知府周启祥再次召见桑切斯，在三位官员的协助下，对桑切斯进行了讯问。他们查看了桑切斯的证书，未发现他佩戴武器，虽认定他是前往澳门的宗教人员，可以继续去澳门，但还是决定先将其关进监狱。

周启祥将判决书马上送给了海道朱东光。朱东光同意周启祥

---

① 以上桑切斯到广东的经过，参见金国平、吴志良：《早期澳门史略》，广东人民出版社2007年版，第182—184页。《天主教十六世纪在华传教志》对此亦有记录，不过其过程记述略有出入，摘录如下，以供对照："（桑彻斯）进城之后，领导桑彻斯的人员向他说，在江中驻有一位司铎及一些葡萄牙国商人。如果他肯破费几个钱，就能领他到这些人所在的地点去望看他们一次。桑彻斯因为当时没有带着银钱，许下在领到以后，一定葡萄牙国商人，要负责偿还所应得的钱数。领导员这时就兴高采烈地把桑司铎引至葡萄牙国商船停泊的地点；船里的人见到所来的是几个欧洲人，都出船迎接，罗明坚自然也不能例外。两位司铎在万里之外相遇，彼此拥抱，觉得有无限的慰乐，可是领导员不耐久留，极力催促桑彻斯去见知县。过去不多时以后，桑彻斯重新回到罗明坚的寓所里，两人相见之下，又感到不可言喻的喜悦，略述寒暄，罗明坚便提及对方所以来到中国的内幕，一经说破，方才相信西班牙国耶稣会士上这里来是望看在澳门的同会修士。不幸因为这事，激起本地商民的疑心，硬说新来的这一个人，不是传教士，而是侦探，甚至有人要禁止他举行弥撒祭礼，以为'这是用菲利普王的名义取得中国领土的一种标记'。经过三天以后，知县已经审查过桑彻斯的文件，证明他是一个好人，愿意把他送回澳门。为这件事情，须经过督宪的确定及肇庆府总督的署名，才能办到。"见〔法〕裴化行著，萧濬华译：《天主教十六世纪在华传教志》，商务印书馆1936年版，第203页。引文中的"桑彻斯"即桑切斯。

的处理，但最终还需两广总督核准。

判决书最后送到两广总督陈瑞手里。

新任两广总督陈瑞，为福建长乐人，1553年进士，此时从湖广巡抚任上，接替前任刘尧诲担任两广总督。

明代，两广总督府本在梧州。嘉靖中期以后，广东境内的瑶乱、黎乱、山贼、海寇频发，特别是闽海一带的倭寇在戚继光等人的打击下纷纷逃向粤东潮、惠二府，两广总督的防务重点逐渐转移到了广东，但同时要兼顾广西。肇庆扼两粤咽喉，一直是两广总督府的行台所在。嘉靖四十三年（1564），两广总督吴桂芳决定把总督府东移至肇庆①。肇庆遂成为两广军事、政治中心。

陈瑞一上任，便召见一位通事了解澳门的情况。这位通事是皈依了天主教的华人，名叫Phelipe Mendens，中文名不详。陈瑞问他，那判决书中涉及的是什么人。通事完全站在澳门葡萄牙人立场上，说那几个人是西班牙强盗、间谍，来中国学习语言、窥探中国港口情报；并说西班牙人是坏人，到处抢夺别人的国家，杀害本地人的国王，西班牙人所到之处，起义四起。陈瑞于是派一名官员来到广州，这位官员严厉指责桑切斯，说他们国家为什么要多次来到中国

----

① 关于两广总督府移治肇庆的时间，有嘉靖四十三年（1564）、四十五年（1566）和万历八年（1580）诸说。笔者以为嘉靖四十三年说允当。崇祯《肇庆府志》云："（嘉靖）四十三年，督府始移驻肇庆。自成化来总督府设于梧州，嘉靖间吴桂芳分守岭西及升都御史，遂以旧抚按行台建督抚行台移居之，是后皆居于此。"〔明〕陆鏊、陈烜奎等纂修：《肇庆府志》卷二《事纪二》，明崇祯六年（1633）刻本，岭南美术出版社2009版，第81页。清道光初，《重建肇庆总督行台并续题名碑记》载："两广总督若韩雍、王守仁，皆驻兵广西梧州，而广东肇庆、广州皆有行台。嘉靖四十三年，总督吴桂芳因东事重于西事，始移驻肇庆行台为署。"〔清〕屠英等修，胡森等纂：《肇庆府志》卷五《建置二》，清道光十三年（1833）刻本，岭南美术出版社2009年版，第177页。

国土,先来了几个,后又来了几个,现在怎么又来了？他说陈总督已经知道他们是一些什么人,要跟他们新账旧账一起算。

陈瑞听说了桑切斯的情况后,将其与澳门联系起来,因而又派那位官员带着那位通事赴澳门,传令澳门的主教和市长马上去见他,解释为何佛郎机人未经朝廷正式允许便在澳门居住,佛郎机人为什么在中国领土上施行他们国家的法律①。

澳门葡萄牙人听到陈瑞这道命令,感到非常惊讶和紧张,深恐失掉澳门这个优良商港。当时的澳门市长为艾雷斯·门多萨(Aires Gonalves de Mendoça),主教为莱奥纳多·萨,他们组织葡人开会讨论,大家一致认为陈瑞是在很直白地索要贿赂。

澳门的市长和主教不懂中文,不愿意去内地,大家决定另派两人代替他们去。

当时耶稣会远东巡视员范礼安正在澳门。2月20日,他组织日本天正遣欧使节团②,准备从长崎出发前往欧洲,3月9日抵达了澳门。他组织这一使团,一方面是为了向欧洲国家和天主教会尤其是西班牙国王、罗马教皇,展示耶稣会在日本的布教成果,以获得援助;另一方面是为了在日本民众面前,展示耶稣会的地位和权威,以坚定教徒的信念。到澳门后,范礼安安排四位日本少年,住在俯临耶稣会士寓所的一幢小房子里学习拉丁文。

---

① 〔西〕桑切斯:《耶稣会桑切斯神甫受菲律宾总督佩尼亚罗沙、主教及其他陛下的官员之命从吕宋岛马尼拉城使华简志》,西班牙塞维亚东西印度总档案馆,菲律宾档79－2－15。转引自金国平:《西方澳门史料选萃(15—16世纪)》,广东人民出版社2005年版,第253—254页。

② 又称"天正少年使节团"。日本天正十年(1582),范礼安发起,日本九州地区吉利支丹大名大友宗麟、大村纯忠、有马晴信向罗马教廷派遣的、以四名少年为中心的使团。使团曾在澳门停留。12月31日,使团离澳驶向印度,在印度果阿驻留一段时间后,才去欧洲。1590年回到日本。

在讨论派谁去肇庆的问题上,范礼安主张派正在广州的罗明坚代表主教、本涅拉代表市长。会议采纳了他的意见,并为总督准备了礼物,包括纯丝的衣料、带褶的衣服、三棱镜和工艺品等,总值超过1 000金币(ducati),即1 000两银子①。

接到澳门的指令后,罗明坚、本涅拉和随行人员从广州出发去肇庆。启程前,罗明坚特意到监狱里看望了桑切斯,答应请求总督释放他,助其澳门之行。

———————————

① "最后一次我在广州住了四天,因为两广总督更换,新上任的总督有意把所有不宜住在那里的葡萄牙人全驱逐出境。因此他请澳门总督与主教前往,而这两位都不愿去会总督,视察员神父适在澳门,于是要我由广州去肇庆会见总督,并由一位葡萄牙人担任参事。"《罗明坚致总会长阿桂委瓦神父书》,1583年2月7日,〔意〕利玛窦著,罗渔译:《利玛窦书信集》(下册),台北光启出版社1986年版,第449页。

四

入 室

1. 初入肇庆

罗明坚一行在广州上了船,向西溯江而行。珠江三角洲腹地河网纵横,仲夏时节,远近一片葱绿。他们至三水,过北江口入西江,穿过一段宁静的峡谷,来到一片开阔的平原,见黛墨群峰之下影影绰绰有一座城。肇庆到了。

肇庆,古称端州、高要,西汉元鼎六年(公元前111)建城,北宋政和八年(1118)设肇庆府。此时,它已是两广总督府所在地。

肇庆城,面朝西江,背枕群山,东西狭长。城墙呈矩形结构,开东、西、南、北四门,明宪宗年间官府修整城墙时,额东门为"庆云",西门为"景星",南门为"南薰",北门为"朝天"。在罗明坚来到之前,已有传教士描述过这座城市:

> (肇庆城)完全被高厚的城垣所围绕,在城垣以内,尽是堂皇宽阔的房屋,道路是非常的优美,不但是宽阔、远长,而且是笔直,从街的这一端可以看清在街的那一端的行人。到处是五光十色的美丽的牌坊,它们的距离,都是按照由风俗习惯而规定的长度。在每座城门上面有一处极雄健的炮楼,围绕着城垣的四周,有一条深湛的小河,时常有炮船或军舰在其中巡逻。护城河的深度是这样的高强,就是最大的炮舰,也能靠近城垣

的身边。①

两广总督府在东城。罗明坚一行下船上岸,由人引着入庆云门,没多久来到总督府前。宽阔的广场上,士兵们看到外国人走来,急忙抓起武器,各就各位。锣鼓、唢呐、笛子之声,突然大作。

两广总督官衙,庄严富丽,大门前是非常宽敞的院子,四周竖着高高的蓝黑相间的木桩。这时从大门一侧的边门走出一个人,他举着黑色大字的白板,高声呼喊来人跟着他。大家跟着他进入大门,穿越鼓楼,跨过仪门,来到衙中最大的大堂庭院,绕过戒石亭,进至大堂②。

大堂正前方为一华丽宝座,其上撑一华盖,后摆一桌子,桌上点着两根香烛。两广总督陈瑞端坐宝座,头戴"长"着两只"翅膀"的深黑色官帽,身穿绯红的丝质长袍,蓝色卷边袖子长而又长,胸口处绣有一对锦鸡,腹部系了一条松松的腰带,旁边站立约300名手执宝剑的卫兵,场面分外威严。

罗明坚走到陈瑞跟前,扑通跪下。

陈瑞愤怒质问罗明坚,佛郎机人为何无大明皇帝的准许便在澳门定居。

罗明坚镇定答道:葡人虽然住在澳门③,但对中国人以兄弟相

①这段话原系两位方济各会修士对当时肇庆城的描述,裴化行转述引用。见〔法〕裴化行著,萧濬华译:《天主教十六世纪在华传教志》,商务印书馆1936年版,第240—241页。

②关于两广总督府衙署形制,参见〔清〕屠英等修,胡森等纂:《肇庆府志》卷五《建置二》,清道光十三年(1833)刻本,岭南美术出版社2009年版,第175—176页。

③此处有学者认为陈瑞首先问罗明坚的是,葡萄牙人为什么住在"肇庆",而罗明坚致耶稣会总会长的信说陈瑞问的是葡萄牙人为何定居广州:"我们由一位总督的使者陪伴前往。当第一次接见我们时,因葡萄牙人无大明皇帝的准许(转下页)

待,安分守己,不曾作奸犯科。

听后,陈瑞态度转为缓和,又问佛郎机人为何未经允许便在澳门修建房屋和教堂。

罗明坚又答:住在澳门的葡萄牙人,永远是大明皇帝的忠实奴仆,他们承认总督殿下是他们的保护者,并且明白都堂大人乃是他们的老爷,恳求老爷恩典,对他们加以扶助和慈爱。

罗明坚随即将带来的丝绸面料、三棱镜、工艺品等礼物捧在陈瑞面前。陈瑞见此,表示谢意,转向翻译,问每件礼物的价值,之后命令手下人,将银两数目称出,以偿还货价。他又对罗明坚说,澳门佛郎机人可以照旧继续住下去,但必须服从中国官员的管辖。

说完,陈瑞起身走向罗明坚,摸了他的大胡子。罗明坚壮着胆对陈瑞说,他已开始研究中国语言和文献,请求陈瑞在肇庆为他安排一个居留地,使他在这里能静心地研究中国语言和文献。陈瑞没有直接回答,转而命令下属赠给他一些中国书籍。

会见之后,陈瑞又派人单会罗明坚。此人说刚才总督在大堂上给的银子,是要罗明坚从澳门购买北京需要的货物,并希望下一次能带来。

陈瑞为罗明坚一行举行宴会,席间陈瑞安排了中国传统戏剧表演。陈瑞向罗明坚询问了其所信奉宗教的教义,允诺可以在肇庆为他们安排一间住房。抓住这个机会,罗明坚请陈瑞放了桑切斯和其

（接上页）便在广州定居而大怒,认为我们尚未尝尝他的厉害,当时他坐在大堂上,两旁站立三百位手执宝剑的骑兵,十分威严。由于我们毫不畏惧,并告诉他我们虽然住在广州,但我们对中国人以兄弟相待,安分守己,不曾作奸犯科。"参见《罗明坚致总会长阿桂委瓦神父书》,1583年2月7日,撰于肇庆,〔意〕利玛窦著,罗渔译:《利玛窦书信集》(下册),台北光启出版社1986年版,第449页。其实"广州"也是错误的,陈瑞问的无疑是葡萄牙人为何住在澳门。

他西班牙人,让他们前往澳门。陈瑞表示同意,立即写了一张手令,同时说桑切斯以后不必再来中国了。

罗明坚一行在肇庆待了十五天后,带着陈瑞赠送的丝绸、白银和中文书踏上归程。陈瑞以隆重的仪式送他们回船,大队士兵和官吏在出城的大街夹道欢送①。肇庆城围观民众对总督如此优待佛郎机人,感到惊异和不解②。

到广州后,罗明坚立即带着本涅拉和葡萄牙人维埃拉(Lopes Vieira),携着澳门葡萄牙大商人兰代那(Bartolomeu Landeiro)③ 等人筹措的一笔不小的银钱,来到广州府衙门找知府周启祥。

见到周启祥,罗明坚奉上银钱,出示陈瑞的手令。这样,在桑切斯承诺不再打探情报之后,周启祥释放了他。

罗明坚带着桑切斯出广州,回澳门。路上,罗明坚给桑切斯看了官府给自己的出入银牌,上面写着持有人可出入中国,晋见总督,任何人不得阻拦④。罗明坚想在澳门采购陈瑞所需的物品后,凭着这块银牌,再度进入肇庆城。

1582年5月31日,罗明坚一行回到澳门。

---

① 关于陈瑞第一次见罗明坚等人的场景,参见《罗明坚致总会长阿桂委瓦神父书》,1583年2月7日,〔意〕利玛窦著,罗渔译:《利玛窦书信集》(下册);〔法〕裴化行著,萧濬华译:《天主教十六世纪在华传教志》;〔意〕利玛窦、〔比〕金尼阁著,何高济、王遵仲、李申译:《利玛窦中国札记》。

② "我们在肇庆住了十五天,全城的人对总督予我们的优待,无不感到惊异……"参见《罗明坚致总会长阿桂委瓦神父书》,1583年2月7日,撰于肇庆,〔意〕利玛窦著,罗渔译:《利玛窦书信集》(下册),台北光启出版社1986年版,第449页。

③ 兰代那是一位从事远东贸易的著名葡萄牙商人,与耶稣会关系密切,曾大力支持该会在日本九州的传教事务,1570年来到澳门。

④ 〔西〕桑切斯:《耶稣会桑切斯神甫受菲律宾总督佩尼亚罗沙、主教及其他陛下的官员之命从吕宋岛马尼拉城使华简志》。转引自金国平编译:《西方澳门史料选萃(15—16世纪)》,广东人民出版社2005年版,第255页。

2. 再入肇庆

到澳门后,桑切斯不急于宣布西班牙吞并葡萄牙的消息,而是去拜访正在澳门的范礼安,企图通过这位宗教领袖的声望,让澳门葡萄牙人效忠菲利普二世。范礼安认为澳门的葡萄牙人必须接受既成事实,他深知耶稣会在整个远东地区的传教事业需要一个安定的澳门。见过桑切斯后,范礼安在葡萄牙人中做了一些劝服工作。

1582年12月18日,澳门议事会组织召开向菲利普二世宣誓效忠大会,地点在耶稣会圣保禄学院。参加会议的有澳门各路头面人物,包括阿尔梅达、兰代那、范礼安、萨主教等。但根据西、葡合并的规定,葡萄牙人对澳门的管理依旧,澳门仍然悬挂葡萄牙国旗,原有贸易照常进行,在菲律宾与中国的贸易中,澳门仍充当中介,且不能让中国人知道澳门统治权的变更①。

同一天,罗明坚、巴范济第二次出发去肇庆。

罗明坚上次回到澳门后,急忙为陈瑞准备礼品。但他因长久在广州、肇庆奔波,又为营救桑切斯操劳,身体不支,发起了高烧,医生诊断他得了严重的疟疾病。据说,罗明坚自己在左胳膊上放了一次

---

① 〔葡〕施白蒂著,小雨译:《澳门编年史(16—18世纪)》,澳门基金会1995年版,第21页。

血,由此长出了一个恶疮。他气息极度虚弱,医生要给他抽血但找不到血管。

时间一天天过去,罗明坚病情不见好转,终日卧床不起。

为了将礼品及时送给陈瑞,澳门方面决定不等罗明坚痊愈,派本涅拉早点将礼物送到肇庆去。

于是本涅拉带着礼物,再次启程。

本涅拉一路风尘到了肇庆,拜见陈瑞,并呈上礼物。在陈瑞端详礼物的时候,本涅拉说它们都是罗明坚购置的。陈瑞问罗明坚为什么没来,本涅拉呈上罗明坚的信,说罗明坚病了,躺在床上起不来。

陈瑞展开信,信中,罗明坚说自己病了,不能亲往,病愈后,当亲自拜谒总督,奉上一座精美的金属钟表,并恳请总督允准他在内地居住。

陈瑞看完信后,立即吩咐"秘书"以他的名义写一封回信,说同意罗明坚在城内居留,请罗明坚病好后立刻来见他,并要亲自把那件新奇的玩意儿带来[1]。

本涅拉回到澳门后,传教士们从陈瑞给罗明坚的信中似乎见到了进入内地的曙光,无不惊喜。

此时,经范礼安批准,利玛窦、巴范济从印度来到澳门。范礼安对利玛窦并不陌生,1571年在罗马学院担任新会员临时教师期间,他就认识了利玛窦。

利玛窦、巴范济两人与罗明坚在印度果阿分手后,一直在那里学习。当时在印度和日本传教的一些耶稣会士,正展开一场是否让

---

[1] 以上参见《罗明坚致总会长阿桂委瓦神父书》,1583年2月7日,撰于肇庆,〔意〕利玛窦著,罗渔译:《利玛窦书信集》(下册),台北光启出版社1986年版,第449—450页。文中出现的"秘书"一词,乃《利玛窦书信集》中的提法,似为幕僚或者随从。下文同。

当地人与欧洲人一起学哲学和神学的大讨论。

这场大讨论起源于日本耶稣会领导人卡布拉尔(Francisco Cabral)。卡布拉尔1528年生于葡萄牙科维拉诺(Covillano),1570年赴日本,任耶稣会日本副区长。他主张:日本修士要适应欧洲人的生活习惯,而不是让欧洲修士适应日本人的生活习惯;日本人报考神职人员,必须受过拉丁文教育;不允许日本人与欧洲人一起攻读哲学和神学课程;欧洲人没有必要学习日本语言,不必用日语布教。范礼安曾强烈地反对这些观点①。但在印度,卡布拉尔的观点颇有市场,很多耶稣会士表示赞同,对此,在果阿学习的利玛窦表达了强烈的不满②。

罗明坚当然了解当时在宗教界闹得沸沸扬扬的这场大讨论,在了解了利玛窦的观点后,更增进了对他的认同。罗明坚年长利玛窦九岁,他们都来自意大利,且都在罗马学院学习过,又同船从欧洲来到东方。罗明坚从印度到澳门后,一起相处的耶稣会传教士多为葡萄牙人,他与这些传教士的性情和传教思想多有不合,颇有孤独之感。但他对来自故国的利玛窦,颇有好感。正因同气相求,罗明坚曾经多次向范礼安请示,将利玛窦从印度调来澳门,助其打开到中国传教之门。

罗明坚在1580年11月8日致罗马麦尔古里亚诺神父的信中说道:

---

① 范礼安在写给耶稣会总会长、反映日本总教长卡布拉尔情况的信中说:"卡布拉尔极端蔑视日本人……坚持让日本修士适应欧洲人的生活习惯,而不是让欧洲修士适应日本人的生活习惯。他认为日本人同黑人一样野蛮愚昧……欧洲人没有必要学习日本语言,不必用日语布教。"参见姚丽雅:《耶稣会远东巡察使范礼安(1539—1606)及其远东传教事业》,上海大学硕士学位论文,2006年。
② 见卡布拉尔1581年11月20日写的一封信中。转自〔美〕邓恩著,余三乐、石蓉译:《从利玛窦到汤若望——晚明的耶稣会传教士》,上海古籍出版社2003年版,第11—12页。

　　今年我曾给巡视员范礼安神父去信，是否能派一位神父给我做伴，因为我一人颇感寂寞，我曾多次希望能派利玛窦来助我，目前他正在果阿。①

　　利玛窦、巴范济等八位耶稣会士从印度经马六甲乘船，于8月7日到达澳门。他们随身带有一只非常漂亮的自鸣钟，是耶稣会印度教区长维森特送给中国布道团的礼物②。

　　对利玛窦的到来，罗明坚颇感欣慰，他在1583年2月7日致耶稣会总会长阿桂委瓦的信中说道：

　　去年巡视员神父从果阿调利玛窦神父来和我做伴，一起赴中国传教，我到这里已三年了，始终一人，颇感寂寞，利氏已平安到达澳门。巡视员神父希望我多加努力学习，也希望利神父能进入中国，和我一块生活，学习中国语言，相信他有能力负起这个任务，愿天主也玉成此事。③

---

① 《罗明坚致罗马麦尔古里亚诺神父书》，1580年11月8日，撰于澳门，〔意〕利玛窦著，罗渔译：《利玛窦书信集》（下册），台北光启出版社1986年版，第427页。

② "我们八位耶稣会士从马六甲起身来澳门，时在七月三日，八月七日到达，一路顺风。"参见《巴范济神父致总会长阿桂委瓦神父书》，1582年12月15日，撰于澳门，〔意〕利玛窦著，罗渔译：《利玛窦书信集》（下册），台北光启出版社1986年版，第439页。

③ 〔意〕利玛窦著，罗渔译：《利玛窦书信集》（下册），台北光启出版社1986年版，第427、451页。关于利玛窦来华的过程，裴化行神父的《利玛窦评传》也有较详备的描述。其曰："正是由于罗明坚的要求，范礼安从日本致信印度省区长文桑特神父，让利玛窦中断学习，将他立即派往中国。范礼安的信在1582年复活节之后（4月15日）抵达果阿。而利玛窦才因此仓促出发，与其他7名耶稣会士一起动身前往中国，并在同年8月7日抵达澳门。"〔法〕裴化行著，管震湖译：《利玛窦神父传》（上册），商务印书馆1993年版，第50—51页。

利玛窦从此告别了在神学院的学习生涯,从传教欲望得不到宣泄的印度,来到充满进入中国内地希望的澳门,当时他对罗明坚的感激之情是可想而知的。

罗明坚的病已经痊愈,澳门的传教士们一致认为要抓住机遇,将陈瑞喜欢的自鸣钟送去,以获准在中国居住,实现沙勿略的梦想。

此时作为耶稣会远东巡视员的范礼安仍在澳门,他似乎听到了"岩石"开裂的声响,但选谁担此重任去趁势把"岩石"之门最终敲开,一向干练果断的他,却踌躇不决,用利玛窦的话来就说是"茫然失措"。

本涅拉带回陈瑞的信,是写给罗明坚的,陈瑞要罗明坚身体康复后,亲自带着钟表去肇庆见他。罗明坚几次到内地,接触了一些中国官员,官员们对他普遍有好感。论与官员的语言交流能力,在当时的澳门传教士中,罗明坚也是最强的。关键是,澳门传教团出现进入中国内地居住的机会,是罗明坚尊重中国文化、忠实践行范礼安适应性传教策略的结果。但范礼安对众人希望派罗明坚去肇庆这件事,却沉默不语,迟迟不决,其中的缘由颇费思量。后来利玛窦的解释是:"有那么多的事都取决于开头的步伐,以致他(指范礼安)怀疑罗明坚神父有没有充分准备去从事这桩吃力的工作。"①

在其他神父的一致催促下,范礼安才决定派人去肇庆。不过,他指派与利玛窦一起来澳门的巴范济作为此次出使的负责人,罗明

---

① 利玛窦说:"对这整个事情唯一似乎持怀疑态度的,就是视察员神父本人,他对于在这件意外的通知以后应该怎样做,有点茫然失措。有那么多的事都取决于开头的步伐,以致他怀疑罗明坚神父有没有充分准备去从事这桩吃力的工作。确实,如果不是别的神父请求他尽量利用这件事的话,机会也许会整个丢失的。"〔意〕利玛窦、〔比〕金尼阁著,何高济、王遵仲、李申译:《利玛窦中国札记》,中华书局1983年版,第150页。

坚则作为巴范济的助手同行。

　　巴范济初来乍到,人地生疏,中国话一点不懂。利玛窦后来这样解释范礼安的决定:"这(巴范济)是个天赋聪慧、精明和机智的人,公认具有行政才能。他的天分可以弥补他不懂中文的缺陷。因此由他负责主持,而由罗明坚做他的助手。"①

　　不知罗明坚当时是何等心情。启程前夕,罗明坚写了一封简短的信,问候耶稣会总会长阿桂委瓦,信中说了自己将与巴范济神父一道面见两广总督:

　　　　目前我基于服从以及视察员的意思,就要动身去会两广总督,并为维持我们的友谊,准备赠送他一座钟表,希望能获得准许在那里居住。②

　　巴范济也给耶稣会总会长写了一封信,但他对这次出行中国内地,明显抱着怀疑的态度:

　　　　总督过去曾让葡萄牙人的使者看过两座庙宇,说有意让神父住,显示对神父十分友善。不过这些教外人之许诺,人大半不太当真,因为他们常会食言,往往为他们有利时才行;但现在他们知道神父有一座钟表相赠,可以报告时间,这是他们非常

①〔意〕利玛窦、〔比〕金尼阁著,何高济、王遵仲、李申译:《利玛窦中国札记》,中华书局1983年版,第151页。
②《罗明坚致总会长阿桂委瓦神父信》,1582年12月24日,撰于澳门,〔意〕利玛窦著,罗渔译:《利玛窦书信集》(下册),台北光启出版社1986年版,第443页。罗明坚信署的日期为1582年12月24日,疑有误,因为罗明坚、巴范济是当年12月18日动身去肇庆的。

喜爱的东西；我相信如不是为了这座钟表，恐怕他们不会让神
父回去的。①

1582年12月18日②，穿着黑色短褂的罗明坚和巴范济从陆路离
开澳门，随行的还有两位澳门华人和一位翻译。他们带着圣母和圣
子的塑像、日本纸、威尼斯棱镜、一些小工艺品，还有自鸣钟上路了。

这天为星期三。利玛窦在港口送行。

两天之后，周五上午，罗明坚一行抵达香山县，向知县冯生虞报
告此行的目的。得知耶稣会士要给总督送西洋钟，冯知县特准他们
在见面时不必下跪。

利用冯知县签发的路照和提供的船只，耶稣会士们在周一圣诞
夜进入广州，住在罗明坚以前住过的暹罗贡馆。

第二天，圣诞日，罗明坚一行登上两艘小驳船溯西江而上。两
天之后，1582年12月27日，抵达肇庆③。

两天后，29日，陈瑞的秘书来到传教士的船上。他惊异地问：原
来只有一位西僧，现在为什么有两个（指多了一个巴范济）。他仔细
察看了传教士带来的自鸣钟。

---

① 《巴范济神父致总会长阿桂委瓦神父书》，1582年12月15日，撰于澳门，〔意〕利玛
　 窦著，罗渔译：《利玛窦书信集》（下册），台北光启出版社1986年版，第440页。
② 一说12月25日他们动身。12月18日动身应该没错，因为他们经香山，在圣诞夜
　 才到广州。巴范济在1582年12月15日致阿桂委瓦神父的信中也说："在两三天
　 之内我们就启程，看看能和都堂交涉些什么？"《巴范济神父致总会长阿桂委瓦神
　 父书》，1582年12月15日，撰于澳门，〔意〕利玛窦著，罗渔译：《利玛窦书信集》（下
　 册），台北光启出版社1986年版，第440页。
③ "我们于一五八二年圣诞节后两日到达总督署所在地——肇庆……"参见《罗明坚
　 致总会长阿桂委瓦神父书》，1583年2月7日，撰于肇庆，〔意〕利玛窦著，罗渔译：
　 《利玛窦书信集》（下册），台北光启出版社1986年版，第450页。

又过了两日,31日,陈瑞接见传教士。罗明坚带着巴范济到总督府,见到陈瑞,两人俯身下跪。陈瑞走上前去将两人扶起,端详罗明坚良久后,说罗明坚瘦了不少。罗明坚刚得了一场大病,可能消瘦了很多。

耶稣会士给总督奉上带来的威尼斯棱镜、日本纸和其他一些小工艺品。三棱镜通过光线折射出缤纷的色彩,官员们对它无不啧啧称奇。

谒见之后,罗明坚对陈瑞秘书说,他们住在船上极不方便,既不能举行宗教活动,也不便照料自鸣钟。于是,陈瑞派人安排罗明坚一行人住在与天宁寺相通的屋子里。

兴奋的罗明坚立即向阿桂委瓦报告:

> 总督果然赐我们一栋房屋,靠近一座大庙(天宁寺),那是我们时常散心的地方。那座庙位于城中,非常清静,这正是我们所希望的。①

天宁寺,位于肇庆城东。原名安乐寺,始建于宋淳化年间(990—994),知州冯拯建。取名"安乐寺",意为宋朝统一了中国,端州百姓从此就可以安乐了。北宋后期,兴庆军节度使郑敦义将安乐寺改称天宁寺。元延祐年间(1314—1320),知事朱深通曾将天宁寺改名天宁万寿寺。

陈瑞派秘书送去食物,包括大米、酒、猪肉、鸡、鸭,还有一些银钱,安排罗明坚一行的生活。

---

① 《罗明坚致总会长阿桂委瓦神父书》,1583年2月7日,撰于肇庆,〔意〕利玛窦著,罗渔译:《利玛窦书信集》(下册),台北光启出版社1986年版,第451页。

　　接下来的几天，罗明坚等一直和总督秘书打交道，并安装调试自鸣钟。自鸣钟的安装调试比较复杂、费劲，为了使自鸣钟符合中国人的习惯，要把欧洲的二十四小时制改为中国的十二个时辰制，将阿拉伯数字改为中国数字。刻度方面，将每天分成100段，每段分成100分。

　　为酬劳传教士们，秘书又送给他们一些银两。罗明坚说，不要银两，只要一间小屋学习中国文字，并向这位秘书提出在肇庆长期居住的要求，请他转达给陈瑞。

　　秘书对罗明坚说，这是不可能的，除非传教士们都换上中国衣服，变成中国皇帝的子民，丝毫看不出是佛郎机人。他建议传教士们赶紧备船回澳门去。

　　传教士有些急了，便向总督递上一份书面申请。申请书说，传教士们不远万里，漂洋过海，才来到中国这片文化繁盛之地，恳请允许他们在中国居留，赐一住宅，远离葡萄牙商人商务，学习中华帝国这一伟大文明的语言、风俗和种种有益之事，同时也将西洋科学介绍给中国。传教士们将做中国的顺民，遵守中国的法律，并且绝不再返回故土。

　　此时，自鸣钟已调试完毕，上了新的油漆，通体锃亮。罗明坚想亲自将它送给陈瑞，乘便提出居留要求。但陈瑞总是公务缠身，不时与广州来的官员议事。最后是陈瑞的秘书把调试好的自鸣钟呈给陈瑞的。陈瑞见到能标示时间且自动发声报时的机器，惊异不已。

　　陈瑞后来还是拨冗接见了传教士们。他首先客套了一番，说两位传教士的到来，是中国最大的荣幸，感谢传教士们有求必应，送来自鸣钟。陈瑞明显偏爱三棱镜，因为它能将白色的太阳光分出五光十色、鲜艳炫目的光带，而对构造复杂的自鸣钟不敢摆弄，看了几眼后就失去了兴趣。最后他问传教士可否差人从澳门送来10件美丽羽翎到肇庆。作为一名靠近外夷住地的地方官，陈瑞想着如何利用地利之便，置办一些洋货进奉朝廷。

罗明坚于是派翻译带着仆役去澳门采办羽翎。

一天，罗明坚、巴范济又去拜访陈瑞，陈瑞问他们怕不怕鬼，有什么办法将鬼赶走。罗明坚说，依靠天主，传教士是不怕鬼的，而且可以凭借天主的力量，将扰人的恶魔从人身体和任何地方赶走。罗明坚推测，在距离不远的总督住所，曾有十分可怕的魔鬼出现，年已七十的老总督，不敢居住，希望传教士们把魔鬼赶走①。

罗明坚一行在幽静的天宁寺附近住着，公开举行弥撒。好奇的人们纷纷来到这里，眼光在传教士身上扫来扫去。

春节那天，陈瑞穿着节日的盛装，率部属前往天宁寺拜谒"天神之后"座像。然后他来到传教士寓所中的临时礼拜堂，向圣母像鞠躬行礼，以显示他对不同的寺庙、神祇一视同仁。几位官员还照例赋诗几首，赞扬罗明坚为来自西方之贤哲。

在与罗明坚等人频繁的交往中，陈瑞越来越觉得这几位外国僧人与好斗倨傲的澳门佛郎机人不太一样，传教士们懂数学，还能够制造如钟表、日晷、地球仪一类的精巧物品，应非泛泛之辈，觉得这样的人住在这里，对国家是有益的②。

陈瑞曾向罗明坚了解他们的宗教，罗明坚介绍完后，陈瑞说，

---

① 《罗明坚致总会长阿桂委瓦神父书》，1583年2月7日，撰于肇庆，〔意〕利玛窦著，罗渔译：《利玛窦书信集》（下册），台北光启出版社1986年版，第450页。

② 罗明坚在当时发出的信中说："总督也对我们的认识有正确的报告，他知道我们并非泛泛之辈，有奇才，知道制造科学工具，如日晷与金属钟表，通数学，尤其一天他告诉我们说，他知道我们事奉天主……也认为我们对这个国家会有益处，而且他相信拒绝我们在这里定居是不相宜的。"《罗明坚致总会长阿桂委瓦神父书》，1583年2月7日，撰于肇庆，〔意〕利玛窦著，罗渔译：《利玛窦书信集》（下册），台北光启出版社1986年版，第452页。

"天"确实是无所不能且非常公正的。罗明坚感到,总督对他们的宗教并不理解,他没有把天主教、佛教和儒教区分开来。

2月4日那天,陈瑞又接见罗明坚,问澳门有多少位西僧。罗明坚没有直接回答,而是盘算着如何让利玛窦来肇庆,他说,在澳门还有一位兄弟,两人年轻的时候在一起读书,那位兄弟在澳门十分苦恼,我盼望他能到这里来,大家在一起。

罗明坚其实是把利玛窦称作广义的兄弟,但陈瑞误为真正的兄弟,他说,既然是兄弟,自可一同住到肇庆来。

陈瑞通过秘书向传教士们传达了这样的信息:传教士们既然同意做中国顺民,就必须穿中国僧人的衣服。

此时的罗明坚已经认识到,要在中国站稳脚跟,只能入乡随俗,把自己变成中国人;但突然要将自己变成异教僧人模样,罗明坚内心还是有一个斗争的过程。他所学的天主教神学理论说:基督教徒在只有采取随俗的做法,才便于在这个地方使异教徒皈依天主,也并不是绝对不可以穿戴异教服装①。沙勿略在日本传教期间,为发展教徒,勇毅地脱下黑色神父服,穿上僧袍。不久前,方济各会士因身着西洋服装在广州招摇过市而遭到市民取笑。这些都对罗明坚改变着装施加了影响。

2月10日,罗明坚把长长的头发和胡须剃掉,脱下黑色短褂,穿上了棕褐色的直裰——这是陈瑞托人送来的,已然一副和尚装扮。巴范济也跟着换上了僧服②。

---

① 〔法〕裴化行著,管震湖译:《利玛窦评传》(上册),商务印书馆1998年版,第82—86页。
② "他愿我们穿中国和尚的服装,这与我们神职的衣冠略有分别,如今我们正在做僧衣,不久我们将化为中国人,'以便为基督能赚得中国人'。"参见《罗明坚致总会长阿桂委瓦神父书》,1583年2月7日,撰于肇庆,〔意〕利玛窦著,罗渔译:《利玛窦书信集》(下册),台北光启出版社1986年版,第451页。

同日,一位北京的巡察官员路过肇庆,罗明坚等前去拜谒,官员亲切地接见了他们,还为他们亲自绘出北京高僧所戴的21公分高的方帽。他问罗明坚的父母是否健在。罗明坚说他只有一个兄弟。在旁的翻译心领神会,立即对这位官员说,罗明坚神父在澳门有一位兄弟叫利玛窦,请长官允许他到这里来。这位朝廷官员如何回应不得而知,但对传教士来肇庆并没有持反对态度。

在得到总督的承诺后,传教士们就通知澳门,要利玛窦准备来肇庆①。

利玛窦此时正在澳门发奋学习中文。他刚来澳门时,水土不服,得了一场病,好了之后,就在罗明坚开创的经言学校学习汉语。范礼安到澳门后任命利玛窦担任学校的负责人,希望他学好中文,随时进入中国内地传教。

经言学校里有罗明坚学习中文的教材和口语练习资料,还有几个被罗明坚训练好的老师,能帮助利玛窦快速学习中文②。

罗明坚曾经抱怨学中国话难,利玛窦对学中国话有什么看法呢?

一方面,利玛窦说中国话难学,他说:"听起来和读起来都是最困难最复杂的中国语言,由于缺乏教它的教师就格外加深了它的困

---

① "我们已得到总督的承诺,准许利氏前来肇庆,所以我们就要通知澳门,要利氏动身。"《罗明坚致总会长阿桂委瓦神父书》,1583年2月7日,撰于肇庆,〔意〕利玛窦著,罗渔译:《利玛窦书信集》(下册),台北光启出版社1986年版,第451页。

② 裴化行说:"他(利玛窦)那位长辈吃尽千辛万苦才很不完善地掌握的东西直接为他所用,其中包括一本翻译的儿童识字课本。寓所里的几名通事已经被罗明坚初步训练好了,对利玛窦也很有帮助……"文中所说利玛窦的长辈就是罗明坚。利玛窦自己也说:"有许多外面的助手,还有老师,他们教我,给我这方面的方便。"〔法〕裴化行著,管震湖译:《利玛窦评传》(上册),商务印书馆1993年版,第59页。

难。"①但另一方面,他又觉得学中国话不算难,学得又很快。在给他以前的修辞学老师弗尔纳里(Marttinode Fornari)的信中,刚到澳门三四个月的利玛窦向另外一个完全没有接触过中文的人,长篇介绍了中国话发音、字形、含义等方面的语言知识,字里行间透露出学中国话对他来说不算困难,信中还说"很快我就可以讲中国话了"②。

正是在这封信中,利玛窦说自己应罗明坚之请,将去中国大陆:

> 那不勒斯来的罗明坚神父也在这里,罗神父以他的品行和才智使这里的传教事业大有进展,他坚信这里的都堂——中国十三省中一省的总督——会派人来请他,在中国国内给他一座寓所,我们希望通过这座寓所为天主竭诚效力。不少中国人对他们的偶像已不再相信,所以如果可以与他们交往的话,就很容易向他们传播我们的真理。但目前为止,中国人一直依据他们的法律,不准任何外国人进入他们的领土。如今,天主似乎要使他们睁开双眼,注视这个地域辽阔的国度,但我们还不知那个都堂为什么置中国的法律于不顾,准许我们进入中国。一个月后,我将去罗神父那里,和他一起学习中文。③

利玛窦此时对中国的认知,主要来自于过去短暂到过中国内地

---

① 〔意〕利玛窦、〔比〕金尼阁著,何高济、王遵仲、李申译:《利玛窦中国札记》,中华书局1983年版,第143—144页。

② 《致帕多瓦耶稣会马尔第诺·德·弗尔纳里神父》,1583年2月13日,澳门,〔意〕利玛窦著,文铮译:《利玛窦书信集》,商务印书馆2018年版,第23—24页。

③ 《致帕多瓦耶稣会马尔第诺·德·弗尔纳里神父》,1583年2月13日,澳门,〔意〕利玛窦著,〔意〕利玛窦著,文铮译:《利玛窦书信集》,商务印书馆2018年版,第24页。

的传教士的隔靴搔痒的记述,因为那些传教士都被赶出中国,那些记述都是写中国官员如何排斥洋人,利玛窦因此明白不了两广总督陈瑞"为什么置中国的法律于不顾",准许罗明坚进入中国。他也不知道,罗明坚与陈瑞在肇庆有怎样的交集。带着狐疑,他想利用葡萄牙人参加广州贸易集会的机会,跟随葡萄牙商人悄悄进入广州,然后从广州到肇庆①。

同样值得我们注意的是,利玛窦在信中说,他去肇庆的目的,是和罗神父"一起学习中文",而不是所谓传播福音之类。

此时,完成使命的桑切斯准备从澳门返回马尼拉,但船只成为问题。因为他来澳门时的船,已经被中国官府没收,而当时澳门与马尼拉分属于葡萄牙和西班牙商业领地,一直没有商船往来。

澳门兵头阿尔梅达以中国人怀疑桑切斯的使命为由,拒绝派船送桑切斯直驶马尼拉,要桑切斯转道日本至菲律宾。桑切斯不得不依从阿尔梅达的建议,于1582年7月6日乘坐兰代那的中式商船去日本长崎。16日,他们遭遇台风,船触礁石,断成碎片,乘客被抛在台湾岛的海滩上,有4人遇难。幸存者在台湾岛停留了两个半月后,乘着用沉船材料打造的一艘小帆船于10月4日返回澳门。

桑切斯思虑着如何让富商兰代那把他直接送回马尼拉。他因为与兰代那不是很熟,遂求助于范礼安。在范礼安的说服下,兰代那同意派出商船护送桑切斯和一群方济各会士从澳门直接回马尼拉。范礼安在1582年12月14日写信给菲律宾总督佩尼亚罗沙,及时报告了他所做的事:

---

① 《致罗马耶稣会总会长阿夸维瓦神父》,1583年2月13日,澳门,〔意〕利玛窦著,文铮译:《利玛窦书信集》,商务印书馆2018年版,第28页。

想必阁下会从他们和其他人的信中获知，我真诚地希望能够给(桑切斯神父)顺利返回提供帮助，因为他求过我。在他不懈的努力下，这座城市的一位大船主准备派出一艘船。因为已是冬季，海上非常危险，再没有其他的船只把他送回那里，而那些跣足神父也不能安全和舒适地回到那里。①

"这座城市的一位大船主"指兰代那。"那些跣足神父"是指以热罗尼莫·布尔戈斯(Jerónimo de Burgos)为首的方济各会士，他们经菲律宾总督佩尼亚罗沙同意，于本年6月21日，离开马尼拉前往澳门，准备巡视澳门的方济各会修道院。但他们的乘船最后漂到福建海岸，方济各会士们遂被明朝海防士兵逮捕，送往广州监狱关押，其中一位神父死在狱中。在罗明坚和澳门兵头营救下，方济各会士最后获得释放，其中部分人从广州来到澳门②。

范礼安说服兰代那直航马尼拉，除了接受桑切斯之请托，还另有所图，就是借此开展澳门与马尼拉之间的贸易，为传教筹集经费。从他向菲律宾总督推荐兰代那的信中即可见之：

兰代那船长将去马尼拉，他需要阁下的大力关照，不仅是因为他为国王陛下效劳，愿意把神父送回那里，而且是因为他这次航行的花费，他(不久前)蒙受了巨大损失。然而，他是一

———————

①Lúcio de Sousa, *The Early European Presence in China, Japan, the Philippines and Southeast Asia*（*1555-1590*）—*The Life of Bartolomeu Landeiro*, Macao Foundation, 2010, pp.42-43.转引自伍玉西：《澳门与马尼拉关系的开始——1579—1584年间赴澳门的西班牙人》，《社会科学辑刊》2016年第4期。

②转引自吴志良、汤开建、金国平主编：《澳门编年史》(第一卷)，广东人民出版社2009年版，第192页。

个有主见的人,不是不懂得怎样花钱,也希望为国王陛下效犬马之劳,此外别无他图。因此,他值得阁下的充分信任,希望(您给他)提供一份证明他美德的详细文件,他今后愿意带更大的船只返回那里。①

　　但1581年的托马尔会议规定,西班牙和葡萄牙的海外殖民地间禁止进行贸易活动,当时的决议,是葡萄牙作为承认菲利普二世为国王的条件而提出来的,目的是为了保护葡萄牙殖民地免受强大西班牙的蚕食。范礼安当然知道自己这样做违反了两国间的协议,所以在给菲律宾总督的上述信中说得很委婉,关键是他觉得他"师出有名"——送桑切斯等人回马尼拉,而且他认为这次及以后开展的澳门与马尼拉间的贸易,将会给葡萄牙带来实在的好处,不会招致葡萄牙国王的不满。

　　此时在澳门的利玛窦,除了学习中文,还为范礼安摘录中国典籍,辅助范礼安撰写《圣方济各·沙勿略传》中有关中国国情的部分。

　　范礼安这次到澳门继续探讨如何进入中国,工作之余,就聚集几名通事,查阅他房间里堆满的中文书籍,这些书大多是罗明坚从广州带回的②。

---

①Lúcio de Sousa, *The Early European Presence in China, Japan, the Philippines and Southeast Asia（1555-1590）—The Life of Bartolomeu Landeiro*, Macao Foundation, 2010, pp.55. 转引自伍玉西:《澳门与马尼拉关系的开始——1579—1584年间赴澳门的西班牙人》,《社会科学辑刊》2016年第4期。

②裴化行:"罗明坚大概是奉范礼安神父之命,到广州去为此采办,总之,这位耶稣会视察员再次出现在澳门时(1582年3月9日),他首先关心的事情之一就是积极搜罗五花八门的书籍。"〔法〕裴化行著,管震湖译:《利玛窦评传》(上册),商务印书馆1993年版,第62页。

　　范礼安要了解中国，而当时西方人关于中国的记述十分可疑，正如桑切斯所说：

　　　　描述已经多得使人觉得似乎没有必要再添些什么了，再也不感到还要说点什么了，其实，迄今的描述都有缺点，因为所说的并不真实，或者说，漏掉了许多真实情况，而且说得很混乱：写的人有些从来没有去过，只是猜测乱说；还有些人虽然去过，居住时间却太短，居住的地点受到限制，行动自由简直没有，走马看花，又没有通事，没有获得系统的、明确的、彻底的情况。[①]

　　这次到澳门，范礼安对利玛窦建立了基本的信任，指定利玛窦为新创立的澳门耶稣兄弟会第一任会长[②]。范礼安除了通过通事阅读书籍，了解更多的中国情况，还令利玛窦描述中国的情况。利玛窦利用搜集的材料和罗明坚的经历，夜以继日，"急就而成"，这就是范礼安所著《圣方济各·沙勿略传》中的第三章《论中国的奇迹》[③]。

　　《论中国的奇迹》称许中国文明，说中国在若干方面，例如富饶、完美方面，都与欧洲非常相似，在许多方面还超过欧洲。自负的中国的官吏根本不屑也不愿同外国人有任何交往，他们对一切其他国家都极为藐视，因而外国人没有什么办法可以进入中国。这一章还说中国官吏彼此之间百般依顺、奴颜婢膝，下级对上级敬畏之至，大

---

①〔法〕裴化行著，管震湖译：《利玛窦评传》（上册），商务印书馆1993年版，第61页。

②马爱德：《范礼安——耶稣会赴华工作的决策人》，（澳门）《文化杂志》1994年第4期。

③一说《圣方济各·沙勿略传》写就于1583年6月13日，也就是范礼安离开澳门之后六个月。裴化行认为这本书是"三位意大利耶稣会士的集体著作"。参见〔法〕裴化行著，管震湖译：《利玛窦评传》（上册），商务印书馆1993年版，第64页。

官又对皇帝敬畏之至,因此,假如不从皇帝那里着手,大门就永远不可能向福音打开[①]。范礼安、利玛窦此时对中国的认识,较之前辈传教士要完整一些,但也要看到,这篇东西也是闭门造车而来,对中国社会和官场的判断,是他们聪明的大脑想象推断出来的。

范礼安于是年的12月31日,带领日本天正遣欧使节团离开澳门驶向印度,离开之前,他作了书面指示:如果罗明坚、巴范济进入中国失败,神父们被迫从广东撤回,那么巴范济神父就按原来的计划去日本,另两人(应指罗明坚、利玛窦)则等待另外的有利时机进入中国内地。

1583年2月13日,兰代那的大船在他侄儿统领下,从澳门启航。这时,罗明坚、巴范济还在肇庆,桑切斯试图借助他们,组织一个西班牙出使广东乃至北京的使团。此前,桑切斯曾经写信给罗明坚、巴范济,以西班牙东方代理人口吻提出一些忠告,罗明坚、巴范济回信表示配合。看到肇庆回信,桑切斯心满意足,带着那批方济各会士愉快地登上兰代那的船,离开澳门。

船上满载来自中国内地和印度的货物。经过一个多月的航行,3月27日,商船驶抵马尼拉。商货很快销售一空,船主获得巨额利润。商船回程装满了货物,兰代那侄儿承诺以后每年去菲律宾一次,带去西班牙人所需要的物品。

几年之后,桑切斯详细叙述了他的首次广州、澳门之行。他高度赞扬罗明坚是一位"具有独特品质,极为率真与纯洁,并为中国人所热爱与尊重"的人[②]。

---

① 参见〔法〕裴化行著,管震湖译:《利玛窦评传》(上册),商务印书馆1993年版,第7—71页。

② 转引自〔美〕夏伯嘉著,向红艳、李春园译:《利玛窦:紫禁城里的耶稣会士》,上海古籍出版社2012年版,第76页。

1583年2月18日,陈瑞第二次来到传教士的住地(上次是春节那天),他向装饰一新的圣堂(翻译及仆役从澳门回来,带来了一些宗教用物)鞠躬,翻看了祈祷用的经文,端详挂着的地图和摆在几案上的地球仪,在各式三棱镜前伫立良久。

翌日,罗明坚在附近一座花园宴请陈瑞。陈瑞率两位官员和一名翻译赴宴。席中使用的是中国筷子和盆碟。

此时在肇庆的传教士,感到是两只脚而不是一只脚踏入中国。罗明坚欣喜不已,在给耶稣会总会长阿桂委瓦神父的信中他如此说道:

> 神父,您可以看出上主对我们赐以盛大的仁慈,因为为进入中国传教,从已故方济各·沙勿略开始,迄今已等候了四十年,遭过多少波折磨难,几乎是不可能的事,而今却显得并不难,我们已在这里,回忆起来,好像一场梦幻,又似受到催眠一般,西欧听到这个消息,将会何等的惊讶啊! 我相信神父您以及全体耶稣会士都会感到欣慰,尤其我们三人(即罗明坚、利玛窦、巴范济)皆在罗马学院接受教育,而今又在一地传教,希望天主为他的荣耀而喜悦![1]

信中,罗明坚说陈瑞为人友善,有异于一般的中国官吏:

> 他(陈瑞)始终待我们十分友善,是我们不曾有过的经验,因为中国官吏等于是中国百姓的神明,受他们的崇拜,百姓无论穷富贵贱,官吏对他们有打、杀之权,可以充公他们的家产,

---

[1]《罗明坚致总会长阿桂委瓦神父书》,1583年2月7日,撰于肇庆,〔意〕利玛窦著,罗渔译:《利玛窦书信集》(下册),台北光启出版社1986年版,第451—452页。

可以用木棍痛打他们，如同我们欧洲学校的老师惩罚不守规矩
的学生一般；一般皆在衙门大堂上执行，否则百姓不能和官吏
接触；因为这，我们进入内陆的目的无疑地也是一大阻碍。①

此时的罗明坚，对定居中国一方面抱有信心，因为对他"十分友
善"的陈瑞，开明又握有重权②；另一方面又有点些担忧，因为，陈瑞
两年后就会秩满离去，其他官吏一般不喜欢外国人在这里定居③。可
以说，罗明坚将希望全部寄托在陈瑞身上。

罗明坚激动不已仿如梦中，又忐忑不安担心梦境幻灭。游走于
成功边缘的他，要求自己肇庆的小团队，包括神父、翻译、仆役等，在
中国官员特别是陈瑞面前，必须谨慎从事。他和巴范济每天毕恭毕
敬地接待络绎来访的地方官员，同时更加努力学习中文，读中国书
籍，以便与官员们沟通交流④。

---

① 《罗明坚致总会长阿桂委瓦神父书》，1583年2月7日，撰于肇庆，〔意〕利玛窦著，
罗渔译：《利玛窦书信集》（下册），台北光启出版社1986年版，第450页。

② 罗明坚对耶稣会总会长阿桂委瓦说："两广总督非常有权，在朝廷中也有职务，尤
其受皇帝任命，处理葡萄牙人的事务，其他官吏都不敢更改皇帝不准外国人进入
中国的禁令，只有他可以。"《罗明坚致总会长阿桂委瓦神父书》，1583年2月7日，
撰于肇庆，〔意〕利玛窦著，罗渔译：《利玛窦书信集》（下册），台北光启出版社1986
年版，第452页。

③ 罗明坚对耶稣会总会长阿桂委瓦说道："由于中国官吏皆为外教人，一般不喜欢外
国人在那里定居，我们不知道究竟可以在中国住多久。直到这位总督的任期满
为止？ 他的任期尚有两年；或者他会把我们送到北京？ 皇帝住在那里；我们的将
来如何？ 我们也不知道。"《罗明坚致总会长阿桂委瓦神父书》，1583年2月7日，
撰于肇庆，〔意〕利玛窦著，罗渔译：《利玛窦书信集》（下册），台北光启出版社1986
年版，第452页。

④ 《罗明坚致总会长阿桂委瓦神父书》，1583年2月7日，撰于肇庆，〔意〕利玛窦著，
罗渔译：《利玛窦书信集》（下册），台北光启出版社1986年版，第452—453页。

而这时的中国政坛,卷起了一场凶猛的风暴。

1573年,还是小孩的万历皇帝朱翊钧登基即位,辅政大臣便是张居正。张居正把持朝政,权倾一时,在任内阁首辅十年中,实行了一系列改革措施,包括推行"一条鞭法""考成法"等,史称"万历新政"。

万历十年(1582)六月二十日,五十八岁的张居正病逝。

张居正在世时,万历皇帝表面上支持和尊重张居正,但张居正自己清楚,万历对他有着诸多不满,因而在世的时候就想辞官回湖北江陵老家安养晚年,无奈皇帝没有批准,还不断为他加官晋爵。

张居正逝世后,万历对张居正及其改革群体进行清算,下令抄了张的家,并削尽其官秩,其家属或饿死或被流放,差点要开他的棺,戮他的尸[1]。张居正改革集团的核心成员,包括殷正茂、戚继光、李成梁、张学颜、潘季驯等人,有的被削职,有的被弃市。

在肇庆的陈瑞,也没有躲过这场越卷越大的风暴。

1583年1月初,距离张居正去世六个月,御史张应诏上章弹劾陈瑞,说陈瑞靠贿赂张居正和太监冯保才得到现在的官位,又说陈瑞在巡抚湖广都御史任上,为张家谋取了不少非法利益,对张居正家母及太监向鲸奴颜婢膝。万历皇帝批复,罢免陈瑞的官职[2]。

陈瑞是否贿赂张居正和为张家谋利益,不得而知,但陈瑞与张居正有着中国特有的师生关系。陈瑞是嘉靖癸丑(嘉靖三十二年)

---

[1] 关于万历帝与张居正之间的关系,参见〔清〕张廷玉等撰:《明史》卷二〇《神宗一》、卷二一《神宗二》,中华书局1974年版,第261—296页。

[2] "御史张应诏劾南京刑部尚书殷正茂、总督两广兵部尚书陈瑞,皆列其括取所属官金银珠私馈张居正、冯保及居正家奴游七。瑞抚楚时往吊张居正,入门加孝帽痛哭。请见居正母时,内官向鲸在侧,居正母属瑞曰:'陈公祖看顾向官儿。'瑞起答:'只有向公公看顾得陈瑞,瑞安能看顾得向公公?'其奴颜婢膝多类此。上命殷正茂、陈瑞致仕,向鲸着司礼监拿问。"《明神宗实录》卷一三二"万历十一年(1583)正月壬戌"条,台北"中研院史语所"校勘,1962年影印本。

进士，当年会试的主考官就是张居正，同年考中进士的还有马自强、张四维、张学颜、梁梦龙、庞尚鹏、刘尧海，而最后一位刘尧海，就是陈瑞的前任①。

官员考中进士，与考官形成师生关系，张居正在改革过程中，很好地利用了他的这些进士门生，如用庞尚鹏推行"一条鞭法"，派张学颜、梁梦龙出镇辽东等。张居正能够根据改革的需要，在全国范围内调动其门生的职务，陈瑞调到张居正的老家湖北任职，后来又升两广总督，当然与张居正不无关系。

皇帝的敕令一到肇庆，陈瑞苦心经营的仕宦人生付诸东流，其心情可想而知。但在他灰溜溜卷铺盖的时候，居然还想到罗明坚。他把罗明坚唤到总督府，说了自己的处境，要他们赶快离开肇庆，并交给罗明坚一封信。

陈瑞记得罗明坚向他请求过多次，要自己替他找个长久的定居地块，因而在撤离总督府前，特意为神父们写了这封公函。公函是给广东海道副使朱东光的，希望后者能拨出一块广州官地供西僧修建住屋。

传教士们赶紧收拾物品，打点行囊。他们的邻居是一个陈姓年轻人，叫陈理阁②，罗明坚将圣坛、做礼拜用的物件和书籍都交给他，然后与巴范济等匆匆离开肇庆。

当时是1583年的早春。坐在船上，罗明坚想着在肇庆激动的日

---

① 王世贞认为陈瑞为张居正"癸丑所取士"，参见〔明〕王世贞：《嘉靖以来首辅传》卷八《申时行传》，台湾商务印书馆1983年影印本，第518页。沈德符亦认为陈瑞"故张江陵癸丑房考门生"，参见〔明〕沈德符：《万历野获编·补遗》卷二，中华书局1959年版，第865页。

② 系Cin Nico的音译，何高济等译为陈理阁，柯毅霖译为秦尼科，宋黎明译为陈倪科，刘俊余、王玉川译为陈尼各。

子和现在的索然离去,心中如烟缭雾绕的西江一般混沌虚幻。

经过近两天的航行,船驶入广州航道,罗明坚看到熟悉的广州,眉宇间舒展了许多,冥冥中觉得自己可能只属于这座城市。

船靠码头,他们下船登岸。检查官警惕的眼神扫荡他们一番后,张手拦住了他们,广州官府已经得知肇庆来的西僧要来广州城,下令阻止他们上岸。

罗明坚最后的希望破灭。他们只得悻悻返回船舱,继续南行。

到澳门上岸,已是3月初。

三个月后,巴范济在写给欧洲的信中说道:

> 消息是从皇城北京传来的,广东的都堂因为失宠,已被解除了官职。因此,我们得到通知,没有任何理由再居留在中国内地。尽管我们寻遍了一切可能的办法,希望至少住到继任的都堂到来的时候,但是却没有这种可能了。为此,我们不得不再次回到澳门。[1]

这样,中国再次向西方基督教世界砰然关上了大门。

历史虽然不能假设,但我们设想一下,如果罗明坚第一次从肇庆回到澳门后没有大病一场,而是能自己拿着自鸣钟再去肇庆;如果他第二次在肇庆时陈瑞没有被解职,以陈瑞对罗明坚的好感和信任,是很有可能被批准定居肇庆的。其时,陈瑞已经同意,并准备为其物色地块。

他们的上帝还在考验他们。

---

① 〔美〕霍华德·林斯特拉编,万明译:《1583—1584年在华耶稣会士的8封信》,第二封信,1583年6月27日巴范济寄自澳门,《国际汉学》(第2辑),大象出版社1998年版,第254—269页。

3. 三入肇庆

回到澳门后,罗明坚例行公事地将陈瑞的公函交给经言学校。因为是一封罢职官员的信,谁也没有把它当回事。

接替陈瑞职位的是郭应聘,他与陈瑞来自同一省,出身于福建莆田的一个大家族,自幼受良好教育,比陈瑞早三年考中进士①。中进士后,郭应聘在户部担任主事,后来出任广西司署郎中,之后在广西一路升至南宁知府、广西按察使。

广西和广东相连的北部山区,为少数民族聚居地区,时人称其为"猺""獞",随着大量汉人迁入,拓垦经商,这里土客矛盾日益激化,"猺""獞"时常发生反抗地方政府的"叛乱"。朝廷屡征无效,头疼不已。隆庆和万历初,高拱、张居正等强势阁臣,确定了征剿和改土归流相结合的政策。

郭应聘到广西后忠实执行朝廷政策,勠力征讨"叛乱"。他任广西布政使时,曾经辅佐后来成为张居正心腹大将的广西巡抚殷正茂②,于隆庆四年(1570)末和五年初,发动著名的古田之役,以14万大兵镇压桂林府古田地区的"獞民"。在殷正茂隆庆五年出任两广

---

①郭应聘是嘉靖二十九年(1550)进士,陈瑞是嘉靖三十二年(1553)进士。
②殷正茂在隆庆三年(1569)十一月,由江西按察使转任右金都御史,巡抚广西。

提督后,郭应聘接任广西巡抚。次年四月,府江(即平乐府)和右江又发生了"猺""獞"之乱。郭应聘奏请剿除。张居正要郭应聘速战速决①。郭应聘调集官兵大举进剿,到万历元年(1573)正月,使"两粤之通途无梗"。府江之役不久,郭应聘又与两广提督殷正茂一道剿平了柳州府怀远县的"诸猺"之乱。对广西"叛乱"的全部平定,当时执掌朝中大权的张居正自是高兴,擢升郭应聘为兵部右侍郎兼右副都御史,继续巡抚广西。

郭应聘在广西的不断升迁,与张居正对他军事才能的欣赏有很大关系,万历皇帝清算张居正集团,非但没有牵涉郭应聘,反而在撤掉陈瑞后,于1583年2月15日,将郭应聘从广西巡抚右佥都御史升为两广总督。

原因为何?

表面上看可能与郭应聘处理"刘台事件"有关。万历四年(1576),辽东巡按御史刘台上疏,指责老师张居正②专权乱政,奏请贬抑其相权。刘台在疏中揭出自己与张居正关系不一般:"臣举进士,居正为总裁;臣任部曹,居正荐改御史。臣受居正恩亦厚矣。"他说就是因为"君臣谊重",师生之私恩就顾不了啦。张居正为学生所劾,不由得勃然大怒,要挟万历皇帝将刘台廷杖除名,后又罗织罪名将刘台贬到广西浔州。

刘台被贬到浔州后,时任广西巡抚的郭应聘为他租住房、供膳食,在刘台突然死亡后,又出资收殓他,将他的灵柩送归故乡,并供

---

① "事闻,大学士张居正奏假便宜,寓书应聘曰:'炎荒瘴疠区,役数万众,不宜淹留,速破其巢,则余贼破胆。'"〔清〕张廷玉等撰,中华书局编辑部点校:《明史》卷二二一《郭应聘》,中华书局1974年版,第5814页。
② 刘台为隆庆四年(1570)进士,当时的主考官为张居正。

奉他的像以示纪念①。

　　郭应聘对当朝权相张居正的"眼中钉"如此尊重友好,犯了官场大忌。在广西巡抚任上,郭应聘曾经托病辞官回乡,其中必有隐情。

　　郭应聘对张居正,有如刘台与张居正的关系,也没看重私谊。这与他的心性有关。他是一个深受儒家文化熏染的官员,尤其服膺在当时长江中下游到东南沿海流行的心学,在广西巡抚任上,曾奏陈修复陈献章祠和王守仁祠。

　　郭应聘俭节清廉,在广西、广东任上,不接受下属财物;在南京任职时,与著名清官海瑞一起敦促官场要节俭,在他们的倡导下,据说士大夫们不敢奢侈②。

　　万历皇帝不避张居正重用之嫌,在清算陈瑞后,仍拔用郭应聘,主要缘于郭应聘的为官处事。正是郭应聘自身的修为、廉能救了他自己。

　　郭应聘到任两广总督后,一一清理前任陈瑞留下的文件,在陈瑞的公文档案中,发现了陈瑞命令广东海道拨地给外国教士建房的公函,却没有看到处置后的副本归档。郭应聘随即令下属去查办这件事。

　　郭应聘实际上是在例行张居正制定的公文处理制度。张居正为加强对官员的督察和考核,曾经推行"考成法",规定中央六部和都察院把所属官员应办的事情订立期限,并分别登记在三本账簿上,一本由六部和都察院留作底册,一本送六科,一本呈内阁。六部

---

① 〔清〕张廷玉等撰,中华书局编辑部点校:《明史》卷二二一《郭应聘》,中华书局1974年版,第5815页。

② "(两广)前总督多受将吏金,应聘悉谢绝。""(郭应聘)官南京,与海瑞敦俭素,士大夫不敢侈汰。"〔清〕张廷玉等撰,中华书局编辑部点校:《明史》卷二二一《郭应聘》,中华书局1974年版,第5815页。

是行政部门,六科和都察院都是监察部门,六部要将待处理公文逐一登记在账簿中,逐月检查执行情况,对所属官员承办的事情,每完成一件,登记注销一件,没有完成必须如实申报,不上报、不完成则处罚;六科亦将六部要处理的事项登记在册,要求六部每半年上报一次执行情况,违者议处;内阁同样亦将有关事项登记在册,对六科的稽查工作进行查实,形成了行政部门自我检查监督、监察部门交叉监督的公文处理制度。由此派生出地方公文处理制度:官方文书一式两份,一份保留在衙门,另一份副本发出去,在处理后要对应归档,工作完成一件注销一件,旨在约束官员务实办事。

郭应聘从下属处得知无任何拨给外国教士土地的文件记录后,立即下牒给海道朱东光调查。但是朱东光并不知悉整个事情的原委,而是把这个调查令转给了时任香山知县冯生虞。冯生虞对整个事情也一无所知,又把调查之事推到提调澳官[①]身上,要他在澳门将事情查清楚,然后禀告总督。

提调澳官先找到主教,主教领着他到经言学校,教士们出示了罗明坚呈交的那个公函。

提调澳官发现上面有前任总督陈瑞的正式签名并盖有大印,双眼发亮,他说总督发的公函不宜让外国人保留,要教士们把公函赶快交给他。

传教士们见提调澳官如此看重总督公函,立即警觉起来,认为它可能是一根救命稻草,支支吾吾不肯交给官员,说他们会亲自将公函交给广州的海道。提调澳官愤然而去。

澳门传教团决定派两名神父亲自把文件交给广州的海道,希望

---

① 提调澳官,又称提调或守澳官,明朝驻守澳门的官员。嘉靖三十六年(1557),与备倭、巡缉等官迁往澳门。

海道能按函中所写，拨出一块官地供耶稣会士建房居住。因为要与中国官员打交道，他们挑选学了中国话的罗明坚和利玛窦去完成这件差事。

这是罗明坚与利玛窦第一次结伴去中国内地，同行的还有一个翻译。

7月，天气燠热。罗明坚一行乘船抵达香山。他们将文件交给知县冯生虞查看，冯生虞看后要传教士把文件交给他。两位传教士表示拒绝。

冯生虞非常生气，喊道："你们以为一位被撤职的官员签名的文件能起多大作用吗？"勒令罗明坚、利玛窦立即返回澳门。

罗明坚在广州时与朱东光多有交往，觉得不能这样就回澳门，他带着利玛窦和翻译，奔向江边。一艘船即将开往广州。舵工看有两个外国人要上船，问他们有没有通行证。翻译在两位传教士犯难的时候，把前任总督的信函给舵工看，赢得了他的信任。他们就上了船，安放好行李。但当船要启航时，船上有旅客突然对船长说，不能让两个外国人与他们同船去广州，并威胁：如果船长不同意，就把两个外国人的行李扔到岸上去。罗明坚、利玛窦不得已下船，返回之前的寓所。

此时，冯知县的父亲去世。按照礼仪和朝廷制度，他必须辞职回家守丧三年。罗明坚和利玛窦就找到代理知县邓思启①。见到邓，传教士们送给他一个礼物，央求邓给他们赴广州的路条。邓思启想了想后微笑着答应了他们，并说会派人护送他们去广州。

罗明坚和利玛窦非常高兴。在官府隶卒护送下，他们一路通行

---

① 德礼贤考为邓思启。一说此人是香山县丞姚鸿。有待进一步考证，暂且采用此人为邓思启之说。

无阻。

　　江面上帆樯如林,船只满载货物。利玛窦初次乘船到中国内陆,看到此景,颇为震惊。他在后来写给菲律宾西班牙税务司长罗马诺(Juan Bautista Román,又译罗曼)的信中激动地写道:"我向您承认,若非亲眼所见,是绝对不会相信的:整条的河流宛如一个连绵不断的港口。如果到广东或另外任何一个通商口岸去看看的话,会发现无论是里斯本,还是威尼斯,都没有这么大的装船量。这些用船运输的货物,用一句话来说,真是应有尽有。"①利玛窦道出了当时珠江的繁忙景象。

　　到广州后,罗明坚和利玛窦才明白,他们是被当作因犯一路"押"过来的。原来,收了好处的邓思启,为了不拒绝罗明坚一行去广州的要求,又能向广州的上司交代,在传教士出发前签发了照会,说在香山找到这些外国人,现在押送省城,请予放行。他将照会交给押送的衙役,后者沿路出示给查验官员看。

　　他们被押到海道副使衙门,见到朱东光,罗明坚带着利玛窦叩头行礼,随后将陈瑞签发的公函呈给朱东光,并将上次见陈瑞的话又向朱东光说了一通,诸如他们是宗教团体的成员,慕中华帝国之名,离开本土,远涉重洋,想留在这里度过余年,他们只需要有一小块地方,建筑房屋以及一座礼拜天主的教堂。并说他们不会成为别人的负担,本国人会捐献钱物来养活他们。

　　朱东光听后,说这件事情他做不了主,只有总督或都察院的监察御史才能批准他们的请求。

　　两位传教士颇感失望,罗明坚想住下来后再作计议,于是向朱

① 利玛窦:《致澳门蒋·巴蒂斯塔·罗曼》,1584年9月13日,肇庆,〔意〕利玛窦著,文铮译:《利玛窦书信集》,商务印书馆2018年版,第36页。

东光请求住到曾住过的暹罗贡馆里,等到葡萄牙商人再来交易,直至结束后再回去。朱东光表示同意。

但没过多久朱东光又改变主意,要传教士赶快回澳门,理由是京城的监察御史几天内抵达省城,非贸易季节里如果允许外国人留在城里,监察御史会弹劾他的。

奔波一程后得到如此结局,罗明坚和利玛窦十分沮丧,只得坐船回澳门。

船经香山县城时,传教士们看到城门上贴着盖有新任总督郭应聘大印的告示:

> 除有关本省公益之其他事项而外,兹将与我们迫切攸关并涉及澳门居民之事理合通知如下:据各方严讼,现在澳门犯罪违法之事所在多有,皆系外国人雇用中国舌人所致。此辈舌人教唆洋人,并泄漏我国百姓情况。尤为严重者,现已确悉彼辈竟教唆某些外国教士学习中国语言,研究中国文字。此类教士已要求在省城定居,俾得建立教堂与私宅。兹特公告,此举有害国家,接纳外国人决非求福之道。上项舌人倘不立即停止所述诸端活动,将严行处死不贷。①

罗明坚和利玛窦看后,立即闪回船里。想到新总督至少在广东任职

---

① 〔意〕利玛窦、〔比〕金尼阁著,何高济、王遵仲、李申译:《利玛窦中国札记》,中华书局1983年版,第156—157页。《天主教十六世纪在华传教志》也转述了布告的内容,但说是"刘总督"发的布告:"在经过香山的时候,最引起罗明坚注意的,是刘总督新出的一张布告,内容是说……"〔法〕裴化行著,萧濬华译:《天主教十六世纪在华传教志》,商务印书馆1936年版,第215—216页。刘总督,当为刘尧海,他1579—1581年任两广总督,不是时任总督,其说不知何据。

三年,而这意味着他们三年内将无法进入内地,两人黯然神伤。

8月10日,两人奔波近一个月后,落寞地回到澳门。传教士们看到他们失败而归,对进入中国内地传教深感绝望。

但五天之后,8月15日,事情突然峰回路转。

一个来自肇庆的士兵来到澳门,对传教士们说,罗明坚师傅的请求,已经由新任总督郭应聘批准了①。传教士们听后,面面相觑,难以置信。

原来,上次去肇庆,罗明坚被刚撤职的陈瑞要求离开肇庆去省城,他在离开总督府时,悄悄给了当时在场的几个士兵一些钱,并要他们想法子让自己回来②。现在站在澳门传教士面前的这个士兵,当时也在场,在郭应聘任总督后,他以神父翻译的身份向郭应聘提交了一份报告,请求这位新总督允许外国教士在肇庆居住。郭应聘看完报告,将它转给知府王泮,王泮心领神会,仍派这个写报告的士兵去澳门,宣罗明坚回肇庆。

处于惊愕和欣喜中的罗明坚,忙着筹备赴肇庆所需的费用。澳门葡萄牙商人维嘉斯(Guspar Viegas)慷慨给予资助。罗明坚与利玛窦,还有一名澳门籍翻译,在那位士兵的带领下,乘官船于1583年

---

① 参见〔美〕邓恩著,余三乐、石蓉译:《从利玛窦到汤若望——晚明的耶稣会传教士》,上海古籍出版社2003年版,第7页;〔意〕利玛窦、〔比〕金尼阁著,何高济、王遵仲、李申译:《利玛窦中国札记》,中华书局1983年版,第173页。

② 另一个说法是罗明坚上次离开肇庆时,"曾对这个受洗的士兵承诺,如果他能够让新总督允许他们返回,他将得到金钱的补偿。士兵以传教士翻译名义请求在肇庆落脚……"参见宋黎明:《神父的新装——利玛窦在中国(1582—1610)》,南京大学出版社2011年版,第17页。夏伯嘉也说这个士兵上次受洗了:"罗明坚和利玛窦悲哀了不到一个星期,一个士兵到来了。此人是肇庆东门的一个守卫,他曾是罗明坚的新信徒。"〔美〕夏伯嘉著,向红艳、李春园译:《利玛窦:紫禁城里的耶稣会士》,上海古籍出版社2012年版,第85页。

9月1日^①离开澳门。

9月10日,罗明坚一行抵达肇庆^②。

因为是肇庆知府派士兵请他们来的,他们必须去肇庆府衙见知府。但该如何装扮,才能迎合知府?

罗明坚曾在广州、肇庆接触了不少中国官员,官员对他的看法或者说角色定位,就是和尚,上次来肇庆,陈瑞还送给了他一套僧服。为了像一个真正的和尚,罗明坚当时还不得不把胡须和头发也剃了。

于是,罗明坚和利玛窦剃了须发,把自己收拾成和尚模样,向肇庆知府衙门迤逦而去。

肇庆府衙在城南门内,坐北朝南,先是照墙,又称照壁,接着是牌坊,牌坊后即是台门(大门),后有鼓楼,鼓楼之后便是仪门,仪门后为大堂院落,院中有一戒石亭,然后到大堂,又称正厅,为知府办公之地。大堂后为穿堂,它将大堂和其后的二堂连接起来,二堂为知府问案之地^③。

知府王泮是浙江山阴(今绍兴)人。此时的绍兴,经济发达,人文荟萃。王姓是当地的一个大家族。王泮自幼熟读诗书,隆庆元年(1567)考取举人,万历二年(1574)考中进士^④。王泮中进士后任何

---

① 一说是9月5日,见岳峰、郑锦怀:《西方汉学先驱罗明坚的生平与著译成就考察》,《东方论坛》2010年第3期。

② "九月十日,罗复偕司铎利玛窦重来,建教堂于西门之外,传教事业即自此始。九月十日适为天主教圣母诞日,故吾国天主教会至今犹以是日为中国传教基础成立纪念日云。"梁赞燊等纂:《高要县志》,民国三十七年(1948)版。

③ 参见徐丽:《明清肇庆城市的发展及其影响因素》,暨南大学硕士学位论文,2011年,第89—91页。

④ 对王泮哪一年中进士,史籍有矛盾的记载。万历《肇庆府志》有王泮"嘉靖进士"(卷一八)与"万历甲戌进士"(卷一四)两个不同记载,见〔明〕郑一麟修,(转下页)

官职,史载不详,可能是在刑部任职,后一路升至刑部尚书郎[1]。

三年前,即万历八年(1580),王泮以刑部尚书郎身份出任肇庆府知府。到任后第二年(1581),他在肇庆推行"一条鞭法",这是张居正在全国推行的一项新的赋税及徭役制度:把各州县的田赋、徭役以及其他杂征总为一条,合并征收银两,按亩折算缴纳。王泮首先统一用朝廷规定的量弓丈量田亩,纠正以前各地官员多用小弓丈量、变相加重农户负担的做法,然后让农户按各家实际田亩交纳税银,遏制了税负不均和弄虚作假行为,受到老百姓的拥护和赞扬。

王泮到肇庆后还大力治理水患。

肇庆地貌,古称"两水夹洲",西江流经此地,分南北两河道,北道因为泥沙淤塞,形成一个个湖泊,名之曰沥湖。因为地势低洼,常年积水,每逢暴雨,北岭山各溪之水涌入,排泄不通,肇庆城附近就成了一片泽国。

万历九年,即王泮到任第二年(1581),高要发大水,淹没大片农田。王泮遂决定开凿景福围的主要排水涵窦"跃龙窦",导沥水入西江以排除积水。筑成后,清除了城区一大隐患,缓解了洪水给老百姓带来的灾祸。

王泮任职肇庆三年以来,政绩斐然,颇受百姓拥戴,也受上司器

(接上页)叶春及纂:《肇庆府志》,明万历十六年(1588)刻本。而肇庆在清理王泮生祠后殿过程中发现了刻于明万历十六年(1588)的《观察山阴王公生祠记》,碑文说他为"万历甲戌进士",万历甲戌,即万历二年(1574)。碑文为当时进士李学一应当时高要知县谭谕之邀所撰,自当详询王泮事迹,较为可信。可参见刘晓生:《明代〈观察山阴王公生祠记〉碑文初考》,《肇庆学院学报》2013年第3期。另外,后文将讲到,明万历朝著名大臣孙矿引王泮为"同年",孙矿是万历二年进士,可佐证此说。

[1] 参见赵玉田:《明代肇庆知府王泮仕途考》,《岭南文史》2013年第1期。

重,在当地威信颇高。

这三年,他的上司——两广总督,走马灯似地换了三位,分别是刘尧诲、陈瑞、郭应聘。上一年间,前任总督陈瑞在短短几个月里,三次召见来自澳门的外国和尚,那么大的动静,他当然知道。上一次在肇庆期间,罗明坚曾经去他府上庆贺一桩喜事,为表示感谢,王泮派儿子回拜罗明坚,罗明坚非常热情地接待了王泮的儿子。

这一次,罗明坚一行由官员领着到了王泮的官厅,见到王泮,两位传教士即跪拜行礼。

王泮端详一番来人后,问他们是谁,来自何方,来此何事。

在旁的翻译回答:府台,他们都是事奉天地真主的修士,仰慕中国政治昌明,由西洋远航而来,途中历三四年之久。

话中强调他们是宗教人士而不是商人,来自遥远的西方而不是来自澳门,刻意申明他们不同于澳门的葡萄牙商人的身份。

翻译继续说道:彼等愿得一块清静土,建屋造堂,不问澳门商务,终生事奉天帝。彼等自有劝募之钱,丝毫不会麻烦府台,敢祈府台允如所请,彼等将终生感恩戴德。

话中表达了两层意思,一是他们不愿与当时的澳门葡萄牙商人在一起,只愿意在中国内地开展宗教事务;二是他们自己能筹到生活费用,不会给地方官府增添麻烦。

翻译最后代传教士保证:他们在这里会做一个诚实的老百姓,遵守这里的法律,也不会危害他人钱财。

其实这些类似的话,罗明坚曾向陈瑞、朱东光都说过。当时的外国人,只有朝贡的使节、随使节而来的官商和仰慕中国文化、立志做中国顺民者,才可能被允许进入中国,翻译的这些话,事先经过了传教士们的反复打磨,说出来有点像书面语。看着两位毕恭毕敬的外国和尚，温和的王泮①，没有明确回应他们的请求，而是要他们暂时住下来。

罗明坚从府衙出来后，领着一行人向天宁寺方向走去。上一次他住在天宁寺，与陈姓邻居相熟，并把宗教用物交给陈理阁保管。

罗明坚、利玛窦一行到了陈家。见到老邻居，陈家上下非常高兴，热情地将客人迎到家中。屋里弥漫着香火味。陈理阁带客人参观了里间的小屋，耶稣会士们看到屋里陈设，震惊不已：小屋正面摆放了祭坛，祭台上面摆放了几个香炉，七八个瓶子正燃着香，烟雾袅袅。祭台上方，立一木板，上书"天主"二字②。

看到传教士们盯着木板，陈理阁在旁介绍道，因为没有圣像，他就写"天主"二字代之，每天定时向天主祈祷，供奉祭品。

后来罗马教会批准Deus的中文译名为"天主"，不少学者认为"天主教"之名即渊源于此③。

此时的王泮，在罗明坚一行离开府衙后，思虑着如何应对他们

---

① 利玛窦在肇庆初次见到王泮时评价王泮："那位长官看来是个天性乐善好施的人，带着有点殷勤的态度。"〔意〕利玛窦、〔比〕金尼阁著，何高济、王遵仲、李申译：《利玛窦中国札记》，中华书局1983年版，第160—161页。万历《肇庆府志》亦称王泮"慈爱和易，士民见者，语次寻绎，甚有恩惠，未尝疾言遽色于人……"〔明〕郑一麟修，叶春及纂：《肇庆府志》卷一八《名宦二》，明万历十六年(1588)刻本，岭南美术出版社2009年版，第366页。

② 夏伯嘉说"圣坛的后面是一幅写着'天主'的大卷轴"。〔美〕夏伯嘉著，向红艳、李春园译：《利玛窦：紫禁城里的耶稣会士》，上海古籍出版社2012年版，第88页。

③ 如夏伯嘉说："罗明坚和利玛窦很喜欢这个(指'天主')对天主教神的汉语翻译，他们决定采用这个术语，于是后来的中国天主教一直用这个名称指代神。"〔美〕夏伯嘉著，向红艳、李春园译：《利玛窦：紫禁城里的耶稣会士》，上海古籍出版社2012年版，第88页。也有不同观点，如戚印平认为，罗明坚在其系列中文著作里面对"天主"神名的使用，系援引自日本耶稣会。参见戚印平：《"Deus"的汉语译词以及相关问题的考察》，《世界宗教研究》2003年第2期。

定居肇庆的请求。泱泱大明帝国,从来没有一位中国官员批准过西洋人住在中国内地,王泮深知,若做这种影响他仕途乃至身家性命的决定,必须三思而后行,即使这些外国和尚谦谨如一介朝廷顺民,他也是不能随意答应其要求的,他必须先得到上司两广总督郭应聘的批准或默许。

王泮出身佛教盛行的浙东地区,据说东汉年间,安息国(今伊朗)高僧安世高曾游化会稽(即绍兴),宣说教义。此后许多佛教流派在此传教,名刹渐多,高僧辈出。至明代,禅宗成为绍兴佛教主流,居士研究佛学成风,士绅支持佛教,寺院再度复兴,绍兴境内寺庙林立。

佛教在明朝前期受到朝廷打压。洪武皇帝短暂护教之后,在1391年颁布"百日谕令",要求在一百日内关闭一般的小庙,僧人和财物合并到大寺庙。三年之后又颁布《趋避条例》,规定僧人不准化缘,不得交结官府,不得与士绅联系,不得与官员、俗人为朋,不得接受未成年人为沙弥,视佛教为权力的危害者。但明代中期以后的皇帝,并没有完全沿袭明初的排佛政策,关闭的寺庙逐渐恢复。明宪宗尤以沉湎佛教而著称。晚明皇帝对佛教更持保护的姿态。万历皇帝从1579年起,在其母慈圣皇太后之后,充当起佛教的保护者,赏赐了许多寺院和僧人。明中叶后,士绅捐建捐赠寺庙,蔚然成风。

王泮自小沐浴在浓郁的佛教氤氲之中,受佛家思想熏染较深,为官肇庆之日,经常焚香静坐,不是和尚,犹如和尚[1]。他曾写《梅庵》一诗,诗曰:

---

[1] 崇祯《肇庆府志》:"王泮性恬淡,自奉如寒士。居官廉洁,焚香静坐若禅室。"〔明〕陆鏊、陈烜奎等纂修:《肇庆府志》卷二〇《名宦二》,明崇祯六年(1633)刻本,岭南美术出版社2009年版,第558页。

　　　　官懒簿书稀,寻僧入翠微。

　　　　白云依榻静,红叶近人飞。

　　　　爱尔能分供,怜余未拂衣。

　　　　禅心共明月,相对欲忘归。①

　　梅庵位于肇庆西城,是一个尼姑庵,建于宋代,因纪念六祖惠能曾在岗顶插梅而得名。王泮到肇庆任职后,特意造访梅庵,即兴赋诗,表达了其对禅境的向往之心。

　　几次接触之后,敏感的罗明坚和利玛窦对王泮的心迹和个性也有了些了解。他们每次造访王泮,都是身着僧服,操着只做朝廷顺民、开展宗教事务一套说辞,请求王泮恩准他们常住于此。

　　犹豫不决的王泮可能取得了总督郭应聘的默许②,终于对传教士们说:

　　　　我完全不怀疑你们的诚实,愿意把你们置于我的保护之下。你们可以到城里看看,找块合适的地方建你们居住的房屋。我让郭总督批准你们的请求。③

　　罗明坚一行在陈家住到第三天,9月14日,王泮托人告知传教

①〔明〕陆鏊、陈烜奎等纂修:《肇庆府志》卷四六《艺文二一》,明崇祯六年(1633)刻本,岭南美术出版社2009年版,第1197页。

②笔者未发现关于郭应聘对传教士态度的资料,罗明坚、利玛窦的书信和回忆录中也未见他们对这位总督的描述,估计王泮没有领他们去见过郭应聘。但从当时的朝廷政策来看,没有郭应聘的默许,王泮是不能也是不敢答应的。而郭为什么会默许,前文已经做了一些交代。

③〔意〕利玛窦、〔比〕金尼阁著,何高济、王遵仲、李申译:《利玛窦中国札记》,中华书局1983年版,第160—161页。

士,总督已经同意批准传教士们建住所的请求。

罗明坚、利玛窦正式被允许定居肇庆,意味着基督教世界成功进入中国,这是一个轰动西方世界的事件。利玛窦以极扼要之语,说了这个艰辛过程,并点明了罗明坚所起的作用:

> 我们教父们确愿进入这个国家,以协助他们认识天主;但是,这个大国推行闭关自守政策,一切努力都未成功。直到最后,在五六年前,视察员神父从印度派了罗明坚神父,叫他先留居澳门学习中文,准备进入中国,也期待天主的仁慈把这个大门打开,后来神父,抱着明知与无比的忍耐进入内地,不仅获得了中国官员的友谊,而也得到了信任,所以视察员神父就派给他一位同伴的神父,都堂在城中给他们一处居留之所,要他们不要离开。①

---

① 《利氏致西班牙税务司司长罗曼先生书》,1584 年 9 月 13 日,撰于肇庆,〔意〕利玛窦著,罗渔译:《利玛窦书信集》(上册),台北光启出版社 1986 年版,第 56 页。

五

蜜　月

1. 仙花寺

此时,在肇庆东城的西江北岸,正在建塔,刚修好第一层。

塔名崇禧塔,是从万历十年(1582)九月开始动工的[①]。塔址是知府王泮定的,他说西江在这里"滔滔而东,其气不聚,人人遂如晨星,未可尽归于人事也",如果在这里建塔,可以聚集文气,使这方水土文运兴旺,人才辈出[②]。

主持建塔的是王泮的挚友、高要人谭谕。谭谕,字召卿,嘉靖三十七(1558)中举[③],曾任南直隶凤阳府五河县知县,这时已致仕赋闲在家。他深得王泮信任,协办肇庆府学、高要县学,现在又为

---

① 明王泮《崇禧塔记》载:"始壬午九月,迄乙酉四月告成……"此壬午年,为万历十年(1582)。万历十五年(1587)七月,王泮撰写了《崇禧塔记》,镌刻立碑,碑高1.90米,宽1.10米,原存于崇禧塔西侧的山阴王公生祠,今存于崇禧塔内。

② 见王泮《崇禧塔记》。《崇禧塔记》中又说:"西江之水千流万派,汪洋奔湃,至于石顶,若拱若揖,去而复留,聚精萃气,斯固融洁于千万载之前,于兹而发。济济多士,应运而兴,仅上国而祯王家,故令鸿造,创于一时,而余适遭其也。"其言下之意,这里是难得的风水宝地,这块地方使肇庆人杰地灵,自己遇上了千载难逢的建塔机会。

③ 见〔明〕郑一麟修,叶春及纂:《肇庆府志》卷五《选举表一》,明万历十六年(1588)刻本,岭南美术出版社2009年版,第113页。

王泮操办修塔事务。他筹集3 000两银子①，与当地绅士们组成的委员会监督崇禧塔的营建。

神父们想赶快建一个居所。陪神父们一起来的那个士兵，还有他们居留几个月来结识的其他朋友都向他们指出，崇禧塔附近这块地是他们修建住所的理想场所。

神父们察看一番后，也觉得这块地不错，遂报告了王泮。王泮要罗明坚写一个书面报告给他，由他转呈给总督郭应聘。

王泮通知神父们到修塔之处划定地块。神父们自是感激不尽，一齐到府衙感谢，他们在王泮面前跪下，以前额触地，磕了三个响头。

次日，罗明坚、利玛窦赶到修塔的地方。他们发现王泮已先到，正在与肇庆府同知陈丞芳、谭谕和本城的其他绅士坐在一起谈笑。见到传教士到来，一位绅士揶揄道："这些外人所用的法门，和在澳门是一样的，他们先来一个，慢慢地添几个，以后就来得很多。"王泮于是警告传教士要遵守朝廷规章，不能再引人来到这里。罗明坚急忙承诺，只有他们两个在这里，以后不会再增。

深眼高鼻"番鬼"的到来，引得附近修塔的人纷纷围观。肇庆居民对外国人的到来很是好奇，1584年利玛窦的一封信描述了当地百姓的好奇情形：

> 罗明坚神父和我来到肇庆有五六天路程。这座中国内地城市没有一个人是我们认识的，不说是我们意大利人，甚至从葡萄牙或印度来的也没有。这里的人从未见洋人，把我们当成笑料和稀罕。我们只要在街上一走，尤其是在距离我们居住的

①明王泮《崇禧塔记》载："縻银以两计，凡三千有奇，皆醵金，不出帑一钱。"王泮虽言建塔费用为民间集资，但实际上是向肇庆所属的11个县征收了一笔常税而来。

这座城市很远的其他城市，必须急速跑过去——假如我们不想看见一路上挤满了跑来看我们的人，这样说是毫不夸张的。人们给我们取了无数的绰号，其中最常用的要算'洋鬼子'。尽管如此，有身份的人士对我们很赏脸，他们到我们的住所和小教堂来都是彬彬有礼。①

罗明坚与王泮寒暄过后，把带来的礼品，包括威尼斯产的三棱镜、来自罗马的圣母玛利亚像、西法绣成的手巾和许多小巧的东西摆在桌上，官员们啧啧称赞，围观的人无不惊羡。王泮令人将这些物件移入府内，作为官物供人观赏。之后，官员一起移步塔边，划了一块地。

地不是很大。神父们对王泮说，这块地太小，建不了一所房屋和一座教堂。王泮说，现在这块地先建住所，以后会划一块地给他们建寺庙。神父们通过通事费力解释，说他们不拜偶像。王泮听后感到迷惑，他征询随从意见后，说那没有什么不同，附近在修庙，外国教士可以把他们喜爱的神供进去②。

不久后传教士收到两份盖有肇庆知府官印的文件，一份是捐赠盖房地皮的证明，另一份是允准传教士去广州、澳门或国内其他地方旅行的文书。看到几年的奔波终于结出"果实"，神父们不胜唏嘘。

王泮批准传教士们选择地块建房，遭到了地方绅士的反对，他们把传教士等同于佛郎机商人，担心建房后引来更多的佛郎机人，将肇庆弄得如澳门一般。神父们对此也有觉察，决定快速动工，以防夜长梦多，前功尽弃。

①转引自〔法〕裴化行著，管震湖译：《利玛窦评传》（上册），商务印书馆1993年版，第96页。宜将"洋鬼子"译成"番鬼"，至今粤人仍有如此称呼洋人者。
②〔意〕利玛窦、〔比〕金尼阁著，何高济、王遵仲、李申译：《利玛窦中国札记》，中华书局1983年版，第163—164页。

因为天宁寺附近的住所较远,神父们就在所划地块旁搭建了一个窝棚,作为临时工场。他们又在附近租了一间小屋,摆上圣坛,在节日和星期天做礼拜。附近乃至较远地方的居民,听说外国人住在这里,纷纷来窥视他们。到访者除了官员、学者和普通百姓之外,还有信佛之人,甚至包括僧人①。神父们小心翼翼地满足他们的好奇心,让他们看三棱镜、外国书籍、圣母像和其他欧洲物品,对他们极为殷勤,以赢得他们的好感。

神父们选好了动工日期,准备开工。这时,谭谕突然把神父们召去,先说按照中国黄历,他们选择动工的那天是个不吉利的日子,要他们另挑一个日子,然后郑重地说,划给神父的那块地,附近住户要建房,将另拨一块靠近大路的地皮给神父们。

神父们觉得新地②更好,就同意了,为免再生变故,决定赶快

---

① 即利玛窦所说的"供奉偶像的人"。见〔意〕利玛窦、〔比〕金尼阁著,何高济、王遵仲、李申译:《利玛窦中国札记》,中华书局1983年版,第168页。

② 关于仙花寺的位置,学界争议颇大,有崇禧塔东边说、崇禧塔西边说。东边说认为,崇禧塔建在原肇庆无线电厂内刘公生祠遗址附近(李护暖:《仙花寺遗址初考》,《端州报》1985年,出版月日不详;该文见肇庆市地方志编纂委员会办公室编:《肇庆市地方史专辑》,1985年版,第44页),而刘明强(《番鬼屋就是利玛窦的仙花寺》,《韶关学院学报》2012年第9期)、宋黎明(《仙花寺与刘公祠在同一地点吗?——耶稣会在华第一座天主教堂考》,《西江文博》2013年第2期)、唐坚和刘明强(《利玛窦仙花寺建筑考》,《肇庆学院学报》2015年第1期)、刘晓生(《"仙花寺"位置与得名再探》,赵克生主编:《第三届"利玛窦与中西文化交流"国际学术研讨会论文集》,中山大学出版社2015版)、何凯文和龚智(《利玛窦仙花寺遗址位置的"文化整体"研究》,《肇庆学院学报》2015年第1期)等主张西边说。西边说又有"鬼屋"说(刘明强:《番鬼屋就是利玛窦的仙花寺》)、崇禧塔景区办公室楼说〔意大利那不勒斯Parthenope大学的弗朗西斯科·马格里奥库勒(Francesco Maglioccola)持此说,参见何凯文:《马格里奥库勒先生肇庆赴会始末》,(澳门)《文化杂志》2008年春季刊〕和王公祠西边说(何凯文、龚智:《利玛窦仙花寺遗址位置的"文化整体"研究》)等。

开工。

但他们遇到了一个棘手的问题:经费紧张。

此时,澳门—长崎贸易线上的沉船事故,让肇庆神父们长时间得不到澳门援助。耶稣会士随葡萄牙商人来到东方后,依靠葡萄牙商人垄断的中国大陆与日本之间转运贸易的利润支撑教会事务,但当时澳门的葡萄牙商人,由于许多商船沉没而生活拮据,不能支持肇庆的神父们。传教士们的积蓄花光了,为维持生计,罗明坚向官员和朋友借钱,欠了很多人的债;为了减少开支,只得解雇译员、仆人。最紧张的时候,他将一个威尼斯棱镜卖了,换来30两白银,但也不敷用度。

房屋必须动工,罗明坚于是"找几位中国朋友,借了一百块钱建造房舍"①,请了工人们来为新居奠基。

为筹集建房费用,罗明坚决定去一趟澳门。当时为1583年底或1584年初②,他坐的是一艘豪华官船,船舱飞檐翘角,舱内有大厅和几间厅室,宽敞的大厅内,摆放着十几张桌子和一些大椅子,舱顶雕梁画栋③。整艘船有30多名水手驾驶。船是王泮准备的,因为王泮

①《罗明坚致总会长阿桂委瓦神父书》,1584年1月25日,撰于澳门,〔意〕利玛窦著,罗渔译:《利玛窦书信集》(下册),台北光启出版社1986年版,第456页。

②"目前我正在澳门,向葡籍商人募捐,支持我在中国的传教经费。"《罗明坚致总会长阿桂委瓦神父书》,1584年1月25日,撰于澳门,〔意〕利玛窦著,罗渔译:《利玛窦书信集》(下册),台北光启出版社1986年版,第455页。

③关于当时官船的豪华程度,利玛窦写于肇庆的一封信有描述:"若论船只的美观程度,我们欧洲乃至其他任何国家都要相形见绌,这些在海上航行的船只在我们那里可以作为陆地上一幢很好的住宅。每条船都金漆彩绘,设有很多厅室,非常美观。在一条船上我注意到,它有一个很宽敞的大厅,就像我们罗马学院中的礼拜堂一样,厅内有天花板及十多扇窗子,里面还摆放着十五张桌子和很多像我们西方一样的大椅子。这是为了重要人物之间相互邀请时准备的,每人面前放一张桌子,以及配套的陈设,我在这里就看到七八只和这条船规模相当的大(转下页)

要罗明坚去澳门为其办事。原来,王泮听说澳门制造钟表,就要罗明坚到澳门后定制一个,并向他说会出一个好价钱①。这样,罗明坚就公私兼顾乘船出发了。

到澳门后,罗明坚见了正在澳门的桑切斯。此时,桑切斯由菲律宾总督派遣,作为西班牙王室大使之一出使中国,并带了礼物送给中国皇帝。西班牙早就垂涎中国,与葡萄牙名义上合并后,加快了与葡萄牙争夺中国市场的步伐。早在1580年和1581年,菲利普二世两次启动出使中国计划,并把一大批准备送给中国皇帝的礼物送到了墨西哥,但由于执行计划的墨西哥和菲律宾殖民者意见相左,西班牙王室两次出使中国的行动都被迫中止②。此时,菲律宾总督正在游说西班牙政府以武力征服中国,但也没有完全放弃外交手段。1584年5月,借处理"圣约翰号"(the San Juan)西班牙大帆船上士兵的哗变事件③之机,西班牙国王派出以在菲律宾的税务司长罗马诺为全权代表的使团出使中国,谋求从中国政府得到一个类似于澳门那样的港口与中国进行贸易,由于桑切斯上次在澳门活动颇有功绩,因而再度派他出使中国。

(接上页)船。"《致锡耶纳耶稣会富里伽蒂(Giulio Fuligatti)神父》,1585年11月24日,肇庆,〔意〕利玛窦著,文铮译:《利玛窦书信集》,商务印书馆2018年版,第57—58页。

① 裴化行说,是罗明坚先向王泮许诺将给他从澳门带回一座西洋钟,王泮为表示感谢,给罗明坚雇了一艘去澳门的豪华大船。见〔法〕裴化行著,萧濬华译:《天主教十六世纪在华传教志》,商务印书馆1936年版,第245—246页。

② 陈丙先:《菲律宾殖民当局的对华政策(16—17世纪)》,厦门大学出版社2015年版,第78—81页。

③ 1583年6月,西班牙大帆船"圣约翰号"(the San Juan)离开马尼拉前往墨西哥的阿卡普尔科(Acapulco)进行贸易,途中船员们劝说船长改变航向,把它开往澳门,继而船员哗变,控制了这艘船。参见伍玉西:《澳门与马尼拉关系的开始——1579—1584年间赴澳门的西班牙人》,《社会科学辑刊》2016年第4期。

　　西班牙使团抵达澳门后,便写信给在肇庆的传教士,请他们提供有关中国的情况,并疏通两广总督的关系,使其同意西班牙使团进京,给中国皇帝进贡礼物。为笼络经济困难的肇庆传教团,罗马诺送给肇庆传教团一批银两、一座精致的钟表和其他一些物件,并且承诺,一旦事成,肇庆神父们可以随西班牙使团进京,而且以后耶稣会在中国传教所需的全部费用,由西班牙王室负担[①]。

　　利玛窦在1584年9月13日饶有兴致地给罗马诺回了一封长信,向他全面介绍了中国的历史、地理、政区、气候、物产、政治、风俗、文化、宗教等,并答应绘制一幅中国地图和分省地图寄给他。至于罗马诺提出请肇庆传教团疏通关系、支持西班牙使团谒见皇帝一事,利玛窦说"这事只能拜托罗明坚神父了"[②]。可知,肇庆住院与官府打交道,利玛窦仰仗罗明坚。后来,利玛窦将绘制完成的中国地图寄给了罗马诺。对来自另一个国家(西班牙)且欲以武力进入中国的罗马诺,利玛窦可谓热情有加。

　　罗明坚给桑切斯也写了一封信,与利玛窦的热情相反,他向老友桑切斯泼了冷水。信中说中国人对外国人心存疑虑,特别是西班牙人好战有侵略性,与中国建立外交和通商关系,可能性不大。罗明坚"谆谆戒劝"桑切斯不要使用武力。桑切斯后来就此说道:"我和罗明坚的意见完全相反,我以为劝化中国,只有一个好办法,就是借重武力。"[③]

---

① 〔意〕利玛窦著,文铮译:《耶稣会与天主教进入中国史》,商务印书馆2014年版,第111—112页。
② 《致澳门蒋·巴蒂斯塔·罗曼(Juan Bautista Román)》,1584年9月13日,肇庆,〔意〕利玛窦著,文铮译:《利玛窦书信集》,商务印书馆2018年版,第30—41页。
③ 〔法〕裴化行:《明代闭关政策与西班牙天主教传教士》,中外关系史学会、复旦大学历史系编:《中外关系史译丛》(第4辑),上海译文出版社1988年版,第264页。

　　罗明坚对西班牙进入中国传教是存有戒心的。1584年5月30日，他致信总会长阿桂委瓦，说本教区是新开拓的、幼弱的，经不起些微的波动，一切必须谨小慎微，耐心耕耘，否则便会摧毁了它。并说：

> 　　我说这些，因为不但我们耶稣会的神父，而且也有其他修会的神父，包括东印度的，也包括西印度的神父，都想来到这块由我们费尽万苦而开发的新园地工作，而这个中华帝国的教会可说尚未诞生呢！①

信中所说的西印度神父应是桑切斯，因为这期间从西印度来到中国的神父就只有桑切斯一人。

　　但此时，澳门耶稣会院院长兼肇庆住院主管卡布拉尔写信给肇庆的神父，希望他们能促成罗马诺、桑切斯代表西班牙出使中国内地之事。

　　卡布拉尔认同罗马诺的武力加外交的对华贸易和传教策略。此前的6月25日，他写信给菲利普二世，称赞罗马诺是一个谨慎、有条理、最卖力为"陛下"服务的人，之后竭力鼓吹对禁止外国人入境的中国发动军事远征，指出征服中国可以得到六大好处：一是可以为上帝服务，弘扬圣教信仰；二是可以使菲利普二世扬名全球；三是增加巨额收入；四是为西班牙属下各国的海关税收带来巨大增长；五是可能得到大量银库；六是基督教世界可获大益。他还列举了"有助于此大业"的因素：一是中国人通常矫揉造作，不堪一击，尤其是贵族弱不禁风；二是华人手无寸铁，除了守卫边疆的士兵外，就连

---

① 《罗明坚致总会长阿桂委瓦神父书》，1584年5月30日，撰于肇庆，〔意〕利玛窦著，罗渔译：《利玛窦书信集》（下册），台北光启出版社1986年版，第459—460页。

佩剑都遭禁止，只有国王的仓库里才有武器；三是全中国无一发铜制的炮弹，城镇的高墙不堪一击；四是全体人民不忠心耿耿，喜欢揭竿而起；五是政府严厉，任何一个小镇上都执法官员如云。另外，还有外部的"便利条件"：澳门是一可供大船停泊的良港；广州之外还有响应，菲律宾近在咫尺；等等。卡布拉尔宣称，定居肇庆不久的耶稣会士，可以在他建议的军事计划中扮演重要角色：

> 这两个人亦可帮大忙，届时他们已掌握说写，向我们提供必要的通报，协助一切为陛下效劳。[1]

"这两个人"，指的是罗明坚和利玛窦。卡布拉尔主张先打广东，因为广东的官员为增加税收，有时对澳门居民有蛮横之处。他说"即便出于广东对我们的侮辱，我们有理由行动，但尚无理由对全中国发动战争。我们有理由对剥夺我们权力的人，仅仅向这些人宣战。"攻打的目标是广州，因为广东的大部分银库及其他仓库位于广州。他说攻入广州城，易如反掌，只消1 500—2 000人便可入广州城，夺取广东后，其他省份唾手可得[2]。

　　卡布拉尔当时任耶稣会澳门会院院长和澳门圣保禄初级学校校长，耶稣会肇庆住院属澳门耶稣会管辖，因而卡布拉尔是肇庆传教士的上级。对于卡布拉尔要求促成西班牙出使中国内地的指令，

---

[1]《耶稣会会士弗郎西斯科·卡布拉尔致菲利佩二世函》，1584年6月25日发于澳门，塞维利亚东西印度总档案馆，保教档25-21。转引自金国平编译：《西方澳门史料选萃（15—16世纪）》，广东人民出版社2005年版，第259—263页。

[2]《耶稣会会士弗郎西斯科·卡布拉尔致菲利佩二世函》，1584年6月25日发于澳门，塞维利亚东西印度总档案馆，保教档25-21。转引自金国平编译：《西方澳门史料选萃（15—16世纪）》，广东人民出版社2005年版，第262—264页。

肇庆传教士们不得不执行。

　　罗明坚把西班牙派使团觐见中国皇帝的请求向王泮汇报。让罗明坚吃惊的是，王泮居然欢迎西班牙人出使北京。这其实为肇庆传教士们出了一道难题。罗明坚、利玛窦是反对崇尚武力的西班牙及其传教士进入中国的，也知道范礼安对西班牙及其传教士的态度，最后，肇庆传教士们虽不得已向广东海道呈递了一份申请报告，却不敢在报告上签名，而是以王泮秘书的名义递上去的①。

　　不久，肇庆神父们收到了卡布拉尔的另一封信，这封信与他前一封信的说法迥异，卡布拉尔劝罗明坚不要帮桑切斯的忙。原来，广东海道接到来自肇庆的报告后，启动了西班牙的所谓"进贡"程序，他传令香山县令向澳门葡人了解西班牙进贡之事。澳门的王室大法官本涅拉即召见罗马诺和桑切斯，询问他们出使中国的有关情况。之后澳门议事会开会研究对策，一致认为，西班牙派使团觐见中国皇帝，就是想在广东打开与中国的贸易大门，这样将会严重影响澳门葡人与广州的贸易。菲律宾拥有大量的银子，如都用来购买广东的货物，将会扰乱葡萄牙人在广州的贸易市场。因此，澳门王室大法官本涅拉，要澳门耶稣会院院长卡布拉尔通知肇庆的神父们，不要帮助西班牙人。

　　本涅拉还向广东官府直接递交了一份报告，请广东官府不要答应西班牙人的请求。广东海道在收到澳门的报告后，做出决定：

　　　　如果那个想来给皇帝献礼的王国就是那些住在澳门的外国人的国家，则不必前来，因为他不会批准；如果是那些自古以

①〔法〕裴化行著，王昌祉译：《利玛窦司铎和当代中国社会》（第1册），上海徐家汇土山湾印书馆1943年版，第75页。

来就被许可来华，并已经往来多次的国家则可以再来。①

这样，西班牙进入中国的计划再度破灭。

桑切斯因为进入不了中国传教，变得更加暴躁，叫嚷对华使用武力，认为只有通过战争才能"获得真正的和平"，"即传教的和平"②。他还给当时的葡萄牙印度行省副省长等人写信，谴责耶稣会在日本的传教策略，这些信又转到了范礼安手里。

范礼安大为光火，向当时的葡印总督告了桑切斯的状，措辞很严厉：

> 在菲律宾的其他人员，如耶稣会的神甫们怀着皈依及做点什么事情的愿望，曾两次派遣阿隆索·桑切斯神甫来华。此人再次做了不少很不应该做的事。我觉得他做事的精神很怪，在我会中标新立异。他的胡作非为使我大为惊诧。他第一次来时，我在那里，他未太出格，可第二次却太过火了，人人厌之。他自认是具有想象和异常精神的新革新家，说本省的耶稣会已一无用处。他写信给日本，文字令人悚然、很不明智，发给了副省长神甫和戈麦斯神甫，谴责在日本所作的一切。就是疯子也不会写出这些话来。副省长神甫转发了给我，要我转给您。这信如此令人悚然，如此低劣，本不应该通过这条不保险的渠道，而应通过普通途径发送。这位神甫的鲁莽、咄咄逼人足以使整个教省哗然，在日本和亚马港的神甫们更加愕然。③

---

① 〔意〕利玛窦著，文铮译：《耶稣会与天主教进入中国史》，商务印书馆2014年版，第113页。

② 金国平编译：《西方澳门史料选萃（15—16世纪）》，广东人民出版社2005年版，第258页。

③ 金国平编译：《西方澳门史料选萃（15—16世纪）》，广东人民出版社2005年版，第249页。

范礼安在信中说桑切斯第一次来澳门"未太出格",第二次来澳门"太过火了,人人厌之"。上次来澳门,桑切斯与范礼安多次见面,最后是范礼安安排船只将其送回马尼拉,从中,范礼安也另有所图,当时两人诉求多有契合处,所以范礼安说桑切斯"未太出格"。而这第二次,桑切斯因为进入不了中国,对耶稣会的东方适应政策全面否定,主张通过武力打开中国的商贸和传教大门,自然触怒了范礼安。

在这次罗马诺、桑切斯率领的西班牙使团进入澳门期间,罗明坚曾经受卡布拉尔之命向广东和肇庆官府疏通西班牙使团进入中国事宜。罗明坚在澳门筹款期间,又不合时宜地见了"人人厌之"的桑切斯。而在肇庆的利玛窦只是给罗马诺写了热情洋溢的信并将自己精心制作的中国地图寄给他,与桑切斯未有直接的联系。

1584年10月1日,罗马诺、桑切斯返回马尼拉。

10月下旬,卡布拉尔来到肇庆①。

卡布拉尔此前提出要来肇庆,对此,罗明坚和利玛窦没有信心,因为通行证难办。当时外国人不能随意进入中国,进入中国必须有官方的批准,而且肇庆传教士已经承诺不再带人进来。

①关于卡布拉尔到肇庆的时间,吴志良、汤开建、金国平主编的《澳门编年史》说是11月21日(广东人民出版社2009年版,第212页),但据罗明坚的信应该是10月下旬。罗明坚写于1584年10月21日、寄自澳门的信说道:"我现在回到澳门,是因为已得到肇庆长官的准许,澳门神学院院长兼我们驻肇庆住院的主管弗朗西斯科·卡普莱勒神父可到中国内地视察、慰问我们,并指导我们的活动,以达到上帝的更大荣耀。为了此事,我们将于5、6天内离开这里。"另外,1584年11月30日利玛窦在写给罗马总会长阿桂委瓦的信中说:"同时澳门会院院长加布拉列神父来观察看望我们,这一两天内他就要返回澳门了。"[《利氏致罗马总会长阿桂委瓦神父书》,1584年11月30日,撰于广州,〔意〕利玛窦著,罗渔译:《利玛窦书信集》(上册),台北光启出版社1986年版,第59页]。卡布拉尔在肇庆待了较长一段时间,不可能11月21日刚到即于月底离开,因而他到肇庆的时间,可能是当年的10月下旬。

　　对肇庆传教士们办通行证一事,卡布拉尔在致范礼安的信中颇有微词:

　　　　虽然,罗明坚神父和利玛窦神父都想获得一张去肇庆的通行证,那是难而又难的事,因此他们绝不敢去尝试。以前他们也曾经写信告诉我,去肇庆绝对不可能;不久正好有一位都堂家的小官员,为了某件事来到了澳门,我就与他商谈并请他在院中吃了饭,以后,我又给他送去一点酒和罐头食品到他船上,最后,我就提到要去看肇庆的神父们的事,并且我急要知道,是否有可能为此事争取到一张通行证。他就给我提供了这办法说,任何重要官员都能颁发这种通行证,而要我给各位神父们写信说明,只要他们向他提到这事,他就会给我们办理的。于是,我就给神父们写信,要他们不断地去争取它,尽量争取,不会损失什么的,也不会有害,因此罗明坚神父便向岭西道提出了申请。①

　　肇庆的传教士有自己的苦衷,而澳门的卡布拉尔难以理解,即使如此,肇庆的传教士还是勉力为之。罗明坚鼓足勇气向岭西道王泮提出了申请。王泮于万历十二年即1584年,升任两广按察司副使、奉敕整饬兵备兼分巡岭西道,神父们简称王泮为"岭西道"。没想到王泮又爽快地同意了,并通知官府给卡布拉尔发了一个通行证。

　　罗明坚非常高兴地带着通行证来到澳门,接卡布拉尔去肇庆。

　　卡布拉尔到肇庆的次日,当地的一些官员来拜访他。敏感的

①《卡布拉尔神父致范礼安神父书》,1584年12月5日,撰于澳门,〔意〕利玛窦著,罗渔译:《利玛窦书信集》(下册),台北光启出版社1986年版,第456—457页。

卡布拉尔觉得这些官员不是真心看望他,而是为了看稀奇和探听消息。他抱怨接待中国官员礼仪太多,礼仪比他曾经待过的日本还复杂:

> 因为当日本人跪着时,双手置于脚跟处,倒不如此费力;而中国人所行的礼仪,都得站直立正,双手作揖,有时要鞠躬到地面。若有客人,奉茶时,又是礼貌一番……①

可知当时中国人比日本人更重礼节。卡布拉尔由于白天行礼太多,到了晚上,腰部酸痛得好像转不动了,双脚麻木站不起来。他深感接待中国官员很累。

在卡布拉尔的要求下,罗明坚带着他去拜访王泮,卡布拉尔带去了两张油画和一些糖果。当他们抵达后,王泮自客厅走出,叫神父们靠近他坐下,寒暄几句之后,就严肃地问了卡布拉尔一些事。

罗明坚和卡布拉尔回到住院三四个小时后,一位军官提着一块绸缎、半打扇子和两张地图出现在门口,声称代表王泮回拜卡布拉尔,也送给罗明坚一件礼物②。

---

① 《卡布拉尔神父致范礼安神父书》,1584年12月5日,撰于澳门,〔意〕利玛窦著,罗渔译:《利玛窦书信集》(下册),台北光启出版社1986年版,第466页。

② 卡布拉尔在1584年12月8日写给总会长阿桂委瓦的信中说:"达到肇庆的第二天,本城一些有地位的人物就来访问我。他们得知岭西道曾发给我一个通行证,于是所有的人都对我表现很热忱,请我不要急于离开,要我至少住两个月。有一天,罗明坚神父和我去向岭西道致谢。他对我们的到来感到非常高兴,以一种愉快的态度问了我一些问题。"王泮派人回拜了他,有不少礼物。参见〔美〕霍华德·林斯特拉编,万明译:《1583—1584在华耶稣会士的8封信》,第八封信,1584年12月8日弗朗西斯科·卡普泰勒神父寄自澳门,《国际汉学》(第2辑),大象出版社1998年版,第254—269页。

在此期间,住院一直在建。卡布拉尔回到澳门后,在12月5日致范礼安的信中,介绍了肇庆神父们的新建住院:

> 神父们盖房子的地方,也是非常合适,因为它不在城中,而在近郊,位于一条河流之畔,林木茂盛,鸟语花香,另外尚有水池鱼塘,倍增清凉之感,真是一座理想的房舍庭园,所以外来的官员无不参观钟塔与神父们的住宅。这所房子是用砖块与石灰所造成,约有十八平方公尺,其型式为中西合璧。两面下方,都有厅堂,为现在已足够使用,将来还可增加。在门之进口处,设有阳台,跨于小河之上,颇为凉爽。由于地点狭小,无处设置教堂。①

卡布拉尔说这个住院只有“十八平方公尺”,还说确实很小无处设置教堂,这应是仙花寺当时刚建成的一层的面积,如果说的是两层,那每层才9平方公尺,是非常小的,估计不会小到这个程度。

信中还说神父们花费葡商较多钱,当年已经花了400两,其中建住院花了250两,不能再向商人们要钱,不要再建教堂了,再建,又要葡萄牙商人捐钱,商人们会不高兴。此外,卡布拉尔还提出尽量减少肇庆传教士与澳门葡萄牙商人的瓜葛:

> 看来无论如何,肇庆的神父们也不该向葡萄牙人求哀矜,原因是,中国人是好猜忌的,只要神父们与澳门的葡萄牙人瓜葛愈少、愈分离,则愈能对传教事务保障安全。为此希望神父

---

① 《卡布拉尔神父致范礼安神父书》,1584年12月5日,撰于澳门,〔意〕利玛窦著,罗渔译:《利玛窦书信集》(下册),台北光启出版社1986年版,第469—470页。

下令,少与葡萄牙人来往为妙,要使神父们都变成中国人,才能免除中国人的猜疑,因此,知府同样也曾告诉过他们,要如此做才行。神父都该穿中国式的长袍,头戴高方帽,这已经说过。他们在申请书上,是要在中国内地,申请一块清净土地,远离葡萄牙商人之繁忙商务,专心学习文字,这都是罗明坚神父所写的。①

真是百闻不如一见,卡布拉尔到中国内地没几天,就有这些适应中国文化的想法,与其此前尤其是在日本传教时判若两人。而此信是写给免除其日本职务的范礼安的,更令人惊异。

这幢颇具西洋风格的两层楼房大约于1585年5月间正式竣工。

关于房子的布局,从利玛窦的书信可知一个大概:

> 我们建起了一座相当好的寓所,只是有些狭小。楼上只有四间屋子,正中有一个过厅,前面是一个阳台,房子前后各有一个院子。在底层,除了有几个房间外,还有一个简朴的小教堂。②

也就是说,房子青砖白灰,中西合璧。一层进门为小圣堂,有几个房间,上层有四个房间,中间为走廊,正面有一阳台,下临小河。

房子的大门上,张贴了一份由总督郭应聘颁发的告示,说西僧们怎样来到中国,赞扬了西僧的良善品德和对宗教的虔诚,然后申

---

① 《卡布拉尔神父致范礼安神父书》,1584年12月5日,撰于澳门,〔意〕利玛窦著,罗渔译:《利玛窦书信集》(下册),台北光启出版社1986年版,第471页。

② 《致那不勒斯耶稣会路多维科·马赛里神父》,1585年11月10日,肇庆,〔意〕利玛窦著,文铮译:《利玛窦书信集》,商务印书馆2018年版,第54页。

明这所住宅是总督批准并指定给他们居住的,他们靠自己的钱财生活,任何人不得欺凌骚扰,违者重惩不贷①。

大门上方和进门圣堂的正面,分别挂着王泮题写的"仙花寺""西来净土"牌匾。仙花寺,意思为莲花寺,佛教的仙花;"西来净土",意为来自西方的净土,指代佛教净土宗中菩萨的神圣居所。

可知,王泮是将这房子定性为佛教住所的。这究竟是王泮主观认定如此,还是他作为一种策略刻意为之? 在划地给神父们时,王泮对罗明坚还要建一个教堂,供奉自己的神,感到疑惑,认为将他们的神放到附近的寺庙里就可以了。在王泮看来,神父们的宗教与佛教可能没有本质的区别。但随着与传教士们接触的增多,以王泮的见识,他是不可能不察觉传教士们的宗教与佛教的众多差别的,不能排除王泮通过在住所挂上佛教寺庙的招牌,坐实神父们僧侣身份的可能。在当时的闭关锁国政策下,披着出世特征的僧侣,有进出国门的相对自由,罗明坚们这些洋人在内地居住是不合法的,肇庆官员,尤其是王泮,只有把罗明坚们当作"僧人"看待,为其贴上佛教传播者标签,才能为他们定居当地找到更多向上交代的理由②。

不管王泮用心如何,以他的知识背景,只能题写具有佛教意蕴的牌匾。两个牌匾因为都有王泮的题签,意味着被官方认可,成为传教士们的护身符。后来发生的许多事情,都说明这两块署上王泮大名的牌匾,对传教士在此安身立命有多重要。

---

① 〔意〕利玛窦、〔比〕金尼阁著,何高济、王遵仲、李申译:《利玛窦中国札记》,中华书局1983年版,第166—167页。

② 王泮曾经对罗明坚说:"君初来此地时声称,系学习中国语言文字,和熟悉中国风俗人情。鄙人向同僚谈及君之来意,亦以此转述。现确知君系传教而来,深觉祈幸! 望以后君不必隐瞒。余允诺君给欲入教之人领洗。"转引自王庆余:《王泮和他的〈中国全图〉》,《自然杂志》1985年第5期。

从"仙花寺"牌匾下跨进屋内,面向大门,是一座祭台,上面摆放着举行宗教仪式的各种物品,还有被中国人视为"无价之宝"的三棱镜、钟表、日晷等。祭台后面是一面影壁,影壁上挂着一张手抱婴儿耶稣的圣母像①。墙上挂着一幅用欧洲文字标注的世界地图。随着传教团在肇庆站稳脚跟,西方基督教世界对中国传教团的热情高涨,纷纷赠送礼品致意,于是西方著名艺术家绘制的画像,制作精致的计时器,小巧玲珑的挂表,还有座钟和其他礼品,便从欧洲、日本、印度、菲律宾等地汇聚到仙花寺。

房子的外表也有一些当地房屋没有的装饰,如大门的铁轴、窗户上的玻璃及百叶窗帘。

崇禧塔与仙花寺几乎同时建成,前者在万历十三年(1585)四月,后者在当年五月②。崇禧塔建成后,当地人既不叫它的学名崇禧塔,也不叫它俗名"花塔",而叫它"番塔"。其中的原因,可从下文言及的相关事件中察出端倪。

---

① 裴化行:"大概这张像是由圣方济各博而日亚会的修士仿照罗马圣母堂内著名的圣路嘉圣母像绘成。"〔法〕裴化行著,萧濬华译:《天主教十六世纪在华传教志》,商务印书馆1936年版,第281页。

② 利玛窦1585年11月24日致锡耶纳耶稣会富里伽蒂神父的信中说:"今年,本城的那座塔已然竣工,塔呈八角形,共十八层,很高,也很漂亮……我们的小寓所也在同时竣工了,是一座欧式建筑,这座房子和我们从欧洲带来的东西一起成了当地的奇异景观……"〔意〕利玛窦著,文铮译:《利玛窦书信集》,商务印书馆2018年版,第60页。

2. "小事"

仙花寺中西合璧的外貌，屋里陈设的定时自动报时的钟表，大大小小折射七彩光芒的三棱镜，有着奇特透视技术的油画，皮革包裹、印着金色字母的西洋书籍，墙上挂着的世界地图，吸引着不少官员和当地百姓，使这里成为当时远近闻名的观光场所。

仙花寺在建时，神父们住在临时住所里，小小的住所挂了一幅圣母玛利亚的画像——这是罗马圣母大教堂中玛利亚画像的复制品，还摆放了一面威尼斯水晶棱镜、几本西方书籍和几件西方物品。每天都有不少好奇的人来到这个小屋，打量着神父和这些新奇的东西。神父们的大恩人王泮，也爱观赏圣母玛利亚画像和把玩三棱镜，有一次，还请神父们让他带回家里，给家人看看。

仙花寺建成后，参观的官员络绎不绝，不仅有来自本城本省的，还有从其他省份来见总督的。因为两广总督府在肇庆，广东、广西两省的官员在就职、升迁、每年春节、总督的生日，以及其他重要节日，都要来肇庆拜见总督。有些官员也会为办理公务经常来肇庆。因为官员间的交流、推荐，到仙花寺游览成为大小官员们到肇庆后的保留节目，用传教士们的说法，游览仙花寺已成了来肇庆官员们的"习惯"。因而仙花寺门前常常摆满了官吏的肩舆，河边停满了官员的船只①。

除了官员,还有本地居民。利玛窦在1585年11月10日致那不勒斯耶稣会路多维科·马赛里(L. Maselli)神父的信中,打趣地说道,如果他们收参观费的话,或许还能挣一笔钱:

> 正如我去年所说,登门拜访者络绎不绝,这对我们非常重要,也非常有利于我们结交那些大人物,并可以使我们名扬全中国。有些人是专门看我们来的,因为我们的相貌与他们有很大差别,以至于我们也成为被参观的对象。还有些人是来看我们房子的,对于他们来讲,这是一种全新的式样,以前从未见过,因为我们对房子进行了精心的布置。也有人是来看我们欧洲的圣像和书籍的,其中一些人还提出了一些关于自己救赎方面的问题。总之,只要是我们寓所中来自欧洲的东西,他们都想看,假如我们是收费参观的话,或许还能挣一笔钱。最引人注目的还是三棱镜,关于这件事我们去年已写信向您汇报过了,这东西比起钟表、丝绒和任何别的东西,更能使中国人感到神奇。②

仙花寺挂着的圣母像,色泽鲜艳,线条轮廓精细,人物姿态栩栩如生。人们去访问仙花寺时,无论是官员,还是普通百姓,甚至那些信佛的人,都要凝视圣母像一会儿,有些人习惯性地弯腰、下跪、叩头,把它当做送子观音。民间甚至流传,番鬼和尚具有帮人生儿子的法术。一些人说得有板有眼,说王泮一天对番僧罗明坚说,他有

---

① 《卡布拉尔神父致范礼安神父书》,1584年12月5日,撰于肇庆,〔意〕利玛窦著,罗渔译:《利玛窦书信集》(下册),台北光启出版社1986年版,第469页。

② 《致那不勒斯耶稣会路多维科·马赛里神父》,1585年11月10日,肇庆,〔意〕利玛窦著,文铮译:《利玛窦书信集》,商务印书馆2018年版,第54页。

一个妻子和两个小妾，结婚三十三年来，没有生一个儿子，希望罗明坚向神祈祷，行行法术，让他生一个儿子。罗明坚就为王泮画了一幅圣母像。说也奇怪，后来在一年里，王泮就得到了一个儿子[①]。这虽属民间传言附会的故事，但不少人还是信以为真。神父们为了不让人们误认为他们的宗教是崇拜送子的女神，把圣母像从圣坛上取下来，换上了基督像。

每天，罗明坚和利玛窦穿着肥袖长袍，带着高方帽，有点像和尚，又有点像儒生，殷勤地接待来访者。因为造访者多，加上他们不太习惯那些中国礼节、动作，因而他们一天下来，腰酸腿疼，身子像散了架一般。

但他们乐此不疲，希望通过代表西方科技、学术和美术的钟表、三棱镜、书籍、地图等等，吸引中国人尤其是知识阶层，博得官方、士人的认可，为他们的传教开道，认为先做了这些"小事"，才能成就他们的"大事"。

印刷术是中国最先发明的，后来传到欧洲。罗明坚进入内地后，发现中国的印刷水平很高，因此当范礼安打算在日本成立印书处，印刷教理书籍时，罗明坚认为，中国的印刷技术与中国的文明程度一样，要比日本高出许多，没有必要在日本成立专门的印刷机构。但传教士们摆放在仙花寺内的几箱西洋书籍，还是吸引了不少来这里游览的中国人。这些西洋书籍，大大小小，有丝绒的书套，镀金的

[①] 利玛窦在写于1586年10月29日的信中说："天主还保佑本城的高官——岭西道喜得贵子，这位岭西道很想有一个儿子，多次请求我们为此向天主祈求。甚至我们还送给他一幅圣母像，他把圣像挂在家中，非常尊敬。这件事在全城引起了强烈反响，人们都说是我们的天主赐给了他这个孩子。于是，很多不育的妇女都跑到一位教友家中，我们曾送给这位教友一幅圣母像，这些女人们就都来跪拜求子，还愿付钱给这位教友。但这位教友说，他不想为这样的事收取钱财，哪怕是一分一厘。"《致那不勒斯耶稣会路多维科·马赛里神父》，〔意〕利玛窦著，文铮译：《利玛窦书信集》，商务印书馆2018年版，第65页。

书边,坚韧的纸张,精美的插图,清晰的字体……人们感叹这些书籍富丽的装帧和精美的印工。

利玛窦学识渊博,对数学、物理、地理、绘图及钟表、日晷制造等样样都通。他来肇庆后,热衷于向官员们展示西方新奇之物,包括西方地图、钟表和三棱镜等,将大量时间和精力放在绘制地图、制钟表、造日晷上。他对耶稣会总会长说,自己"把精力全花在了这些小东西上,而把那些大事全留给了其他人"①。"那些大事",既有建住所、筹集费用、维护与官员的关系,又有最大的传教事务,这些事主要是罗明坚在打理。

仙花寺悬挂着一幅由传教士从欧洲带来,比利时著名地理学家奥代理乌斯②绘制的西文世界大地图。来这里访问的官员和士人都要对它端详半天,因为看不懂上面的文字,总要传教士们解释,传教士特别是地理学家利玛窦,总是会指着地图耐心地讲解,说自己在这里(他的家乡意大利马切拉塔)出生,从这里(罗马)动身,经过这里(里斯本、好望角、果阿等地)到达中国;说这是经度、那是纬度,这是赤道、那是北回归线和南回归线……

中国古书一直说"天圆地方",中国"居天下之中",其他国家都是一些小国。当看到世界是圆的,中国仅仅是偌大世界的一个部分,而且不是世界中心时,参观者惊诧不已,感到迷惑不解③。

---

① 《致罗马耶稣会总会长阿夸维瓦神父》,1585年10月20日,肇庆,〔意〕利玛窦著,文铮译:《利玛窦书信集》,商务印书馆2018年版,第50页。

② Abraham Ortelius(1527—1598),又译亚伯拉罕·奥特琉斯、亚伯拉罕·奥特柳斯,16世纪比利时著名地图绘制师、地理学家。

③ "华人初以中国居世界之大部分,周围皆小国,又以大地方形而中国居天下之中,及见利玛窦所制之图,始憬然自明其误。"〔法〕费赖之著,冯承钧译:《在华耶稣会士列传及书目》(上册),中华书局1995年版,第32页。

官员们很愿意看到一幅用中文标注的世界地图。王泮跟利玛窦商量，请他在译员的帮助下，把这个地图译成中文，王泮说此举会使利玛窦博得大家的赞许，获得莫大的声誉。

利玛窦觉得这是传播天主教的好机会。他认为，"按照上帝的安排，对不同民族在不同的时候应该采用不同的方法去帮助人民关心基督教。实际上正是这有趣的东西，使得很多中国人上了使徒彼得的钩"。他意识到，通过地图可以消减当地人对传教士的恐惧："他们在地图上看到欧洲和中国之间隔着几乎无数的海陆地带，这种认识减轻了我们的到来所造成的恐惧。为什么要害怕一个天生离他们那样遥远的民族呢？如果所有中国人都知道这一距离遥远的地理事实，这种知识会有助于排除在全国传布福音的巨大障碍。"①

利玛窦答应翻译地图，但他不只是翻译，而是充分利用他的地理知识和绘图才能，重新绘制地图。他在地图中加入基督教的神迹，另一方面为了迎合中国人"中央之国"的观念，不惜修改欧洲行之已久的绘图规则，将中国置于地图的中央②。

1584年秋，利玛窦把译好的世界地图送给王泮，王泮看后非常高兴，称谢不已，并送给利玛窦一些礼物。

王泮找人刊刻印制，这地图就是《山海舆地全图》。地图显示世界是圆的。王泮将地图如名贵字画一样，赠给他认为重要的同僚，

① 〔意〕利玛窦、〔比〕金尼阁著，何高济、王遵仲、李申等译：《利玛窦中国札记》，中华书局1983年版，第180—181页。

② 参见林东阳：《利玛窦的世界地图及其对明末士人社会的影响》，《纪念利玛窦来华四百周年中西文化交流国际学术会议论文集》，台湾辅仁出版社1983年版，第312—378页。

据说有一位获赠官员非常高兴,以上等好茶款待他①。为防止他人盗印,王泮把地图印版保存在自己家中。从此,他成了地图发烧友,除了玩赏《山海舆地全图》,还利用中国古老的绘图法,学着绘制中国地图,在《山海舆地全图》刊行十年后,绘制了《中国全图》②。

除了地图,利玛窦还一个劲儿地做地球仪。在1585年10月20日致耶稣会总会长阿桂委瓦的信中,他说自己正在做标注中文的地球仪,已经做了三个,"其中一个送给了本城的知府,一个送给了当地最高的军事将领——总兵,另一个则送给了一个文人"③。在1585年11月24日致锡耶纳耶稣会富里伽蒂神父的信中,利玛窦说自己在做"天球仪":

> 我制作了几架天球仪送人,我绘的世界地图也在中国刊印了。我做了一只钟放在寓所前面,现在手上正在做一架天球仪,但我不知道是否能成功,因为除了克拉维奥(Cristoforo

①《致罗马耶稣会总会长阿夸维瓦神父》,1584年11月30日,广州,〔意〕利玛窦著,文铮译:《利玛窦书信集》,商务印书馆2018年版,第43页。另外,卡布拉尔在给范礼安的信中曾说道:"中国人最爱欣赏西洋新奇的东西,特别是三棱镜,可以变出各种色彩来,此外是世界地图,那是利玛窦神父用中文绘出来的,以后由岭西道出版。所以他用地图作为高尚礼品赠送给一位官员,这位官员就在家中以茶和罐头食品款待他……"《卡布拉尔神父致范礼安神父书》,1584年12月5日,撰于澳门,〔意〕利玛窦著,罗渔译:《利玛窦书信集》(下册),台北光启出版社1986年版,第469页。
②20世纪70年代,法国国立图书馆在整理所藏古代中国地图时,发现一幅绘制于16世纪末的《中国全图》,它用毛笔画在带网眼的生丝薄纱上,图上署"甲午(1594)仲夏山阴王泮识"。参见王庆余:《王泮和他的〈中国全图〉》,《自然杂志》1985年第5期。
③《致罗马耶稣会总会长阿夸维瓦神父》,1585年10月20日,肇庆,〔意〕利玛窦著,文铮译:《利玛窦书信集》,商务印书馆2018年版,第50页。

Clavio)神父和皮科罗米尼(Piccolomini)的著作外,我没有其他书籍可供参考。我发现他们也有一年中的十二个或更确切地说是二十四个节气,与我们的正好吻合,因此我做起天球仪就容易多了。①

利玛窦在肇庆的岁月,就是这样曲徇中国人的意愿,希图通过西方科学吸引更多官员,提升传教团的地位和影响力。

为了能够被官员、居民接纳自己,神父们以一个模糊的名称——"天竺僧"——称呼自己,"天竺",不是真的说他们来自印度,而是暗指来自遥远的地方;"僧"不是真的将他们自己等同于佛教僧侣,而是为了表达他们非世俗之人。当地人对神父们的信仰,有些迷惑,觉得番鬼和尚的宗教与熟悉的佛教似又不似,可能是印度一个新的佛教门派,因而也认可神父们自己所称的"天竺僧"。

跟中国人打交道多了,罗明坚和利玛窦觉得把自己装扮成僧人还是不行的,他们还必须是受官员和百姓尊重的士人。

神父们定居肇庆后继续学习中文,还请了一个中文教师。为了自己和其他传教士更好地学习中国语言,大约在1586年,罗明坚主持、利玛窦协助编写了《葡汉辞典》。该辞典共收入葡语词汇6 000余条、汉语字词5 460条,为第一部汉外辞典②。

①《致锡耶纳耶稣会富里伽蒂神父》,1585年11月24日,肇庆,〔意〕利玛窦著,文铮译:《利玛窦书信集》,商务印书馆2018年版,第60—61页。从文意判断,文中"天球仪"似为"地球仪"之误。
②1934年,德礼贤在罗马耶稣会档案馆发现一组未署名的手稿,编号为:Jap-Sin. I 198。手稿共189页,其中第32页至65页是葡语和汉语对照的辞典。德礼贤认为这就是利玛窦第一次进京失败后在返回南方途中与郭居静(Lazzaro Cattaneo,1560—1640)合编的辞典。二十世纪八九十年代,美籍华裔学者杨福绵先生对该手稿原件进行了研究,并于《中国语言学报》1995年第5期发表了长篇(转下页)

罗明坚为了解中国文化,买了不少中国经典著作。他在1584年10月21日的信里说道:

> 今年,有10部关于中国这个伟大王国的历史书籍自皇城北京运来。这些书都是经典性著作。我们将阅读这些书籍,并且写出摘要,明年呈送教长。由于上帝的恩赐,现在我们两人不但已经能够阅读和理解这些中国著作,而且也可以和一般中国人谈论书中内容。①

这些书籍,估计是士人和官员服膺的传统儒家经典,后来罗明坚翻译《四书》,应该与此前的这些阅读有关。

当时的中国士人和官员,还会作诗,他们聚会时,常常吟诗作对,罗明坚接触官员多了,也深知这一点。他在中国学者的帮助下学会了写诗,是明代第一个用中文作诗的传教士。他常常参加各种雅聚,与当地的官员、文人唱和②。

(接上页)研究文章《罗明坚、利玛窦〈葡汉辞典〉所记录的明代官话》。他根据手迹认为《葡汉辞典》是罗明坚和利玛窦的共同作品。1998年夏,张西平先生访问了罗马的耶稣会档案馆,查阅了手稿,除了《葡汉辞典》,还分析了手稿中的其他内容,进一步证实这部手稿是罗明坚所写,推测《葡汉辞典》是罗明坚和利玛窦到肇庆三年后的1586年所编,其中"主要是罗明坚所编,利玛窦只是作为助手出现"。参见张西平:《西方汉学的奠基人罗明坚》,《历史研究》2001年第3期。德礼贤的判断带有臆测成分,是从怀疑罗明坚能力的角度,认为辞典是利玛窦主编的。现在大多数学者根据笔迹,认定编写《葡汉辞典》主要是罗明坚所为。

① 〔美〕霍华德·林斯特拉编,万明译:《1583—1584在华耶稣会士的8封信》,第六封信,1584年10月21日罗明坚神父寄自澳门,《国际汉学》(第2辑),大象出版社1998年版。

② 罗明坚诗作藏于罗马耶稣会档案馆,编号Jap-Sin. Ⅱ 159。1993年,罗明坚的《中国诗集》公诸于世。陈绪伦(Albert Chan)在Monumenta Serica 41 (转下页)

崇禧塔竣工后,王泮登塔远眺,感慨赋诗:

登塔志喜

九层巉岌控羚羊,日射金轮散宝光。

危构不烦千日力,灵成应与万年长。

悬知窟是龙蛇蛰,会见人题姓字香。

极目五云天阙近,双凫直欲趁风翔。①

罗明坚与王泮唱和,步其韵,作了一首诗:

题塔

用王爷《登塔志喜》韵

役采星岩白石羊,构成宝塔现金光。

擎天柱国三才正,巩固皇图万寿长。

檐绕云霞霄汉近,顶闳月窟桂花香。

日移影射端溪水,惊动腾蛟海表翔。

　　罗明坚对于儒家文化的态度一直是肯定的,他认为儒家伦理思想与天主教思想不相违背,他有一首诗便是调和儒家思想和天主教思想的:

劝人修善报天主

要酬天主德,不用宝和珍。

(接上页)(1993)上发表了研究论文:《罗明坚与他的中国诗》(*Michele Ruggieri, S. J. (1543-1607) and His Chinese Poems*)。

①〔清〕马呈图纂修:《宣统高要县志·附志上》,民国二十七年(1938)版。

只爱人心好,长行礼义仁。

罗明坚的诗,最多的是与天主教相关的,包括义理诗、赞颂诗、劝道诗等,《天主生旦》(十二首)、《劝人修善报天主》《录天主事实》都是这类诗。如:

天主生旦(其七)
天主至尊神,下来化肉身。
将身钉十字,显度世间人。

罗明坚还写寓言诗,如:

冤命不饶譬喻
乌鸦拿获一蜈蚣,啄食蜈蚣入腹中。
岂料蜈蚣身有毒,即伤鸦命死相同。
从来杀命还填偿,自古冤家决不容。
曾子戒之当谨守,出乎□尔理无穷。①

在这首诗中,罗明坚除了讲乌鸦与蜈蚣的寓言故事,还借用了《孟子·梁惠王下》里的曾子"出乎尔者,反乎尔者"的典故。

王泮常到仙花寺拜访,也常邀请传教士们到他的衙门叙谈。他曾给罗明坚赋诗《谨献俚句于西国天人》,诗句由拉丁文回译为汉文是这样的:

---

① 以上罗明坚诗参见 Albert Chan, S. J., "Michele Ruggieri, S. J. (1543-1607) and His Chinese Poems", *Monumenta Serica* 41 (1993), pp.129-176.

万里之遥,乘扁舟,

横渡重洋,

只为修成爱人之德。

深慕中国民情纯净,

为能在此养性存心。

春雷振荡,万物生,

景色明媚,

此人能又忆及故国风光?

一心向义,

敬主读书之外,别无他事。

来至中国为引大家走入天乡。

如此勇敢有恒,

怎能不四方向化?①

字里行间,王泮称赞罗明坚仰慕中国文明,钦佩他那种一心读书向
义、养性存心、修炼道德的执着精神。一名中国士大夫与西方传教
士在道德文化上惺惺相惜。

---

① 裴化行说此诗是王泮1583年(万历十一年)春所写,1584年1月24日送给罗明
坚的。见〔法〕裴化行著,萧濬华译:《天主教十六世纪在华传教志》,商务印书馆
1936年版,第259—260页。万明亦有一个译本,诗题为《谨献歌句给西国天人》,
诗曰:"他从遥远的西方王国乘坐小船,/航行万里,穿越辽阔的海洋。/来到著名
的与外界隔绝的中国,/留在那里,成为一名圣人。/在寂静的夜里,一条龙潜入
湖中,/溅起周围浪花,腾向夜空。/春天来临,一只候鸟飞入树林与绿地。/在这
里,他忘掉自身为一切,/是否还忆起亲爱的故乡?/他心中明晰,独自向神倾吐
祈求,阅读典籍。/他来访问这在中央的统治地,/引导人们为自己准备天堂之路。
/具有坚强果敢头脑的人十分罕见,/他散步馨香,既广且阔。"万明:《从八封信简
看耶稣会士入华的最初历程》,《文献》1993年第3期。

罗明坚尽力把自己打造成有文化的僧人,在待人接物上谦恭谨慎,试图将中国传统文人君子之风与自身宗教的戒律融合,通过良好的道德修养来赢得中国民众的好感,以便后者亲近和接受自己的宗教。

罗明坚对中国文化的认同既是一种策略,也发自内心。他曾经这样说道:

> 有一种事是可以肯定也是被证实过的,就是在五种"永恒"美德(中国人也有这五种美德)里,感激之德远超其他美德,我们经常以外在行动来表达这种美德。
>
> 我内心深处没有忘记中国的城市官员给我的福利。因为事实上是管理该省、该城的中国官员把我当作逃难的人收留,使我免受贫穷困苦。我经历了长途的舟车劳顿,他们待我非常和善。如果忘掉他们给我的这些和善,我都不配称为人。①

可以想见,自称天竺僧的罗明坚,着一身非僧非儒的衣服,用不太标准的中国官话,吟诵着骨子底里透着基督教信仰的中国古诗,是一幅怎样的图景。中国的官员和文人学士当然能听出他的"诗"外之音,但还是没有排斥他,仍然和他往来唱和,透出当时中国文人的雍容气象。

---

① 转引自〔意〕麦克雷(Michele Ferrero)、才常慧译:《罗明坚:"中国简介"和"中国天主教教义释义",1582年》,《国际汉学》2016年第3期。

3. "大事"

　　传教士在刚到肇庆的时候,因为"中国人非常排外,尤其对基督徒非常害怕"①,不公开谈论宗教,而是把精力放在殷勤待客、结交士人、勤奋学习等"小事"上,试图以他们"圣洁"的生活,赢得人们的好感。

　　罗明坚觉得在中国传教必须谨慎和有耐心。他在1584年5月30日致耶稣会总会长阿桂委瓦的信中明确地说道:"目前我们尚未敢皈依人信仰基督,以免引起魔鬼的愤怒,摧毁这个新生的教会,须等些时日,待教会巩固了再说。"②

　　但传教士进入中国内地,毕竟是想干他们的"大事"的。肇庆传教士最初发展的教徒,是一些比较特殊的对象。

　　受洗的第一人是一个垂危的病人。这个人已经病了很久了,病情越来越严重,他的家里一贫如洗,无法再为他治病,因而被抛弃在大路上。神父们听说此事后,找到了他,对他说,身上的病治不好了,但有办法安慰他的灵魂,让他得到解脱和快乐。这个人面露喜

①《罗明坚致总会长阿桂委瓦神父书》,1584年1月25日,撰于澳门,〔意〕利玛窦著,罗渔译:《利玛窦书信集》(下册),台北光启出版社1986年版,第456页。
②《罗明坚致总会长阿桂委瓦神父书》,1584年5月30日,撰于肇庆,〔意〕利玛窦著,罗渔译:《利玛窦书信集》(下册),台北光启出版社1986年版,第460页。

色。神父们把他背回,安置在住所旁临时搭建的一间小茅屋里,一边继续照料他,一边为他讲基督教的基本教义。在他做好思想准备之后,神父根据其意愿,为他授洗,几天之后,这个病入膏肓之人,安详去世了。

这时,有谣言说:番鬼和尚收留这个快死的人,是为了提取他脑子里的一块珍贵玉石,那几个番鬼和尚一眼就能看出那个快死的人脑子里藏有一颗宝石,他们把他背回去照料,就是在打宝石的主意,等他一死后,就会将那颗无价宝石取出来①。

第二和第三个受洗者,是1584年冬天,澳门耶稣会院院长卡布拉尔来肇庆时为他们授洗的。一位是前文已经说到的、罗明坚第二次到肇庆时的老邻居陈理阁。罗明坚将这个年轻人介绍给卡布拉尔,在年轻人的同意下,卡布拉尔为他洗了礼。另一位授洗者就是住院的中文教师。肇庆神父们在1584年初夏,以高薪聘请了一位来自福建的秀才为老师,他当时到住院服务已有四五个月之久,帮助肇庆神父们学习中文并协助罗明坚修订《天主实录》。由于不断与神父们谈道与翻译基督教义,他决定皈依基督。卡布拉尔主持为他洗礼,受洗后不久,他就告别神父们,北上参加科举考试去了②。

---

① 参见〔法〕裴化行著,萧濬华译:《天主教十六世纪在华传教志》,商务印书馆1936年版,第254页。

② 卡布拉尔在1584年12月5日致范礼安的信中说:"在圣母献耶稣于主堂节的那天,曾给中国首批两个教友付洗。其中之一是一位秀才,他现在要去北京找工作,因为他已具有文人的品级,可以去做官。这个人在我们会院中帮助神父们用中文编写要理问答,已有四五个月之久,由于不断与神父们谈道与翻译要理,使他对过去的错误更有进一步的了解,于是就决定皈依基督了。……还有一位,他是该府的居民,当神父们首次到那里时,他是第一位接待他们的,他对道理也了解得很清楚。……在这一切中,使我最获得安慰的,是这些官员们对新教友受洗的事不曾起反感。像这位秀才受洗后,当地别的几个官员们都来向他贺(转下页)

根据罗明坚的信所说，到1586年11月，肇庆已有40多位"教友"①。这一说法在利玛窦1586年10月29日的信中基本得到印证，利玛窦说："我们教友的人数增加了，目前应该有近四十位了。"②

当时有些官员对肇庆传教士的宗教颇有好奇心，常常会向传教士们问一些有关他们宗教的问题。利玛窦在1586年的信中就提到了广东的三位高官。

第一位是广东右布政使滕伯伦。他曾经致信传教士，询问"西教"的教义，到肇庆后还曾深夜访问传教士。为什么是深夜去？传教士怀疑滕伯伦"是不是怕受到他人指责"。他在仙花寺里待了一两个小时。

第二位是岭西道黄时雨。一次，黄时雨带领部下来探望传教士，就天主的事进行了一席长谈。他想了解传教士们默祷的内容。

第三位是兵备道徐大任。他趁来肇庆与总督见面的机会，多次到传教士们的寓所。罗明坚也到过徐大任在广州的官邸，他待传教士们非常客气，表现得非常友善③。

罗明坚来到肇庆后，日常除了接待官员，便是继续撰写、修订

（接上页）喜，因为他做了基督徒了，对我们也道贺。他们说，他们真高兴，能有一位学人皈依信教，希望不久还有更多的人参加才好。……我给这位秀才取圣名保禄。"《卡布拉尔神父致范礼安神父书》，1584年12月5日，撰于澳门，〔意〕利玛窦著，罗渔译：《利玛窦书信集》（下册），台北光启出版社1986年版，第467—468页。

① "目前肇庆已有教友四十余位，数字不大。"《罗明坚致总会长阿桂委瓦书》，1586年11月8日，撰于肇庆，〔意〕利玛窦著，罗渔译：《利玛窦书信集》（下册），台北光启出版社1986年版，第494页。

②《致那不勒斯耶稣会路多维科·马赛里神父》，1586年10月29日，肇庆，〔意〕利玛窦著，文铮译：《利玛窦书信集》，商务印书馆2018年版，第63页。

③ 以上见《致那不勒斯耶稣会路多维科·马赛里神父》，1586年10月29日，肇庆，〔意〕利玛窦著，文铮译：《利玛窦书信集》，商务印书馆2018年版，第64页。

《天主实录》。

在中国浸淫一段时期后，罗明坚察觉到用书籍传教的重要性，某种程度上他觉得出版书籍比口传更重要，因为中国人很看重书籍，将著述、读书视为一种很文雅、有文化的表现，即使书中有一些不同的观点，也因为是文人行为而受到宽宥。这点，聪明的利玛窦也察觉到了：

> 在中国有许多处传教士不能去的地方，书籍却能走进去，并且仗赖简捷有力的笔墨，信德的真理，可以明明白白地由字里行间，透入读者的心内，较比用语言传达更为有效。①

罗明坚、利玛窦在罗马学院读书时，就读到了教务长编辑的一种简明的《要理问答》，薄薄的一本，几天内就可以读完。此外，罗马学院还有《告解指南》《圣人行实》《基督教理》之类通俗教理读物。后来传教士们将这些书籍带到东方，并陆续将其翻译成当地语言。罗明坚在印度捕鱼海岸传教时，就把这些书籍置于案头。

到澳门后，罗明坚在发奋学习中文的同时，开始撰写介绍关于教理问答的书籍。入广州时，他曾经将自己写的一个关于天主教信仰的大纲，交给海道朱东光看，那应该是用中文写的②。

罗明坚在受陈瑞之邀第二次进入肇庆时，给耶稣会总会长阿桂

---

① 转引自〔法〕裴化行著，萧濬华译：《天主教十六世纪在华传教志》，商务印书馆1936年版，第262页。

② "两广总督（翻译有误，疑为海道朱东光）我见过多次，他们称我为'师傅'，因为去年我曾把我们圣教的大纲书写出来，呈给总督参阅……"《罗明坚神父致麦尔古里亚诺神父书》，1581年11月12日，撰于澳门，〔意〕利玛窦著，罗渔译：《利玛窦书信集》（下册），台北光启出版社1986年版，第434页。

委瓦写了一封信,信中说自己目前撰写了几本要理书籍,其中有《天主真教实录》(*Doctrina*)、《圣贤花絮》(*Flos Sanctorum*)、《告解指南》(*Confessionario*)与《要理问答》(*Catechismo*)①。

正式定居肇庆后,大约在1583年冬,罗明坚在肇庆出版了《祖传天主十诫》②。

他投入更大精力扩充完善以拉丁文撰写的要理问答书籍,并逐步将其译成中文,命名《新编天主实录》。此书大约1584年1月定稿。此时他正在澳门筹款,在给耶稣会总会长的信中,报告了这一消息:

> 现在我已校正了我的《新编天主实录》,是用中文撰写的,用了四年功夫,曾呈现给中国官吏批阅,他们曾予褒奖,要我赶快印刷,越快越好;视察员与其他神父都审察了一番,认为没有问题,也要我快去印刷,只因要改正一些句子,迟到今年方能出版。③

罗明坚写定稿件后,除了寄给范礼安和澳门的其他神父审阅,

①《罗明坚致总会长阿桂委瓦神父书》,1583年2月7日,撰于肇庆,〔意〕利玛窦著,罗渔译:《利玛窦书信集》(下册),台北光启出版社1986年版,第446—447页。
②德礼贤在罗马耶稣会档案馆发现一份《祖传天主十诫》,夹在罗明坚的《天主实录》中,他说"它的翻译和出版是在1583年9月10日与1584年1月之间"。德礼贤著,谢明光译:《第一本中文基督教义手册的历史——汉学肖像》,《国际汉学》2016年第2期。
③《罗明坚致总会长阿桂委瓦神父书》,1584年1月25日,〔意〕利玛窦著,罗渔译:《利玛窦书信集》(下册),台北光启出版社1986年版,第457页。《天主实录》,有《新编天主实录》《新编西竺国天主实录》《天主圣教实录》等多种书名和版本。罗马耶稣会档案馆收藏了该书多个版本。关于《天主实录》的版本变迁和现在的馆藏情况,可参阅张西平:《西方汉学的奠基人罗明坚》,《历史研究》2001年第3期;谢辉:《罗明坚〈天主实录〉刊印流传考》,《汉籍与汉学》2017年第1期;等等。

也把书稿送给王泮看，王泮看到书稿后，非常高兴，为书稿做了一些文字润色，并乐意出钱印刷。

利玛窦和福建秀才参与了书稿的修订①。1584年11月间，利玛窦受罗明坚的委托，拿着书稿，在广州付印出版，第一版印了1 000多册，前后共印了3 000多册②。

印好内文后，前面留了一页没有印，罗明坚要王泮撰写序言，王泮婉言谢绝，说这本书没必要请人作序③。

———————————

① 裴化行说："他（利玛窦）就同一位秀才（福建人，住在居留地）合作，审定罗明坚神父初步编的教理问答：把它从口语改成文言文。"参见〔法〕裴化行著，管震湖译：《利玛窦评传》（上册），商务印书馆1993年版，第90页。但有学者认为利玛窦的贡献主要在《天主实录》的第四段涉及托勒密太阳体系的一些片段，因为这些话与他《坤舆万国全图》上的话有相似之处。参见〔意〕利玛窦著，〔法〕梅谦立注：《天主实义今注》，商务印书馆2014年版，第5页。

② 利玛窦在1584年11月30日致总会长阿桂委瓦的信中说："鉴于我们来广州，为我们肇庆寓所的一些事而奔走，我的同伴罗明坚神父嘱咐我给您寄上这本我们用中文出版的《天主实录》。"参见《致罗马耶稣会总会长阿夸维瓦神父》，1584年11月30日，广州，〔意〕利玛窦著，文铮译：《利玛窦书信集》，商务印书馆2018年版，第42页。这说明《天主实录》的印刷时间应该在1584年11月30日前。关于该书的印刷数量，柯毅霖的说法是"起初印行3 000册"。参见〔意〕柯毅霖（Gianni Criveller）著，王志成、思竹、汪建达译：《晚明基督论》，四川人民出版社1999年版，第110页。张奉箴的说法是1 200册："至万历十二年（1584）旧历八月十八日，序文方才写好，同年十一月抄全书方才印刷完毕。这本书共计刻印一千二百册。"参见张奉箴：《福音流传中国史略》，台湾辅仁大学出版社1971年版，第613页。宋黎明的说法则是"第一版印刷一千二百本，后来一版再版，总共发行三千多本"。参见宋黎明：《神父的新装——利玛窦在中国（1582—1610）》，南京大学出版社2011年版，第36页。此说较合理，《天主实录》可能初版1 000多册，累计发行了3 000多册。

③ 利玛窦在1585年10月20日致耶稣会总会长阿桂委瓦的信中说："在中国有一种习惯，像我们这样的新书出版时，都要请人作序来评述该书或作者。因此，中国人往往请那些位高权重的人撰写这样的文章。于是，我们便物色了岭西道为我们作序，他是我们在这里的保护人，去年由知府升迁为岭西道这一要职。（转下页）

在该书引论部分,罗明坚说写此小册子是为了向给了自己极大热情的中国人表示感激,由于自己不能给中国人金银珠宝,便向他们介绍"真理"。书中,罗明坚高度赞赏儒家的"仁、义、礼、知、信"的思想,称其为五种永恒的美德,并将仁、义、礼、知、信五个大字与拉丁文翻译对照印在书的封面。他认同儒家建立在亲亲之爱基础上的仁爱思想:

> 尝谓五常之序,仁义最先。故五伦之内,君亲至重。人之身体发肤,受之父母,为人子之报父母者,皆出于良知良能,不待学而自然亲爱。故虽禽兽性偏,亦有反哺跪乳之恩,矧伊人乎! 余虽西国,均人类也,可以不如禽兽而不思所以报本哉。

罗明坚将天主教教义与儒家思想糅合在一起,以儒家的一些概念和思想附会天主教。他第一次把 Deus 译为"天主",说自己信的"上帝",就是孔子所说的"天主",只是名称不同而已。他认为,"中国民族不认识上主,以及原始的和最高的主,因他们把一切的一切都归之于天,在他们的心意中,这是一种最高的表现。他们把天看作父,一切的需要都是由天所赐与的"[①]。他说,"每个理性健全的人都应承认天主为一切的创造主,他是唯一的真天主,并应以至高的热爱来朝拜他",又说"这仿佛是人格的一个戒律,己所不欲,勿施于人;相

(接上页)我们请他为《天主实录》作序,当时该书已全部印完,只缺首页了。他看了书后非常高兴,称该书非常好,而且尽是很出色的理论,但他却不想亲自作序,也不想让任何人去写,并说没必要请人作序,只要印发给世人即可。"〔意〕利玛窦著,文铮译:《利玛窦书信集》,商务印书馆2018年版,第45—46页。

① 〔法〕裴化行著,萧濬华译:《天主教十六世纪在华传教志》,商务印书馆1936年版,第191页。

反,己所欲,施于人。如果你遵守这两个戒律并勤勉奉行其中的所有要义,那么可以说你正在遵行这自然戒律"。他说人死后升天堂要有两个条件,一是要信天主,二是"使人存一推己及人之心,如不欲以无礼加诸我,则亦不敢以此加于人之类。人若能遵此戒则升天堂受福而与主同乐矣!"①将儒家"内在超越"的道德思想同"外在超越"的基督教思想并提。

书中的论证分析也尽力贴近中国人的思维习惯。如在讲天主存在时说:"如此乾坤之内,星高乎日,日高乎月,月高乎气,气浮于水,水行于地,地随四时而生花果草木,水养鱼虾,气育禽兽,月随潮水,日施光明。予忖度之,诚知天地之中必有一至尊无对之天主。"②这种从自然现象推衍神迹的论证方法,符合中国人的思维方式。

讲述基督教本义,罗明坚毫不遮掩,虽然多处以"天竺国僧"自居,如"僧虽生外国,均人类也""僧生于天竺,闻中华盛治,愿受风波沿海,三载方到明朝",但对佛教持批判立场。他说"天主独尊,其余天神,亦不得配乎天主",指斥佛教经文虚谬惑众,其六道轮回之说荒诞不经。他将当时中国流行的种种信仰和宗教思想,统统斥之为"妖词洋溢普世""妖词多端,罔知真理",并逐一加以批驳,劝人"不可祭拜别等神像"。

书中讲"天主"创造人类万物,天主的三位一体及救世主耶稣,灵魂的不灭及其天堂地狱的归宿,没有回避中国人最难以理解的天主降生成人和基督受难、复活的故事。中国汉语中的"天主""宠爱""天堂""魔鬼""赎罪""地狱""亚当""圣水""前罪""礼拜""世

---

① 〔意〕罗明坚:《天主圣教实录》,《天主教东传文献续编》,台湾学生书局1966年版,第810页。

② 〔意〕罗明坚:《天主圣教实录》,《天主教东传文献续编》,台湾学生书局1966年版,第767页。

界""真理"等词汇,均肇始于此书。

《天主实录》刊刻后,肇庆传教士们因为其中有批评中国宗教信仰的内容,担忧其不被当地官员和民众接受,但结果出乎他们的意料。利玛窦在他1585年10月20日致耶稣会总会长阿桂委瓦的信中说道:

> 由于我们在书中驳斥了中国主要的教派并反对中国的许多习俗与罪孽,所以我们非常担心,是否能够马上分发给大众,尤其是大多数的文人与政府官员。但至今为止,我们尚未听到任何人对这本书有一点微词,当岭西道来我们寓所时,还带上其他朋友,走访我们的神父,参观我们的东西,如果我们忘记,他还要嘱咐我们赠送几本《天主实录》给他的朋友。

在信中,他还说很多人向传教士们索要这部《天主实录》,到写信为止,已经分发出去近1 000册。有一天,一位广东省布政使(当为右布政使滕伯伦)写来一封信,信中说想了解西教的教义,还说这一教义很早以前就传入中国了,但现在已经衰落(看来滕伯伦对基督教传入中国的历史有一定了解)。传教士们给他捎去一本《天主实录》,并写信告诉他:西教教义的大部分内容都已写入了这部《天主实录》①。

《天主实录》不止是第一本中文天主教教理书籍,也是第一部西方人撰写的中文著作,在中西文化交流史上具有特殊地位。

但这本书后来命运多舛。

---

① 以上见《致罗马耶稣会总会长阿夸维瓦神父》,1585年10月20日,肇庆,〔意〕利玛窦著,文铮译:《利玛窦书信集》,商务印书馆2018年版,第46页。

4. 孟三德入肇庆

万历十三年(1585)夏天,在刚建成的肇庆仙花寺,罗明坚、利玛窦心神不宁,他们收到耶稣会远东巡视员范礼安(此时应该在印度的果阿)的信。为加强中国传教力量,范礼安要肇庆传教士办理刚到澳门的孟三德、麦安东(António de Almeida)进入肇庆的手续。

1585年7月31日,葡萄牙耶稣会士孟三德与麦安东两位神父随第39批耶稣会远征队来到澳门,二位神父抵澳后,巡视员范礼安任命孟三德为中国教团监督。

在罗明坚和利玛窦定居中国之后,范礼安想让更多的传教士进入中国。但这突破了官府与肇庆传教士间的约定,官府只同意两位"西僧"住在那里。

对传教士出现在自己家门口,肇庆当地居民既好奇又排斥。当时外来官员们说的是官话,当地居民说的是广东话,看到官员们与番鬼和尚有说有笑地说着官话,当地的居民总有一种被轻视感。一年前,罗明坚在写给总会长阿桂委瓦的信中说,虽然官员们喜欢他们,但老百姓基于不明了传教士们的身份地位,对传教士没有什么好感[1]。利玛窦甚至说,这里的"市民已成为外国人的公开敌人,想方

---

[1]《罗明坚致总会长阿桂委瓦神父书》,1584年5月30日,撰于肇庆,〔意〕利玛窦著,罗渔译:《利玛窦书信集》(下册),台北光启出版社1986年版,第460页。

设法要把他们赶走"①。

　　还在仙花寺建设期间,就发生过所谓传教士扣押小孩事件,闹出了一场大风波。此事发生在罗明坚赴澳门筹款期间,当时由利玛窦主持肇庆传教团事务。

　　一天,住院的一位仆人实在忍无可忍,跑出去抓到一个向房子扔石头的小孩,把他拖进屋里,吓唬要把他送到公堂。孩子被抓,哇哇大哭,听见孩子的哭叫声,附近的几个大人跑进屋里嚷着要那个仆人把小孩交给他们,利玛窦命令仆人立即把小孩放了。

　　原来,爬崇禧塔游玩的人,特别是邻里的一些男孩,常从崇禧塔的高楼上往神父们住宅的房顶和院子里扔石头,或用弹弓射石头,以此取乐。

　　当时,住院新来了两个肤色黝黑的人,他们是罗明坚从澳门请来造钟的。

　　钟,对当时的中国人来说,是一个新奇的东西,王泮曾向神父们流露出要一个钟,罗明坚自是满口应承。虽然钟在神父们看来没有中国人想象的那么珍贵,但要从欧洲运来一个钟,仍然价格不菲,而请人造一个钟要便宜很多,于是罗明坚决定自己造钟。他从澳门请来一个印度果阿的钟表匠,同来的还有一位孟加拉人。

　　当时广东到处流传洋人绑架、买卖甚至吃小孩。两个人到肇庆后,邻里就传言,这些黑色的"鬼佬",是来抓小孩卖去澳门的。因而当神父们不在住院的时候,从塔上扔石头的就更多了。

　　传教士在肇庆建房架屋、结交官府,当地一些民众担心这会招来更多的佛郎机人,他们便想通过官府,将传教士逐出肇庆,以绝

---

① 〔意〕利玛窦、〔比〕金尼阁著,何高济、王遵仲、李申译:《利玛窦中国札记》,中华书局1983年版,第176页。

后患。

一日，一个略懂诉讼的人与两位讨厌神父的邻居说起孩子被番鬼和尚抓的事，对那两个邻居说，既然这么多人讨厌番鬼和尚，何不向官府告他们一状，让他们滚出肇庆。那两个邻居觉得当时正是时候，并要他帮忙打官司。

于是他们合计着写了一份诉状，说番鬼和尚邻居的孩子，被番鬼和尚抓进他们的庙里关了三天，给他吃了一种哑药，使孩子想喊也喊不出来，他们抓孩子就是要把孩子偷运到澳门去，卖为奴仆。

诉状被受理。案件上堂那天，那个讼师，把孩子当作自己的弟弟，教给他应该说什么话。两个邻居被传去作证。为了得到街坊支持，两位证人披头散发，唉声叹气，穿过城里最繁华的地段，从一条街走到另一条街，呼天抢地，要求惩罚番鬼和尚的罪行。

他们一路走到府衙。公堂上挤满了黑压压的人，人们好奇而又气愤，都在想，这些番鬼和尚居然公开绑架、买卖孩子，没了王法，这回看官府如何收拾他们。

上堂时辰一到，王泮拍着惊堂木，传上诉人从实陈述案情。

那个讼师，立马捧着诉状，从人群中走出，拜服在长官面前，有板有眼地说明案情，说到细节处，都列出证人。案情说完后，又说这些证人，均为传教士的邻居，都是公认的老实人，他们的证词都不会错的，请王泮尽管相信他们。

听到这些，王泮对传教士们气愤不已。

次日，当利玛窦正跟他的朋友们草拟一份辩词时，一名官府看守突然来到仙花寺，传神父去接受讯问。利玛窦跟着看守到了府衙。

王泮坐在高堂，一脸严肃地责问利玛窦，说外国教士被允许入境到这里居住，他和同僚们如此关照他们，为何他们竟然这样对待他和这里的百姓？

利玛窦看到人们一起投来责怪目光,慌忙用汉语辩解,话说得结结巴巴,断断续续,由于焦虑着急,中文说的比平时更差,在场的人听得云里雾里,他茫然地看着长官,在胸前画着十字,祈求"上帝"的佑助。

这时,站在利玛窦旁边的印度译员,突然松开又长又宽的衣袖,抖落臂膀。只见石子哗哗落下来,滚了一地。面对人们惊异的目光,译员对王泮说,这起所谓神父绑架孩子的事,还需要长官仔细调查起因。然后他把神父们怎样遭到石头的袭击,孩子怎样在扔石头时被抓住,神父马上释放的过程,向王泮诉说了一遍。

王泮对案情的了解多了几分,心里有些底了,但需要证据。他说,这件事情首先出在那个钟表匠身上,钟也不要造了,让他回澳门吧。宣布利玛窦留在公堂,不能走。又命令官吏和讼师一起去找当时修塔的工匠来公堂。

讼师暗自得意,因为神父们在肇庆的出现,建筑工也是不高兴的,他们一定会站在他一边,心想这次有可能把番鬼和尚赶出肇庆。

三位工匠被唤到后,王泮再次宣布升堂。三人在台前跪着,等候讯问。

王泮问当中最年老的工匠,原告说孩子是从他父亲手里被夺走的,这话是否属实。

老人说:正好相反,我经常看见这个孩子向教堂扔石头,这次一个仆人跑出来抓住孩子,把他抱进去了,听见孩子哭叫,几个大人就冲进屋去,很快就拉着孩子出来了。

讼师有些傻眼了。王泮怒目看着讼师,命令把他拉下去痛打一阵板子。讼师当即被廷尉剥去外衣,按在地上,粗重的木板向他的屁股砸去,他痛得嗷嗷大叫。

那几位原告虽然没有被宣来讯问,但他们其实也站在公堂的人群里,看到王泮宣布处罚讼师,立即悄悄溜出大堂。

利玛窦跪在长官前,不断弯腰叩头触地,请求宽宥讼师。

王泮说,这是他罪有应得,对这种讼棍,决不能宽恕,不然,总是会殃及无辜。又对利玛窦、译员以及那三名工匠说,这件事,他已经弄清楚了,他们各自可回家去干自己的事去。

第二天,王泮在仙花寺大门贴出告示。大意如下:

> 居于此的外国人乃总督恩准的。而一些不法之徒,罔顾道义法律,明目张胆地欺凌他们。在此,本官宣布,今后禁止再有人胆敢欺凌他们。若有人违令,译员可将其讼上公堂,以对其惩戒。①

除了上述事件,据利玛窦1585年10月20日致耶稣会总会长阿桂委瓦的信,说有一道敕令让肇庆传教士险遭灭顶之灾:

> 据悉,来华神父是些为非作歹之人,曾在某省偷盗,后削去头发,以神父的身份潜入外省,擅自出资修建教堂,并在教堂中杀害登门造访者,他们那里与其说是寺院,不如说是匪窟,因此特下令拆毁所有新建教堂,所有未经皇帝许可的神父都要令其蓄发还俗。

信中还补说了这样一句:

---

① 以上参见〔意〕利玛窦、〔比〕金尼阁著,何高济、王遵仲、李申等译:《利玛窦中国札记》,中华书局1983年版,第175—179页。

本地最高级的长老两次派人来向我们展示这道敕令。①

就是说，民间的头面人物希望借朝廷的所谓敕令，叫传教士离开这里。岭西道王泮顶不住压力，派一名仆人令传教士们摘下"仙花寺"匾额。

但后来神父们很快接到了另一道命令，说当今皇后不希望有人再过问此事，传教士可把匾额再挂上②。

当时肇庆传教团可谓立足未稳，用罗明坚的话说，它是"新开拓的、幼弱的，经不起些微的波动"③。而范礼安却要将孟三德与麦安东两位神父引入肇庆，罗明坚、利玛窦对此都感到忧虑，但对上司的指令他们又不得不去尽力执行。

孟三德，罗明坚和利玛窦对他都非常熟悉。八年多前的一个夜晚（1578年3月23日夜间），罗明坚、利玛窦与孟三德等一同从里斯本登上"圣路易斯号"船，孟三德任组长，经过六个月航行后，他们抵达印度的果阿。罗明坚和利玛窦分别在1579年和1582年夏天离开印度到澳门，孟三德一直在印度，直到最近才和一个年轻人，也是葡萄牙人的麦安东来到澳门。

罗明坚将要带两位传教士到肇庆的事，告知已是岭西分巡道的王泮。

王泮听后表示为难，对罗明坚说，此事若让总督知道了怎么

---

① 《致罗马耶稣会总会长阿夸维瓦神父》，1585年10月20日，肇庆，〔意〕利玛窦著，文铮译：《利玛窦书信集》，商务印书馆2018年版，第48页。

② 关于传教士这年遭遇的危机，特别是皇帝的敕令，只见于利玛窦1585年10月20日致罗马耶稣会总会长阿桂委瓦的信，在罗明坚的信中未提到过，亦未发现中国史籍有相关记载。

③ 《罗明坚致总会长阿桂委瓦神父书》，1584年5月30日，撰于肇庆，〔意〕利玛窦著，罗渔译：《利玛窦书信集》（下册），台北光启出版社1986年版，第460页。

办？他来肇庆小住几日尚可，长期住下来是不行的。

在罗明坚、利玛窦忧心忡忡的时候，两广总督吴文华接到万历皇帝的圣旨，命令他从澳门采购精美羽毛，尽速呈送朝廷。吴文华是上一年接替郭应聘任两广总督的。他是福建连江人，从小苦读经典，学识渊博，文武兼修。据说他还嗜好书法，草书《千字文》帖，笔走龙蛇，有怀素之遗风。嘉靖三十五年（1556）中进士。万历三年（1575）晋升为右副都御史，任广西巡抚。次年，柳州山民"叛乱"，吴文华采取声东击西、欲擒故纵的战术，以少胜多，为明王朝立下大功。1583年，王泮作为肇庆知府，曾协助吴文华围剿广东开建、广西怀贺二县"猺獞"，受到朝廷奖赏①。

在处理肇庆传教士的问题上，吴文华保持与郭应聘一样的姿态和风格，不与传教士直接来往，将要处理的事交给肇庆知府去办。他将朝廷采办羽毛的事情交给时任知府郑一麟。

郑一麟，字世祯，号趾庵，1548年出生于世宦之家，其父郑舜臣曾任南京工部主事、柳州知府，郑家自祖辈开始从上虞迁至山阴府城，郑一麟与王泮成为同乡。他万历五年（1577）中进士，万历十二年（1584）接替王泮任肇庆知府。刚上任，肇庆又发大水，他不遗余力赈济灾民，挽救了不少生命，水退后兴修水利，加固堤坝，减少了水患，百姓安居乐业，因而颇受当地百姓拥戴②。

---

① 《明神宗实录》卷一六六"万历十三年（1585）闰九月戊戌"条，台北"中研院史语所"校勘，1962年影印本。

② "肇庆值大水，一麟朝夕露次步祷，拯溺赈饥不遗余力。又分遣乡落抚恤，所存活以万计。水退补筑诸决堤，亲视版筑，修桥建闸，备水利民，一如前守（指王泮）。而又创塔于新江口为形家利。凡士民所急，知无不为。秩满迁去，士民遮留不及，若失慈父焉。"〔明〕陆鏊、陈烜奎等纂修：《肇庆府志》卷二〇《名宦二》，明崇祯六年（1633）刻本，岭南美术出版社2009版，第558页。

接到为朝廷采买羽毛的任务后,郑一麟把罗明坚招到府衙,要他去一趟澳门。罗明坚听说此事,暗自高兴,满口应承。

罗明坚第二天坐着一艘官船去了澳门,返回时就把孟三德带来了。

罗明坚领着孟三德拜访王泮,并送后者一个三棱镜①。王泮问孟三德什么时候返回澳门,孟三德说,如果大人乐意的话,他愿意就和他的同伴们留在这里;如果不行,只要大人一通知他,他随时可以回去。

王泮又问他们为什么不去向总督申请,那样,总督会把批准送回给他,他就能够答应孟三德的请求了。

于是罗明坚就按照王泮的旨意,写了一个报告递了上去。不过,这个报告后来一直没有批回神父,也不知道它是被那些负责呈递这类申请的官员所扣留,还是上呈总督后被总督扣压下来了。

迟迟未等到报告的罗明坚又去找王泮,王泮听后说,可能上面默许孟三德居留,但肇庆传教团以后不能再增加神父了。

孟三德进入中国的难题,在罗明坚争取下勉强得到解决,肇庆的传教士们松了一口气。

但后来的情况表明,范礼安命令肇庆传教士们引入孟三德,给肇庆传教团带来了一系列麻烦。

---

① 参见〔意〕利玛窦、〔法〕金尼阁著,何高济、王遵仲、李申译:《利玛窦中国札记》,中华书局1983年版,第190—191页。

5. 绍兴之行

　　罗明坚在将孟三德引入肇庆后,还想着如何完成范礼安交代的将麦安东引入肇庆的任务。

　　此时他遇到了一个机会。

　　万历十四年(1586)为丙戌年,是地方长官"大计"之年。肇庆知府郑一麟,此时正打算到北京去做每三年一次的述职,朝觐万历皇帝。

　　"大计"为中国渊源已久的考核官员政绩的制度。至明代,一心想整肃朝纲、治理官员懒政惰政、重振大明江山的明孝宗,制定了"大计"之法,要求地方官每三年赴北京朝觐皇帝述职一次,以丑、辰、未、戌年为朝觐之期,由吏部会同都察院考核官员三年任期内的功过,以决定存留黜陟。大计淘汰者,不复叙用[1]。万历年间,张居正行考成法,加强了对地方官吏的考核,规定"大计"之年,秉公办事、实心为民的官员列为"上考";花言巧语、华而不实的官员列为"下考",尽行裁撤缺乏办事效率的冗官。

　　一天,郑一麟又来到仙花寺,传教士送了一帧圣母像给他。闲

---

[1]〔清〕张廷玉等撰,中华书局编辑部点校:《明史》卷七二《职官一》,中华书局1974年版,第1737—1738页。另参见《大明会典》卷一三《吏部一二·朝觐考察》,万历重修本。

谈中郑一麟说到自己去北京朝觐述职之事。罗明坚听后,立即问郑一麟可否带上他一同去北京,去见识一下被称为世界之冠的城市。郑一麟答应了罗明坚的请求①。

　　传教士们在肇庆定居以后,还是有危机感,希望在肇庆之外建立另外的住院。因此,当郑一麟说去北京的时候,罗明坚认为这是一次难得的机会。当郑一麟答应后,传教士掩饰不住自己的兴奋,纷纷向上司汇报。罗明坚在1585年10月18日致耶稣会总会长阿桂

---

①这是当时在场者罗明坚和利玛窦的描述。不过,拿瓦罗神父(P. Pier Paolo Navarro)致罗马学院院长沙尔狄神父(Benedetto Sardi)的信和麦安东1585年11月5日致罗德里格神父的信,都说知府郑一麟带罗明坚北行,与送圣母像有关。前一封信说:"当时有一位官员从肇庆返回他的故乡——南京,而南京离北京不很远,罗明坚神父获得准许与这位官员同行。罗神父赠他一帧圣母像,面容非常慈祥;那位官员把圣像捧在手中道:'啊!谁能教我事奉她?如何让她喜欢?'这时罗神父回答说:'让我告诉阁下吧!要每天跪在这帧圣母像前,把自己一切托付给她保佑,祈求她打开你的双目,能找到得救之道云云。'这位官员立刻接着说:'假使你们中有一位能指导我,给我讲这些道理,尤其教我如何事奉圣母的话,那该有多好啊!'罗神父闻此言非常高兴,这是他多时的希望,他们有三位神父,任他挑选一位教他;最后决定罗明坚神父前往,而且还准许他带一位同伴同行,这便落在方由卧亚到达澳门中二位神父中之一,麦神父闻此消息非常兴奋。"《拿瓦罗神父致罗马学院院长沙尔狄神父书》,1585年11月6日,撰于澳门,〔意〕利玛窦著,罗渔译:《利玛窦书信集》(下册),台北光启出版社1986年版,第487页。麦安东在1585年11月5日致罗德里格神父的信中说道:"因为神父们曾送肇庆知府一张圣母像,他感觉非常高兴,就问该如何恭敬这圣母?神父们就以在圣像前跪拜她,并要做好人等等作回答。但他不以此满足,被圣母感动地说:'谁能让我带一位神父,以便在路上教导我?'因为他正要起程去北京面圣,于是神父们便非常高兴,自愿陪他进京……最后决定由罗明坚神父与知府同行……如何使朝廷能接受洋人在肇庆居留?因为是在宴会中,我想可能他受骗了,结果决定仍欲带一位神父同行,但不到北京,而只到南京。"《麦安东神父致罗德里格神父书》,1585年11月5日,撰于广州,〔意〕利玛窦著,罗渔译:《利玛窦书信集》(下册),第478页。因为两位当事神父没有说及此事,故不敢贸然认同上述说法。

委瓦的信中说：

> 今有南京之行，南京距皇帝的京都北京仅有一半路程。希望天主让我能在那里立足，建筑一座会院，使教会能在那里持久巩固，而肇庆教会距离广州太近，离澳门也不远，似乎会有危险发生。①

利玛窦在1585年11月10日致那不勒斯耶稣会路多维科·马赛里神父的信中说：

> 罗明坚神父与我分开两地很有必要，因为我们在这家寓所不能同时有四位神父，要知道，中国人非常怕我们来谋取他们的国家，所以罗神父和这次新来的一位神父去了南京或另外一个更接近中国腹地的地方，在那里建立一家新寓所，这是天主赐给我们的绝佳时机。②

开始的时候，肇庆传教士们如上述两封信中所说一样，以为将去南京③。

北上的日子临近，罗明坚又向郑一麟说及随行一事。郑一麟对他说，今年很多官员要进京，不适合让外国人前往，只能带他到浙江

①《罗明坚致总会长阿桂委瓦神父书》，1585年10月18日，撰于肇庆，〔意〕利玛窦著，罗渔译：《利玛窦书信集》（下册），台北光启出版社1986年版，第475页。

②《致那不勒斯耶稣会路多维科·马赛里神父》，1585年11月10日，肇庆，〔意〕利玛窦著，文铮译：《利玛窦书信集》，商务印书馆2018年版，第52页。

③罗明坚1585年10月18日的信、麦安东1585年11月5日的信、拿瓦罗神父1585年11月6日的信，都说准备去南京。

与湖广两省,不宜去北京和南京,这两省距南京不远,可以自己去。

范礼安听说肇庆地方官同意肇庆神父们去浙江后,就要罗明坚想办法让麦安东进入中国内地,让他一同去浙江。

为此,罗明坚专门拜见郑一麟,讲了去浙江旅行之事,并说有一个澳门商人要随他一起去。郑一麟表示同意,并交代同知方应时为商人办一个通行证。方应时办好通行证后,把证件送给了罗明坚,证件上说,允许商人麦安东随罗明坚赴浙江、湖广及附近地区旅行①。

于是,罗明坚通知澳门,说办妥了麦安东赴浙江旅行的通行证,要麦安东赶快乘着交易会之机到广州来。

一直以来,传教士们无论相互之间还是和仆人、友人之间都直呼对方姓名,这在中国人看来不太礼貌和文雅。因此,罗明坚决定在出行之前拟好自己的名号:罗明坚,字复初。传教士的名字都取自圣经或教会历史中历代天使、圣人,罗明坚这一空前举动将中国礼仪和天主教传统放在了同等地位,引来教会各方非议。据说范礼安开始是反对肇庆传教士用中国式姓名的,并下令他们恢复原来的称呼,但后来又同意了②。利玛窦跟着罗明坚取字"泰西",孟三德取

---

① 关于麦安东以什么名义办的通行证,麦安东有另外的说法,他说他是以罗明坚的徒弟的身份加在罗明坚名字的后面:"当准备罗明坚神父的通行证时,他就说,请知府增加我一个徒弟的名字,他是陪他一同诵经的,这样,他们就毫无困难地将我的名字加在通行证上了。如此一来,我的地位变得很稳定,真像一只小兔登上了地球似的。此后,就许可我旅行中国内地四千多里了,这是利玛窦神父至今还不曾享有的特恩,于是,罗明坚神父就带我去广东。"《麦安东神父致罗德里格神父书》,1585 年 11 月 5 日,撰于广州,〔意〕利玛窦著,罗渔译:《利玛窦书信集》(下册),台北光启出版社 1986 年版,第 479 页。

② 裴化行:"一般外人不满意于众司铎之如此自动地半异端化,范礼安并下令命他们恢复西洋的名称,但是这条禁令似乎未能持久。"〔法〕裴化行著,萧濬华译:《天主教十六世纪在华传教志》,商务印书馆 1936 年版,第 301 页。

字"宁寰",范礼安自己也取字"立山"。

罗明坚约于1585年10月底、11月初达到广州。此时,王泮的一个从事丝绸生意的兄弟,正在广州销售从浙江带来的大量丝绸、衣料。他来广州已经有一些日子了,原以为很快卖完就可以回家,但是因为价钱不合适,不想轻易出手,待在这里有一段时间了。

罗明坚到广州后,就说服葡萄牙商人按照王泮兄弟的要价,全部买下他剩下的货物。

11月12日,麦安东抵达广州。他1556年诞生于葡萄牙的特兰科索(Trancoso),二十岁的时候加入耶稣会,是当时无数想进入中国内地的传教士中最幸运的一位。接到罗明坚的通知后,他立即启程,想到之后可以在中国内地旅行几千里,想到"这是利玛窦神父至今还不曾享有的特恩",年轻的麦安东兴奋不已,他后来说,当时"真像一只小兔登上了地球似的"。

麦安东到广州后,立即给欧洲的一位神父写信,充满激情地讲述了从澳门至广州的见闻,描绘了珠江两岸的自然风光:

> 我们自澳门来到了广州,共有一百一十八公里,有一条清澈的河流可达,一路上山明水秀、森林起伏,两岸肥沃农田分布其间,一望无际,全由河水灌溉,它不像尼罗河由泛滥而灌溉,而是分成无数支流。因此在中国,不需要牲畜运输,因为河流可通航中国各地,贸易极易进行。当我注视着这些极广的原野时,使我惊奇的是似乎有无数的船只在陆地间航行着,水似乎并不聚集在河川一般。①

---

① 《麦安东神父致罗德里格神父书》,1585年11月5日,撰于广州,〔意〕利玛窦著,罗渔译:《利玛窦书信集》(下册),台北光启出版社1986年版,第480页。

令麦安东更惊奇的,是中国人划这种大船的智慧:

> 他们全都会划,其方式真像水中的鱼一样,因为他们从来
> 不需要将橹提出水面,而只摇转它就可以了,就像鱼摇动他的
> 尾巴一样,这样显得更省力多了。

他说这些船就如房子一样,都有很好的设备,他乘的那艘船就装饰
得很好,即使是小船也装备得很好,乘船的人不会受到风雨太阳的
侵袭,就连摇桨的人也很安全。

他说进广州城时,有很多好奇的中国人前后跟着他,不少人兴
奋地跑到他前面,然后假意往回走,盯着他的脸看。当他走进一处
篱笆时,跟来一大群人,都来看他要做什么,因为来的人太多,以致
发生了小事故,一些人撞伤了。麦安东后来说,他难以表达当时的
复杂心情,他不会中国话,无法跟看热闹的人交流,不然他会讲一些
新奇的事给围观的人听,以满足他们。

他看到广州商业的繁盛,街道上的商铺一间接着一间,里面摆
满了各式各样的商品,有时一条街专门卖活鱼,商品价格便宜,一只
鸡卖二十至三十九铜钱。

他也和罗明坚刚到广州时一样,留心广州人的市井生活。

他向上司说到中国的妇女:

> 她们都缠着小脚,所以走起路来,摇摇摆摆如残废者一样,
> 所以走得很慢,丈夫可以买妻子,子女到了一定年龄时,父母才
> 给他们成家。

说到广州人的信仰:

他们是多么恒心并热切地作这些敬神明之礼，几乎没有一个家庭没有一个神座，即使一只小船也有一处所作为拜神之用。

说到中国人的教育：

他们很注重孩子的教育，由官员领导，都学修德，但是在学业完成后，因为没有信仰，一切都由肉欲所驱使，因此随风飘荡，生活上就像没有太阳一般。

他还说自己已经穿上中国服装，显得很庄重，仿佛变成了一个中国人。

能成为中国人，是他的少年梦想。早在孔布拉（Coimbra）的中学时代，他就叹息："谁能看到我能变成一个中国人！"那时觉得进入中国是件遥不可及的事情，而此时他无法相信自己进入了中国内陆，"成为中国人"，还有通行证，可以在中国旅行①。

11月20日，罗明坚带着麦安东登上王泮兄弟王商人返回浙江的船，离开广州。肇庆知府郑一麟也同行②。

船有好几艘，前后连着，载着采购的货物沿着珠江，向西航行。想着能离开广州到更远的中国内地探访游历，并有机会传播基督信

---

① 以上见《麦安东神父致罗德里格神父书》，1585年11月5日，撰于广州，〔意〕利玛窦著，罗渔译：《利玛窦书信集》（下册），台北光启出版社1986年版，第481—483页。

② "去年（1585）十月间（利玛窦谓十一月间），我和麦安东神父陪伴肇庆知府（郑一麟）北上，他去北京面圣，虽然时在初冬，不利旅行，但因不愿错过此大好机会，毅然起程了。"《罗明坚致总会长阿桂委瓦神父书》，1586年11月8日，〔意〕利玛窦著，罗渔译：《利玛窦书信集》（下册），台北光启出版社1986年版，第491页。

仰,罗明坚心里十分惬意,充满了憧憬。

此时,留守肇庆的利玛窦,对罗明坚到浙江建立新住地兴奋不已,在给耶稣会总会长阿桂委瓦的信中,他说罗明坚神父得到上司的命令,要在距此三个月路程的某地建立一家寓所,可以通过商人从肇庆这边带东西去那边。因为建立了新住地,需要引入传教士,肇庆传教团已经写信给印度省的负责人,请求他下年派些传教士到中国来,利玛窦甚至在信中说,"因为我们已经有许多很好的办法,能让别的人进入中国";并请求总会长伸出援助之手,派传教士到中国来,还对来中国的传教士提出了要求:"我们需要的是有仁爱之心,而且还有耐心的人,因为在中国这两种品质是非常必要的,也是我缺少而正努力争取的。"[1]

无论是罗明坚还是利玛窦,此前对引入新的传教士,一向是谨慎的,而从利玛窦的这封信来看,却显得空前的高调。耶稣会要在中国开辟新住地并引进传教士的消息,随着肇庆飞出的信件,从日本传到印度、欧洲,越传越远,越传越大,甚至有修会的信件说,中国朝廷正在征求传教士。更离奇的是1586年1月17日的一封信中竟写道:

> 在近些日来,耶稣会即教皇代表,来信报告,本会有一批会士,都进到这处自古相传以拒绝外人入境为习俗的中国,他们都是到那里去为传教。他们都很容易地得到省政府当局的优待,有人呈现教皇一张中国官厅发给的用极薄的树皮制成的护照……

① 《致罗马耶稣会总会长阿夸维瓦神父》,1585年10月20日,肇庆,〔意〕利玛窦著,文铮译:《利玛窦书信集》,商务印书馆2018年版,第50页。

信中居然说中国官府主动给罗马教皇发用"树皮"制造的护照。

当时的罗马教皇为西斯笃五世（Sixtus V，1585—1590年担任罗马教皇），他当然没有收到中国的护照，但感受到了整个基督教世界的欢腾，特为耶稣会颁布圣年全大赦，即办妥告解和领圣体的信众可获得罪过和罪罚的全赦免①。

罗明坚船队西行至三水后转入北江。一天，一艘船突然着火，烧毁了一些货物，王商人受到了一些损失，但未造成人员伤亡。

船在宽阔的江面上继续航行。一天，空中突然飘落雨点，霎时江天烟蒙一片，两岸墨染如黛，随着船缓缓前行，周围的景色如水彩画般一张张向后翻卷。罗明坚触景生情，突然诗兴大发，用汉语写起诗来，写完后，得意地交给同伴们看，博得一番称赞。

经过十几天的航行，一行人到达了广东最北面的韶州南雄，他们必须从这里上岸，穿越梅岭古道，下到山那边的江西。

船一靠岸，仆人们急忙从船上卸下货物，装载到骡子背上。王商人和神父们雇了轿夫抬着上山。罗明坚由于个子大，身体重，轿夫抬着很吃力，在陡峭之处，两个人抬不上去，只好要四人来抬他。

终于上到最高处的梅关，山岭峻拔，细雨沾襟，罗明坚来了诗兴，吟了一首诗：

度梅岭

乍登岭表插天高，果见梅关地位豪。

今日游僧经此过，喜沾化雨湿长袍。②

---

① 以上参见〔法〕裴化行著，萧濬华译：《天主教十六世纪在华传教志》，商务印书馆1936年版，第303—304页。

② Albert Chan, S. J., "Michele Ruggieri, S. J.（1543-1607）and His Chinese Poems", *Monumenta Serica* 41（1993）, pp.129-176.

出关后就到了江西省境内，一路逶迤下到山谷，沿溪行，经章
水，到达江西最大的河流赣江。他们雇了三艘船，装上货物，顺着水
势向下游而去。十几天后(12月17日)，抵达省城南昌。

离开广东后，在江西的日子里，罗明坚接触了一些当地人，他发
现这里的人不像广东人那样讨厌外国人，与在肇庆时相比，这些人
对传教士们更为尊敬。麦安东后来在信中也说："一旦我们出了广
东省，(我们曾经感受到的)惊人的焦虑似乎消失了，尤其是因为每
个人都对待我们甚为恭敬。"①

船过南昌后，向东穿过鄱阳湖，转入饶河，一路航行到盛产瓷器
的景德镇。在这里王商人采购了一些货物，一行人继续东行。

1586年1月5日，罗明坚一行到达高岭。他们造访了一个佛教
寺庙，一群穿着法衣的和尚在大雄宝殿诵经，做着法事。和尚们热
情接待罗明坚一行，并一同在一个信佛者家里用餐。席间，罗明坚
给了和尚们一些关于天主教教理问答的抄本，还对和尚们说，这是
最好的教义，偶像崇拜是虚妄的，不可相信②。麦安东在一封信中描
述了当时的情形：

> 元月五日，我们到达高岭城，这里是我们沿这条河的航行
> 的终点，我们在这里作了弥撒。有许多人跑来围观，以致我们
> 无法阻挡。有一个偶像崇拜的忠实信徒前来邀请我们。他在

---

① 《麦安东写给孟三德的信》，1586年2月10日，绍兴。ARSI, Jap-Sin 10, II, fols.
150v-151. 转引自〔美〕夏伯嘉著，向红艳、李春园译：《利玛窦：紫禁城里的耶稣
会士》，上海古籍出版社2012年版，第106页。

② ARSI, Jap-Sin 101 I, fol.44. 关于传教士们在高岭的情形，详见〔美〕夏伯嘉著，向
红艳、李春园译：《利玛窦：紫禁城里的耶稣会士》，上海古籍出版社2012年版，第
107页。

家宴请我们，家里还有大祭坛。许多神父，或者不如说是和尚，
在那里念经和举行仪式。我们受到友好欢迎并与和尚们一道
进餐，和尚们对我们表现得特别友善。我们向主人赠送了一部
书和一些祈祷文，所有的人都很容易地被我们说服。①

最后一句说当地和尚很容易被两位传教士"说服"，当为传教士一方
的自我良好感觉，或许是为了讨好上司。

他们继续前行，翻过一座山，离开江西，进入浙江境内。终于在风
雪漫天飞舞的一天，完成了他们长达两个月的漫长旅程，抵达绍兴。

绍兴城位于浙江中北部，曾经是古代越国首都和秦汉会稽郡
的首府，这时是绍兴府及其属下山阴县和会稽县衙门所在地。这里
人烟稠密，1586年时即有超过10万的人口。境内湖泊众多，水网密
布，是著名的水乡。不过此时进入隆冬，城内纵横的河道，已经结上
了冰。罗明坚感觉非常冷，认为这时的气温应该与西欧中北部的气
温差不多。端详古朴的拱桥，想象水面上游弋的船只，罗明坚会否
想起故国的威尼斯？

到绍兴后，罗明坚和麦安东一行向王泮老家走去。此时王泮的
父亲是王氏家族的族长，已经七十岁了，他热情地迎接罗明坚和麦
安东这两个外国和尚，把两人安置在家族祠堂住下②。祠堂前门通

————————

① 参见〔意〕利玛窦、〔比〕金尼阁著，何高济、王遵仲、李申译：《利玛窦中国札记》附
　录《1978年法文版序言》，中华书局1983年版，第675页。
② 罗明坚在1586年11月8日致阿桂委瓦的信中说："我们受两位官员父亲的热情招
　待，总督之父（指王泮之父）还请我们在他家中住，长达四个多月"，"他年已七十，
　留我们在他家住宿，有德又有学问……"〔意〕利玛窦著，罗渔译：《利玛窦书信集》
　（下册），台北光启出版社1986年版，第492页。王氏祠堂与王氏住宅几乎相连，
　罗明坚向总会长只是大概言之。裴化行说传教士被安置在一个寺庙里，他在《利
　玛窦神父传》中说："罗明坚神父在艾美达修士陪同下，在绍兴就住在和（转下页）

向大街,后面通向运河。听说罗明坚在路途中为一名生病的族人祈祷,使族人得以康复,王族长对罗明坚更是肃然起敬。

两个外国和尚的到来,立即惊动了当地官府,许多官吏来拜访他们。绍兴知府萧良干召见罗明坚和麦安东,并举办了一个宴会。宴会间,萧良干向罗明坚吐露想要一个儿子,萧还同妻子一道在一幅圣母玛利亚的画像前祈祷。据说萧夫人几个月后就怀孕了——这只是传教士一方的说法,真实情况难以考证。

在绍兴,罗明坚接触了很多文人雅士,例如晚明大文豪、书画家徐渭就曾与罗明坚往来,并赠诗两首,其中一首《天竺僧》云:

> 三年得遇王大夫,此时尚佩端州符,
> 今与令弟来越都,赵佗幽宫白蛇珠,
> 取妆额顶金浮屠。袖里一图九瀛神,
> 中原四海焦螓眉,高躯胡鬣口颊迷,
> 镔刀稍懒胡蓁蓁,人讶昙摩古塑泥。[1]

兴之所至,罗明坚也曾赋诗,并与当地儒士唱和:

> 游到杭州府
> 不惮驱驰万里程,云游浙省到杭城。
> 携经万卷为何事? 只为传扬天主名。

(接上页)尚庙里和和尚中间,在那里布道。"〔法〕裴化行著,管震湖译:《利玛窦神父传》(上册),商务印书馆1998年版,第120页。这是把祠堂混同寺庙。

[1]〔明〕徐渭:《徐渭集》卷五《七言古诗·天竺僧》,中华书局1983年版,第144页。

寓杭州天竺诗答诸公二首

其一

僧从西竺来天竺,不惮驱驰三载劳。

时把圣贤书读罢,又将圣教度凡曹。

其二

一叶扁舟泛海涯,三年水路到中华。

心如秋水常涵月,身若菩提那有花。

贵省肯容吾着步,贫僧到处便为家。

诸君若问西天事,非是如来佛释迦。[①]

罗明坚在《游到杭州府》中直接讲出到浙江的目的,高调说自己不远万里来到杭州,就是"传扬天主"。在《寓杭州天竺诗答诸公二首》诗中,罗明坚自称"僧""贫僧",说"僧从西竺来天竺",指自己从欧洲到印度,又说"心如秋水""身若菩提",充满着佛教用语,但最后一句"诸君若问西天事,非是如来佛释迦",却又将自己与一般的僧人区别开来。

绍兴的大家族,除了王氏,还有孙氏。孙氏上溯四代均有朝廷命官。当朝太常寺卿孙矿,因为母亲于1584年去世,现正在家乡守丧。孙矿和王泮同一年(万历二年,1574)考中进士,他俩就成为了"同年",孙、王两族关系紧密。当年王族长七十大寿,孙矿还写了一首诗相贺。

听说绍兴来了两个外国和尚,而且是从"同年"王泮任职的肇庆过来的,加上王泮父亲的夸耀,孙矿邀请神父们到他家做客,并提出

---

① 参见 Albert Chan, S. J., "Michele Ruggieri, S. J.(1543-1607) and His Chinese Poems", *Monumenta Serica* 41 (1993), pp.129-176.

请罗明坚为自己去世的母亲祈祷。孙矿与罗明坚聊得很投契,以至孙矿说,自己丁忧结束后就带罗明坚去北京。孙矿虽然最终没有把罗明坚带到北京,但他后来与利玛窦有交集并帮助了后者。

在绍兴,罗明坚似乎感到一种不同于肇庆的宗教氛围。前文已经提到,晚明时期,浙东为佛教的兴盛之地。传教士们发现,当地官员、士绅们与佛教僧侣交游甚密,他们常常到寺院抄写宗教文本、放生,在和尚指导下念经,一些文人还搬到寺院学习,在寺院里聚会写诗,僧人也乐于参与士绅的社会、文化活动。

到了绍兴后,罗明坚可能是受到当地人的热情接待和浓郁宗教氛围的鼓舞,对本教活动的开展,显得比较高调。他带着麦安东在住处设立祭台,悬挂耶稣受难的画像,同时演示基督教的各种仪式,并向庙中的和尚和前来观礼的当地名流讲解西方"神妙的信德奥理"。罗明坚后来致信阿桂委瓦,说虽然没有翻译,自己的中国话说得也"颇平凡",但当地人听得津津有味,听到深夜,也不疲倦[1]。

麦安东后来回忆道:

> 我们四周僧侣环坐,对待我们都很友好,他们每晚都前来听有关上帝的事。一直到今天(2月8日),我们无法挡住大批涌来看我们的人。对最重要的人物,我们让他们参观祭坛,他们也向救世主的像致敬。所有的高级官员和文人都来了并表示满意,声称他们不会让我们离去。那些最重要的人邀请罗明坚神父赴宴,就在昨天他还和一位官员共同进餐。此人比岭西道高两级,他母亲逝世时,还派人来请我们参加葬礼。但神父回答

---

[1]《罗明坚致总会长阿桂委瓦神父书》,1586年11月8日,撰于肇庆,〔意〕利玛窦著,罗渔译:《利玛窦书信集》(下册),台北光启出版社1986年版,第492页。

说，我们的祈祷对于那些不信奉天主的人是无用的。①

罗明坚先后为两个人洗了礼。一个就是王泮的父亲王族长，他本是一个虔诚的佛教徒，经过数月的听道后，尽管家人坚决反对，依然决定受洗。洗礼选在复活节那天举行，临时小圣堂内装饰一新，附近族人纷至观礼。

另一个是一位秀才的幼子。这个孩子身患重病，到处吃药，总是不见效，其父到处为他求神拜佛都无起色。正在绝望的时候，其父听说来了两个西方和尚，就求神父帮助，他认为其子领了洗礼，可能会痊愈。罗明坚于是为这个孩子付了洗，据说他的病有所好转。

一天，王族长把一个亲戚家的十五岁孩子领到神父面前，说这个孩子整天无精打采，神经分分，可能是"中了邪"，要神父们帮他治一治。罗明坚在了解情况并与孩子交流后，认为孩子的状况是因为应付科举考试过度紧张造成的，是地狱般的学习使他变得呆滞和毫无生气。据说这个孩子的所谓"疯病"最终治好了，这估计是传教士较长时间对其心理辅导的结果。

听说外国和尚治好了这个久治不愈"中了邪"的孩子，当地不少人请罗明坚去为孩子驱邪。罗明坚拒绝了，他认为那些孩子是得了严重的精神疾病，根本不是什么鬼附身和"中邪"。

当地一些绅士关切地问罗明坚是否留在绍兴，在这里长期居住。但罗明坚在绍兴的传教活动，也引起一些绅士的反感。王泮的亲属，可能是因为王族长的受洗，也可能是害怕拜访神父们的大批客人会带来麻烦，说肇庆的神父已来信，要神父们回肇庆去。罗明坚不

---

① 转引自〔意〕利玛窦、〔比〕金尼阁著，何高济、王遵仲、李申译：《利玛窦中国札记》附录《1978年法文版序言》，中华书局1983年版，第675页。

相信肇庆同道们会这样，知道是当地人所为，迟迟未动身。这激起王泮亲属的更大不满，他们便写信告知远在肇庆的王泮此事。

1586年春天，罗明坚收到了王泮的来信，信中严词要神父们赶快离开绍兴，回到肇庆去。

5月里，郑一麟从北京返回家乡，小住数日后便要求罗明坚一行返回。罗明坚遂决定回肇庆。他和麦安东一路跋山涉水，备尝艰苦。在1586年7月底8月初，罗明坚回到肇庆，麦安东从广州直接回澳门——麦安东回不了肇庆，是因为他没有获得过肇庆官府去那里的批准。

对于绍兴之行失败的原因，罗明坚自己的说辞是：

> 城中的绅士们都愿我能长期住下，我只能回答他们说，一切都要看总督（原翻译有误，宜为"知府"）从北京回来才有所决定，我是陪伴他北上的，如他让我留下，我自然会留下的。当总督一回来，他们皆要求把我留下，而总督说无此权力，况且在肇庆我们有会院与圣堂，在那里他才有权呢！①

罗明坚认为是肇庆知府郑一麟或者说他背后的岭南道王泮不让他留在绍兴，而不是绍兴本地人不留他。利玛窦开始时也将其归因于王泮及其绍兴的家族：

> 岭西道尹的亲戚，见到众司铎在绍兴得到这种绝大的成功，很不放心，便捏造假信，用肇庆司铎们的名义，声称有最紧

---

① 《罗明坚致总会长阿桂委瓦神父书》，1586年11月8日，撰于肇庆，〔意〕利玛窦著，罗渔译：《利玛窦书信集》（下册），台北光启出版社1986年版，第493页。

迫的事情,将罗明坚召回,以后他们的阴谋暴露,随恐吓知府的家族,赶紧令这些召祸的外人离城。①

但利玛窦后来的回忆录却认为,此行中神父们有限的语言能力使浙江之行成为失败的旅程②。

直接原因肯定是肇庆官员要他们离开绍兴,但是传教士们没有分析绍兴一方未留他们的原因。虽然罗明坚说当地绅士们希望他们留下来,但传教士们是否留下来,不是绅士们所能决定的,当时的地方绅士与官府虽然有密切关系,但他们毕竟不是官府,只有官府许可,他们才能在此立足,所以知府郑一麟说他在绍兴无此权力,在肇庆有此权力,这才是根源所在。

罗明坚后来对绍兴之旅充满怀恋之情,多年后在回忆录中,详细地记载他受到的礼遇。麦安东也把此次行程记录下来,编为《行纪》一书,叙说了一路经过的"通都大邑""居民的富有"和"文物的繁盛"等。书中内容大出欧洲人意外,也使欧洲人感到新奇。此书出了很多版本:1588年在罗马出意大利文本,1590年出版西班牙文本,1605年和1615年出版法文本,成为欧洲风行一时的读物③。

---

① 转引自〔法〕裴化行著,萧濬华译:《天主教十六世纪在华传教志》,商务印书馆1936年版,第311页。
② 以上参见〔美〕夏伯嘉著,向红艳、李春园译:《利玛窦:紫禁城里的耶稣会士》,上海古籍出版社2012年版,第109—110页。
③ 参见伍玉西:《明代中后期"广州交易会"与中西文化交流》,《广州大学学报》(社会科学版)2016年第10期。

六

秋瑟

1. 抹掉署名

　　罗明坚回来以后，王泮对神父们不像往常那样亲切，刻意保持着距离。他叫神父们不必像以往那样每个月的初一去拜访他，并要神父们把他的名字从他题写的"仙花寺"和"西来净土"匾上抹掉，还令涂掉那幅中文地图上的署名。有一次，利玛窦向王泮夸耀，他知道王泮家乡的精确经度和纬度，他原以为对地理感兴趣的王泮会很高兴，谁知王泮责怪道："你怎么知道这样的事情？"利玛窦一时错愕①。

　　绍兴之行，罗明坚乘兴而去，败兴而归。他在绍兴接触了不少官吏，这些官吏对他也不乏热情，但最终他还是不能在绍兴立足，这强化了他早有的想法，在中国传教，必须获得皇帝的准许。他在致总会长阿桂委瓦的信中，介绍了在绍兴的经历后，再次建议罗马教皇给中国皇帝送礼物和国书，组织使团：

　　　　以往曾给总会长上书，尽可能恳求圣座给中国皇帝赠送些欧洲奇异的东西作礼物，以便进入朝廷，获得皇帝的准许，

---

① ARSI, Jap-Sin 101 I, fol.110v. 转引自〔美〕夏伯嘉著，向红艳、李春园译：《利玛窦：紫禁城里的耶稣会士》，上海古籍出版社 2012 年版，第 110 页。

让我们的神父能合法地在这里定居,我认为这个办法易行而不难……至论圣座给中国皇帝送的礼物,不必太贵重,只要是中国没有的便可,例如精致的珊瑚项链,因为皇帝对此非常喜好,此外精印圣经,附有美丽插图,精致皮面镀金;大小钟表等。活的鸵鸟也可作美丽的献礼,中国没有,会受重视的;精印的圣母与救主的画像等……上言礼品与给大明皇帝的国书——已由我们拟妥——如全备妥,将携往朝廷,以求皇帝恩准神父们进入并安居帝国,这为归化中国人是应行之道,因为地方官如无皇帝的准许是不能随便容许洋人进入传教的。①

利玛窦在罗明坚出行浙江绍兴时留守肇庆,跟他住在一起的是中国教区区长孟三德,他们相处得如何不得而知。利玛窦希望在肇庆之外获得另一个居住地,罗明坚从绍兴败归,其希望破灭,他也主张组织教宗使团出使明朝,为传教铺平道路。当年9月30日,即罗明坚回来一个多月后,利玛窦给范礼安写了一封信,建议孟三德回欧洲组织使团。信中是这样说的:

我在肇庆与孟三德神父商议如何才能使中国的传教事业取得进展,在中国这片土地上宣传圣教,获得传教的许可。我认为最好让孟神父本人亲自去一趟罗马,向教宗请示向中国皇帝进献一份厚礼的事。而这件事遇到的最大困难,大概也是今后很多年仍要面对的困难,就是怎样才能另辟蹊径获得进宫觐见皇帝的许可。在获得皇帝本人或其内阁成员下发的正式许

①《罗明坚致总会长阿桂委瓦神父书》,1586年11月8日,撰于肇庆,〔意〕利玛窦著,罗渔译:《利玛窦书信集》(下册),台北光启出版社1986年版,第493—494页。

可之前，我们将一直面临的问题是，如何才能使一批这里传教
工作所需要的神父名正言顺地进入中国，为我们向皇帝献礼
铺平道路。因为我们可以依靠那些已经进入中国，对中国的语
言、风俗和地理都有了解的神父。①

在信里，利玛窦也认为必须通过组织教宗使团，打通中国皇帝这一
关节，才能"名正言顺地进入中国"。孟三德是在范礼安的极力要求
下进入中国内地的，并且还是中国传教团的负责人，利玛窦为何此
时建议让孟三德离开肇庆去欧洲组织使团？他在信中虽然说，"现
在在澳门有一些神父，他们此时已有合适的机会，能来这里接替孟
三德神父的职位"，但且不说澳门的神父不是随便能进入肇庆接替
孟三德的，即使能替换，利玛窦作为孟三德的下属，为什么不主动请
缨去欧洲呢？

---

① 此信为利玛窦1586年9月30日撰于肇庆，以葡萄牙语写成，没有明确的收信人姓
名和地址，译者认为，"从内容上看，可能是给时在澳门等远东地区视察的范礼安
神父的信"。参见〔意〕利玛窦著，文铮译：《利玛窦书信集》，商务印书馆2018年
版，第62页。

2. 广西之行

从绍兴回来后,保护人王泮的冷淡,使罗明坚深深感到肇庆住院的危机,他觉得如果没有新的依靠,找到新的住地,会前功尽弃。他盘算着如何在其他地方开辟居留地。

在神父们苦闷彷徨之时,谭谕,王泮的朋友,意外地拜访了他们。闲谈中他说到湖广武当山香火鼎盛,很多人都去那里进香,问他们为何不去访问那个地方。

这似乎给罗明坚指了一条出路。罗明坚把自己出行的想法,告诉了孟三德、利玛窦,得到了他们的认同。特别是利玛窦,对开辟新的据点寄予了厚望。

新年过后,1587年1月,罗明坚冒着嗖嗖寒风,离开肇庆,乘船一路从西江、浔江、桂江到达广西首府桂林。

到了桂林,罗明坚想先见藩王靖江王。洪武九年(1376),明太祖朱元璋在桂林设藩王府——靖江府,封长兄南昌王朱兴隆住藩于此。朱文正沿袭为二世。朱元璋的侄孙朱守谦为三世,被正式封为"靖江王"。罗明坚到广西时,靖江王已到十代,为朱履焘(1574—1592),他是两年前承袭王位的,只有十三岁。明代藩王有爵无权,而且社会地位不断降低,到了中后期是"徒拥虚名,坐糜厚禄"①。

　　靖江王通过一个太监传话:罗明坚必须先见巡抚和其他官员。外人访问藩王,必须请示当地政府官员,罗明坚是否知道这个规定,不得而知,可能他真不知这朝廷规矩而贸然前往;也可能知道,因预感到地方当局会阻拦,想冒险一搏。但前一种可能性比较大,他可能"按欧洲的习惯来判断事物"②,企图通过王室这条捷径,取得对传教的支持。

　　罗明坚遂拜访广西巡抚吴善,但吴善拒绝接见他。一名总兵很粗暴地对待罗明坚,说要他赶快离开,否则就把他关进牢里。

　　罗明坚只得带着访牒,提着礼物,向靖江府走去。三十多年前,葡萄牙商人盖略特·伯来拉(Galeote Pereira)等人,在福建走马溪被中国海防军俘获,经广东,最终被解送至广西桂林。葡人获释后,靖江王热情款待了造访的葡萄牙人③。罗明坚这次也想碰碰运气。

　　靖江王宫,红墙围绕,墙不高而呈四方形,每面各有一门,每道门上有一座精致的木构门楼,用木料精制。四道门的主门,对着大街。路过大门的人,即使是尊贵的官吏,也要下马下轿而行④。

------

① "有明诸藩,分封而不锡土,列爵而不临民,食禄而不治事……徒拥虚名,坐糜厚禄,贤才不克自见,知勇无所设施。"〔清〕张廷玉等撰,中华书局编辑部点校:《明史》卷一二〇《诸王五》,中华书局1974年版,第3659页。在针对朱姓皇族颁布的许多禁令中,即包括"令各处军民人等,不得私交王府"。参见《大明会典》卷五七《礼部十五》,万历重修本。

② 后来利玛窦说:"我们的神父显然还不了解中国的法律,而是按欧洲的习惯来判断事物的。"〔意〕利玛窦、〔比〕金尼阁著,何高济、王遵仲、李申译:《利玛窦中国札记》,中华书局1983年版,第196—197页。

③ 参见〔葡〕盖略特·伯来拉:《中国报道》,〔英〕C. R.博克舍编注,何高济译:《十六世纪中国南部行纪》,中华书局2019年版,第79页。

④ 〔葡〕盖略特·伯来拉:《中国报道》,〔英〕C. R.博克舍编注,何高济译:《十六世纪中国南部行纪》,中华书局2019年版,第79页。

罗明坚向门人递了访牒和礼物,等待靖江王接见。但靖江王不见,王府收了礼物后,回赠罗明坚白银。

吴善获知罗明坚去了靖江王府后,怒不可遏,下令布政司将罗明坚赶出桂林城,并张贴告示。此事很快便闹得满城风雨,罗明坚成了过街老鼠。

在罗明坚感到绝望的时候,靖江王的一名大太监觉得有些过意不去,对罗明坚安慰了一番,并介绍他去靖江王的封地白水。罗明坚只得连夜离开桂林,走了二十天艰难的山路,逃到白水[①]。

据说罗明坚在这里发展了信徒。他在这里也领略了中国南方的田园风光,有诗为证:

> 寓广西白水围写景
> 绿树青山白水围,乱莺啼柳燕双飞。
> 茅檐瓦屋清溪上,落日村庄人自归。[②]

该诗描画了一幅村人暮归的景象。一个刚学几年中文的外国人,能

---

① 白水,具体地点不详,根据罗明坚的诗《寓广西白水围写景》似乎在广西。一说在湖南南部,利玛窦说:"皇子的一名大太监,因总督那方面不予礼遇而生气,也说了些安慰的话,并给罗明坚神父一封信,交给广东省相邻的湖广省一个村镇的镇长。该镇叫做白水,信是允许神父在镇长家要住多久就住多久。"〔意〕利玛窦、〔比〕金尼阁著,何高济、王遵仲、李申译:《利玛窦中国札记》,中华书局1983年版,第197页。法国学者荣振华认为罗明坚在湖南永州东北的白水到祁阳县,尝试过建立传教点,留下了几个基督教徒。Joseph Dehergne. S. J. , "Les Chréstientés de Chine de la Période Ming 1581-1650". *Monumenta Serica* 15 (1957). p136.

② 引自宋黎明:《神父的新装:利玛窦在中国(1582—1610)》,南京大学出版社2011年版,第39页。

写出这样的诗,已不简单。这应是罗明坚的即兴之作,他的大部分时间应该是在郁闷中度过的,因为他从肇庆出来,是想为肇庆传教团寻找新的住地,而至此时仍没有着落。

最后,1587年7月27日,在白水停留了四个月后,落寞的罗明坚被孟三德召回肇庆①。

---

① 有人认为罗明坚这次广西之行,可能去了湖北武当山,并建立了一个据点。参见刘芳:《论明末天主教在湖北的开教情况》,《中国天主教》2012年第1期;康志杰:《最早到湖北传教的欧洲传教士》,《民族大家庭》1994年第2期。但未见可以佐证此说的直接依据。另外新修的《湖北省志·宗教》《湖北民俗志》,也将罗明坚作为天主教到湖北传教的第一人。前一书说:"罗于1587年由广东肇庆来湖北武当山,在那里作了短期传教活动,并开辟了会口。"参见湖北省地方志编纂委员会编:《湖北省志·宗教》,湖北人民出版社1997年版,第249页。后一书说:"天主教是由意大利耶稣会会士罗明坚最先传入湖北的。罗明坚于1587年由广东肇庆来湖北武当山,在那里作了短期传教活动,并开辟了会口。"参见李德复、陈金安主编:《湖北民俗志》,湖北人民出版社2002年版,第663页。因均属志书体例,两书未标资料出处,不知其根据何在。法国学者沙百里(Jean Charbonnier)说罗明坚最终没有实现去湖广的计划:"罗明坚对于中国民间宗教的表现形式很敏感,他于是便考虑赴湖北西北部的武当山作一次远足,令人遗憾的是,罗明坚未能实现他的计划。"〔法〕沙百里著,耿昇、郑德弟译:《中国基督徒史》,台北光启出版社2005年版,第108页。

3. 孟三德出肇庆

罗明坚在广西的活动和处境,其实都在王泮掌握之中。因为,王泮的广西同僚通过信件将有关情况一五一十告诉了他,包括罗明坚如何被广西巡抚、靖江王冷待,如何被总兵官粗暴地驱逐。邻省对一个外国传教士从上到下声势浩大的排拒,给王泮很大的震动,在某种程度上,他可能比罗明坚还感到恐惧。

不只邻省广西,就是本省广州,官员们也是反对传教士定居的。过去,王泮就曾收到不少广州官绅们的来信,说对外国传教士不能姑息,外国教团留在肇庆会给国家带来大祸。罗明坚到广西不久,广州就发生了一起官府关押外国传教士的事件。

当时,在菲律宾的西班牙奥古斯丁、方济各、多明我等修会的传教士,急于进入中国内地,欲与葡萄牙籍耶稣会士一争高下。

1587年2月,西班牙方济各会士马蒂尼奥·罗耀拉(Martin Ignace de Loyola)率领由20名神父组成的传教团前往中国,抵达澳门后,又与两位传教士进入广州。他们一到广州,政府官员就命令士兵把他们抓了起来,罪名是间谍。他们后来在葡萄牙人的斡旋下才获释。7月6日,罗耀拉又与奥古斯丁会士商议联名向中国皇帝呈上一份陈辩书:

　　仝人等携有最高当权之教皇诏书,奈以余等籍属西班牙,故葡萄牙人不肯听从余等之请求,及查视教皇之诏书。①

　　这里所说的罗马教皇的"诏书",可能是1586年11月15日教皇西斯笃五世废除格里高利十三世(Gregory XIII)的敕谕,它宣布准许方济各会士去中国②。此前,1585年1月28日,格里高利十三世应范礼安之请发布通谕,禁止耶稣会以外的其他修会进入日本。范礼安之前曾经写信给格里高利十三世,为避免修会间的争斗,干扰耶稣会执行的适应政策,请求其他修会的传教士不要进入中国③。葡萄牙人为捍卫自身在中国的利益,与实力雄厚的西班牙展开了白热化的争夺。1586年4月12日,葡印总督下令,除耶稣会教士之外,其他任何传教士不准进入中国④。但西斯笃五世登位后,废除了前任的指令,因此在菲律宾的西班牙各修会传教士,又跃跃欲试进入中国。

　　传教士内部的纷争及一系列贸然之举,加剧了广东地方官绅对传教士的抵触和不满。罗明坚回来不久,时任两广总督吴文华升任南京工部尚书,吴善以兵部右侍郎兼任两广总督,他正是在桂林撵走罗明坚的广西巡抚。王泮任期将满,作为肇庆传教团的保护人,看到自己即将到任的上司不欢迎外国传教士,深为自己的前程担忧,感到无形的压力如黄昏时的黑暗从四面围过来。他思前想后,

①〔法〕裴化行著,萧濬华译:《天主教十六世纪在华传教志》,商务印书馆1936年版,第316—317页。
②〔美〕西比斯(Joseph Sebes):《利玛窦的前辈》,(澳门)《文化杂志》1994年第4期。
③〔美〕邓恩著,余三乐、石蓉译:《从利玛窦到汤若望——晚明的耶稣会传教士》,上海古籍出版社2003年版,第213页。
④转自吴志良、汤开建、金国平主编:《澳门编年史》(第一卷),广东人民出版社2009年版,第220页。

做出决定。

1587年11月的一天，王泮把神父们唤到他的官署，对他们说，新总督不乐意外国人在他所管辖的城中居留下来，要他们离开这里，回到澳门去，他们修盖住所的费用，如数退给他们。往后如果总督愿意，他会尽快把他们召回来^①。

这对罗明坚、利玛窦来说，不啻晴天霹雳。他们知道，王泮要他们暂时离开，只是一句托词。他们虽然感到王泮疏远了他们，但没想到他会这么决绝地要他们离开这里。打开中国的传教之门，是如此来之不易，他们能在中国肇庆居留，在整个基督教世界已传为美谈，如果就这样撤走，他们如何向耶稣会总会、澳门耶稣会院及范礼安交代？更重要的是，他们在中国传播福音的志业，不能就这样戛然而止。

罗明坚和利玛窦遂拜倒在王泮脚下，痛哭流涕，诉说自己是如何远涉重洋来到中国，怎样花费巨资在这里住了若干年并没有损害任何人，长官如何对他们同情和支持，说住在这里已经习惯了，已将这里当作自己的家乡。至于总督那里，他们会亲自去向他解释，向他保证他们不会侵害这里的任何人；如果总督还是反对，可以保留原总督允许的人数，让孟三德神父回到澳门去。

听完罗明坚和利玛窦的哭诉，王泮以同情和理解的口吻对他们说，他本人是始终很看重神父们的，不会反对他们，但要神父们能理解他，他最近收到好几封广州官员的来信，那些官员说外国教团进入中国会给国家带来大祸。还有老百姓一直对传教士不满，老百姓还把那座崇禧塔叫做番塔，将一座官府建的塔，变成好像是洋人建

---

① 〔意〕利玛窦、〔比〕金尼阁著，何高济、王遵仲、李申译：《利玛窦中国札记》，中华书局1983年版，第198页。

的。王泮还抱怨罗明坚进入广西省城，在那里遭到官员们的驱逐和虐待。最后，他说要用更多的时间来考虑整个事情。

从王泮的官衙出来后，罗明坚和利玛窦又向王泮的朋友谭谕求情，请他在王泮面前加以通融①。有关教团的事，王泮都会跟谭谕商量。

最后的结果是，王泮颁布了一个通告，并将它贴在城墙上，通告的大意是：

外国人的教堂是用外国教士的资金和劳力修建的，但崇禧塔是肇庆官府用官府的钱修筑的，借以保障该省的繁荣兴旺，外国人对它的建造毫无贡献。传教士中有人曾受到前任总督的接待，让他们留下来在肇庆居住，但他们却将其他洋人带来了与他们一起居住。因为这个缘故，已经决定命令他们全部离去。但原来的几个传教士求见他，哭哭啼啼，申诉他们远离故土，并提到他们已经花了钱。他们声称他们曾受到总督接见，从没有害过人，从未丝毫触犯国法，还提出其他为自己申辩的理由。发现所有这些都是真实的，并且为他们的遭遇而感到怜恤，鉴于他们都是信士，操持德行，所以允许他们有一两个人留在总督所指定给他们的房屋里。所有其他的人都须遵命离去，留下来的人不得再带来任何多余的人。如果他们带进人来，那就马上把他们撵走，毫不容情。不服从这个命令，就只能证明他们在阴谋颠覆国家。

①一说，神父们暗中给谭谕送去二十锭金子及许多小礼品，请他在王泮面前通融说项。见〔法〕裴化行著，萧濬华译：《天主教十六世纪在华传教志》，商务印书馆1936年版，第317页。

　　除了这份告示外,还命令衙役不徇私情,监督外国教士执行下达给他们的训令,并向官员报告所发生的一切情况①。

　　罗明坚、利玛窦看了告示后,长长地舒了一口气,感到这一关总算过去了。

　　孟三德,这位范礼安向中国内地输送的中国传教团领导人,只能灰溜溜地离开肇庆,回到澳门。

---

①以上参见〔意〕利玛窦、〔比〕金尼阁著,何高济、王遵仲、李申译:《利玛窦中国札记》,中华书局1983年版,第197—200页。

4."马丁事件"

一波方平,一波又起。

1587年9月下旬的一天,在岭西道衙门供职的陆于充带着儿子,焦急地来找罗明坚,说蔡一龙借去的三棱镜,是不会还回来的。

三棱镜能折射太阳光的各种颜色,当地居民都以为那是块价值连城的宝石。利玛窦曾说,当时最引人注目的还是三棱镜,这东西比起钟表、丝绒和任何别的东西,更能使中国人感到神奇[①]。当地居民经常围着它看,只在官员到来时才迅速闪开。

蔡一龙,原住广州,在澳门受洗,教名马丁(Martino),认识了罗明坚,1586年下半年来到肇庆,拜见神父们。他为人懒惰,欺骗肇庆教友为己牟利,对耶稣会修炼自我道德的《神操》毫无兴趣。为了使其成为真正的基督徒,罗明坚平日里比较关心他。前不久他来到仙花寺,恳求罗明坚借给他三棱镜,说是要给他亲戚瞧瞧,看后即送回来。罗明坚相信了蔡一龙的话,就从台上把三棱镜拿给他。

陆于充继续对罗明坚说,蔡一龙是骗子,他现在拿着三棱镜,躲到广州去了,想拿着这个去卖钱;还说蔡一龙骗了他们父子的钱,把

[①]《致那不勒斯耶稣会路多维科·马赛里神父》,1585年11月10日,肇庆,〔意〕利玛窦著,文铮译:《利玛窦书信集》,商务印书馆2018年版,第54页。

他们害惨了。随即他说了被骗的经过。

原来，本地居民陆于充一心想着发财，带着儿子成日架着炉子炼金丹。他把家里所有积蓄拿出来，买炼丹炉和原料丹砂、铅、汞、硫、砒霜，还有金属材料，但欠了亲戚不少债，还是没有炼出一颗金丹。

此时，肇庆坊间传言住在番塔下的番鬼和尚，能用一种草药将水银变成银子，这种说法一传十，十传百，说得有板有眼。

许多人相信此说是真的。当时，葡萄牙人来广东贸易，带来大量洋货和白银①，收购的货物除了丝绸、茶叶、瓷器、麝香等外，还有水银。大量白银涌入中国，本是全球贸易的结果，但在当时民间，一些国人还不明乎此，他们将运走的一船船水银和运入的一船船白银联系起来，认为佛郎机人通过一种烧炼术，将水银变成白银。他们看到肇庆传教士不化缘、不置业、不经商，却有吃又穿，建了这么漂亮的外国庙，庙里还有那么多值钱的东西，其老家离中国那么远，需要两三年才能到达，却能一连数年源源不断地把银子从遥远的老家运到中国来，因而认为传教士们也懂得将水银变白银的法术。

他们不知道，肇庆传教士的开支，仰赖耶稣会澳门会院提供，而耶稣会澳门会院的费用来自葡萄牙商人在澳门、日本间贸易获得的利润，即享受所谓的贸易配额。1578年，范礼安根据耶稣会总会长

---

① 随着新航路的开辟和世界市场的逐渐形成，蓬勃兴盛的全球贸易不仅使得各种中国商品开始输往全球各地，同时亦导致大量白银经各种途径涌向中国。当时，中国白银主要来自日本和西班牙人占据下的菲律宾，而后者的白银又来自美洲。从16世纪中期开始，日本大量开采银矿，其白银主要运往中国。加拿大学者弗兰克（G. Frank）认为，在1560年到1640年，由日本运往中国的白银数量要比远道而来的美洲白银多3至10倍，总量达到8 000—9 000吨。参见〔加〕弗兰克著，刘北成译：《白银资本——重视经济全球化中的东方》，中央编译出版社2001年版，第205—206页。

墨丘里安之命,调查日本耶稣会士进行生丝贸易是否必要。范礼安经调查后,遂与澳门阿尔玛萨①签订有关生丝贸易份额的协议:在澳门大船每年运入日本的1 600公担②生丝中,拨90公担给耶稣会,将售后所得资金作为耶稣会的传教经费③。1585年7月,范礼安通过葡印总督爱德华多·梅内塞斯(Eduardo Meneses)获得菲利普二世的批准,给中国传教团的教士颁发年金,由马六甲殖民当局支付④。

当时神父们为了与澳门葡萄牙人撇清关系,对来自澳门的资助不敢声张,因为如果让当地居民知道自己的钱财来自澳门,就会被认定为跟佛郎机人是一伙的。

这样,当地一些人便猜测神父们会炼银术。利玛窦1584年在给时任菲律宾西班牙税务司长的信中就如此说道:

> 他们(指当地居民)悄悄地把矿土带来给我们看,因为他们都相信我们可以从中提炼出银子。他们称如果我们能提炼出很多银子,他们愿与我们合伙,大家一同发财。⑤

神父们否认自己会炼银术,却又说不出钱财的来源,他们越是否定,那些人越是相信传闻是真的。蔡一龙从中推波助澜,大肆鼓

---

① 阿尔玛萨(Armacāo)成立于1570年,是澳门葡萄牙商人为对日本生丝贸易而建立的类似于行业公会的商业机构。
② 1公担在61公斤至62.5公斤之间。
③ 吴志良、汤开建、金国平主编:《澳门编年史》(第一卷),广东人民出版社2009年版,第174页。
④〔意〕利玛窦、〔比〕金尼阁著,何高济、王遵仲、李申等译:《利玛窦中国札记》,中华书局1983年版,第189页。
⑤《致澳门蒋·巴蒂斯塔·罗曼》,1584年9月13日,肇庆,〔意〕利玛窦著,文铮译:《利玛窦书信集》,商务印书馆2018年版,第36页。

噪,说番鬼和尚自己都承认了会炼银子,其目的是利用自己与传教士的关系,引人上钩,从中渔利。

绝望之中的陆于充父子听说传教士会炼银子,就不时往仙花寺跑,除了东瞅西看,有时也帮神父们干一些杂活。陆于充走过一些地方,与绝大多数当地人不同,会一些官话,因此他为神父们翻译一些当地人说的粤语。相处多了,罗明坚对这父子俩信任起来,在他们要求受洗后,也为他们授了洗,让他们成为了基督徒。

但对罗明坚来说,他们怎么也没有熟络到与先前已入教的蔡一龙一样。陆于充便探问蔡一龙,那些番鬼和尚是不是真的能将草药、水银变成银子。

蔡一龙很神秘地对陆于充说,罗师傅确实能将水银变成银子,而且答应把方子交给自己,条件是不可外传。蔡一龙特别提醒陆于充父子,不能让其他番鬼和尚知道,否则罗师傅不会答应的。

蔡一龙看到陆于充有求于己,就在肇庆到处吃喝,吃完后就要陆于充付账,他还向陆于充借钱。

一天,蔡一龙对陆氏父子说,他没有老婆,要他们给他买一个女人当老婆。陆于充虽然囊中羞涩,但为了从蔡一龙口里得到炼银方子,到处借钱,终于凑够钱为他买了一个老婆。

陆于充催促蔡一龙将方子要来,但蔡一龙总是找各种理由搪塞拖延,被催急了,就说"快了,快了"。这样过了三四个月,陆于充越来越不耐烦了。蔡一龙觉得不能再拖下去,就说罗明坚神父过两天就会将方子交给他。陆于充父子自是高兴。

但此后陆于充父子就没见蔡一龙露面,犹如人间蒸发。陆于充着急了,四处打听,一天听人说他拿着番鬼和尚的三棱镜,离开肇庆上了赴广州的船。

陆氏父子觉得如果能将三棱镜追回来,足可以抵债,推想番鬼和尚们为了拿回这块宝石,是会出大价钱的。

于是,他们追到广州,试图把三棱镜从蔡一龙手上夺回来。

蔡一龙东躲西藏,陆于充还是找到了他,并交给他一封岭西道写的公函,公函上说,岭西道下令捉拿蔡一龙归案。但蔡一龙看后,不为所动。其实,这封信是伪造的,陆于充父子中有一人在岭西道的衙门里供职,遂以岭西道名义伪造公文。

罗明坚听陆于充讲完后,感到事情闹大了,急忙坐船赶往广州。

对广州,罗明坚并不陌生,从1580年开始,他多次到过广州。他搜寻蔡一龙可能的落脚点,但就是找不到他的踪影。空落落地回到肇庆后,罗明坚心里忐忑不安,过几天又去广州寻找蔡一龙,最终还是没有找到。

三棱镜被骗走一事,神父们一直瞒着,没有告知官府。一天,知府郑一麟①和另外几位官员来到仙花寺。在与神父们闲谈一番后,郑一麟想把玩一下三棱镜。神父们紧张起来,知道失窃的事不能再隐瞒下去了,就把蔡一龙骗走三棱镜的事情告诉了郑一麟。郑一麟听后勃然大怒,立刻写一手令交给一名官吏,令他派人到广州抓捕窃贼,并马上带回来。

神父们说,棱镜实际上没有想象的那样值钱,长官没必要去抓他。郑一麟说,值不值钱是一回事,如果没有三棱镜,官员们就看不到了。

①王泮还是郑一麟? 夏伯嘉的说法是王泮:"事情只有在王泮和其他官员来访时才有了头绪,由于这些官员要求看棱镜,神父们不得不告知被盗的事实。王派遣了他的手下到广州,找到了蔡的藏身之地,把这个骗子押回了肇庆的监狱。"参见〔美〕夏伯嘉著,向红艳、李春园译:《利玛窦:紫禁城里的耶稣会士》,上海古籍出版社2012年版,第111页。但此长官应是郑一麟,因为当时的知府是郑一麟,传教士此时称王泮为"岭西道"。

肇庆府衙有个卫兵是蔡一龙的同乡,认识蔡一龙,就被派到广州去。

这位士兵到广州后,没有直接去寻找蔡一龙,而是把他弟弟抓起来,威胁他说,如果不交出犯人,就由他本人赔偿这块宝石,而这是他倾家荡产也赔不起的。

听完这话,惊恐不已的弟弟就说出了蔡一龙的藏身之所,士兵抓到了蔡一龙,并把他五花大绑带回肇庆。

被捕后的蔡一龙对罗明坚十分恼恨,在狱中唆使出狱的狱友,在城中的街头巷尾张贴传单,揭举罗明坚引诱当地居民罗洪的妻子,并与她通奸。据说,罗洪看到传单后,气冲冲回到家,把妻子痛打一顿,妻子承认了与罗神父的奸情。罗洪就写了一诉状,请求官府严惩番鬼和尚。

但罗洪拿着状纸,没有去官府,而是跑到仙花寺。一到仙花寺,他就怒气冲冲地对神父们说,罗和尚与他的妻子通奸,妻子也承认了,如果和尚们愿意花一些银子,他就不告了。

神父们听后非常震惊。他们觉得如果给了他钱,等于承认了奸情,会授人以柄,没完没了,因此表示一文钱也不出。

罗洪于是将状子投到岭西道衙门。

岭西道王泮把这个案子转给知府郑一麟审理。

当案子在公堂上审理时,罗洪未到场,郑一麟派人到罗家找他,发现他家中已空无一人,他和他妻子都不见了。

郑一麟问了罗明坚一些问题,罗明坚一一做了回应。案情很快就水落石出:首先,罗洪的控告完全缺乏可信度,因为所谓的通奸的那一天,罗明坚正在广西旅行;其次,缺乏人证,罗明坚住的地方离罗洪住的地方较远,一个穿着外国服装,有着外国口音的和尚怎能走到那儿去私通而不被旁边的人发现呢?

真实情况是,蔡一龙为泄私愤,把针对他的案子搅浑,转移官府视线,使自己金蝉脱壳,遂想出诬告罗明坚通奸这一招。他当时深陷囹圄,就唆使走出牢门的狱友买通罗洪,罗洪因为家里太穷,就伙同妻子演了这一出。本来在得到蔡一龙的酬金后,他们还想敲诈神父一把,未能得逞后,怕事情败露,鸡飞蛋打,案件审理那天,两人卷了铺盖,逃之夭夭。

官府最终宣判,将蔡一龙问罪,并罚他偿还陆于充本银①。

郑一麟下令将蔡一龙押上公堂,命人当着神父们的面狠狠打了他二十大板,把他打得半死,然后拖进监牢。

之后,郑一麟差人把蔡一龙押到岭西道衙门,请王泮批准这次判决,因为是他把案子交给郑一麟办理的。王泮听完全部案情后,怒不可遏,又命人打了蔡一龙六十大板,打得蔡一龙皮开肉绽,嗷嗷叫苦。

----

① 这次审判的汉语记录,藏在罗马耶稣会档案馆,档案编号ARSI,Jap-Sin I 198,fols.183,186v-187v,它作为附录编订在罗明坚和利玛窦编纂的《葡汉辞典》中。德礼贤、陈纶绪、张西平、宋黎明等对判词进行了识读,校正了其中的一些讹误。现将宋黎明识读版录于下:"审得蔡一龙,于九月二十五日,哄骗番僧宝石到省,意图重价勒赎。且因借陆于充本艮(银)八两,欲宝石私当低(抵)偿。随充往省寻见,问论前情。是充执回宝石,送道验明,发还本僧。比一龙解到本府,暂收仓监,唤僧面质究惩。乃捏罗洪告词,称僧明坚与妻通奸,即指一龙写帖张挂,瞒准(住?),后虑本审审出真情,又诉匿名诈害。今据李主簿回称:罗洪原案住南门,与妻先期躲避。即是一龙供报详看,罗洪与明坚素无来往,何故将妻自污,告害番僧?况南门去本府颇远,以异言异服之僧,私往通奸,一路地方邻佑,岂不窥见?即使潜踪,亦难避于近处耳目;此中奸棍甚多,脱一瞰知,登时捉获,或送官,或吓诈,仍所不遂,而始待久出之夫告鸣耶?此俚(理)人之所必无,可知矣。今洪不出官对俚(理),即是一龙捏report妄告,图泄私忿无疑。应将一龙问罪,仍追回陆于充本艮(银)八两,将一龙取问罪犯。"宋黎明:《神父的新装——利玛窦在中国(1582—1610)》,南京大学出版社2011年版,第40页。

鞭刑或杖刑,民间称"打板子",在中国起源甚早,《尚书·舜典》有"鞭作官刑"的说法。东汉明帝时,"政事严峻,故卿皆鞭杖"①。南北朝梁武帝(502—549在位)时,把杖刑列入刑书,作为一项正式的刑罚手段。

明代,官府惩罚罪民打板子是常事,上级官吏惩罚下级官吏也常打板子,皇帝也经常以"廷杖"惩罚大臣。当时,中国官吏们动辄当众打板子,给初来中国的外国传教士以深刻印象,葡萄牙籍多明我会士克路士,详细描述了他在广州所看到的官员被打板子的情形:

> 他们的鞭是用这些竹茎制成,长约到一个中等身材的人胸部。他们打人的大腿部分,叫人趴在地上,两腿伸直,两手反绑。这种鞭杖十分残酷,头一下马上打出血。一次鞭杖是两板子,由站在两旁的役吏施刑,各打一条腿。两鞭杖后人便不能站立,他们拉着手腿让他起来。很多人挨了五十或六十鞭杖后死去,因为屁股卵蛋全给打烂了……这种审讯开始时,他们把竹板放进大水缸里,为的是更厉害地打犯人。役吏奉命施刑时,老爷们毫无怜悯之心,相互交谈,吃吃喝喝,剔他们的牙齿……酷打的程度达到满堂院都是鲜血;打完之后,他们把犯人像羊一样拖一条腿到牢房,而不是押送回去。役吏行杖时,他们大声报打了几杖。如果重罪在押的可怜囚犯在这种审讯将结束时能找到一条可上吊的绳子,那他们会争先恐后去上吊,以免遭受鞭杖的酷刑。②

---

① 程树德:《九朝律考》卷一《汉律考六》,中华书局2006年版,第156页。
② 〔葡〕克路士:《中国志》,〔英〕C. R.博克舍编注,何高济译:《十六世纪中国南部行纪》,中华书局2019年版,第162—163页。

　　在明朝如此的廷杖制度下,宋代奉为天之骄子的士人,常常因为杖责而尊严扫地。

　　陆于充得知蔡一龙的判决结果后,害怕官府抓他,就主动把三棱镜送到仙花寺,没提任何要求①。

　　蔡一龙在狱中时,他的亲友没有人去看他,只有罗明坚带着佣人去看他,给了他一些吃的和用的东西。蔡一龙最终因伤势过重,死于监狱②。

　　罗明坚十分怅惘。在整个事件中,他深陷旋涡,忙于取证、自辩,虽然赢了官司,但尽显狼狈。他真心对待蔡一龙、陆氏父子,却换来官司和算计,还被污为通奸犯。蔡一龙几个月前还与自己经常来往,现在却去了天国。为什么会这样?罗明坚可能怎么想也想不明白。

---

① "那对持有三棱镜的父子知道了马尔第诺(即马丁——笔者)被捕的事后,害怕官府会到家中抓他们,便主动把三棱镜交还了神父,没提任何条件。"〔意〕利玛窦著,文铮译:《耶稣会与天主教进入中国史》,商务印书馆2014年版,第126页。"从马丁那里接受镜子的另一信徒,听说马丁被拘,就自动把它交还给教团。他害怕官府得知玻璃镜在他家里,他也会被逮捕,被控以盗窃罪的。"〔意〕利玛窦、〔比〕金尼阁著,何高济、王遵仲、李申译:《利玛窦中国札记》,中华书局1983年版,第204页。但尚不知陆氏是什么时候从蔡一龙那里得到三棱镜的。

② 关于"马丁事件"的经过,参见〔意〕利玛窦、〔比〕金尼阁著,何高济、王遵仲、李申译:《利玛窦中国札记》;〔美〕夏伯嘉著,向红艳、李春园译:《利玛窦:紫禁城里的耶稣会士》;宋黎明:《神父的新装——利玛窦在中国(1582—1610)》等书,以及耶稣会传教士的有关书信。

西 走

1. 住院被袭

　　1587年12月，王泮如愿升迁，职务为湖广右参政兼佥事，整饬岳州、九、永等处兵备，结束了在肇庆的八年为官生涯。他在肇庆为老百姓做了不少好事，据说，当地人早就有为他建生祠的动议，均被他劝止；有些人还将他的画像挂在家中，被他多次撕掉。1587年末、1588年初，他即将告别肇庆时又有人倡议为他营建生祠，地址选在崇禧塔西面的文昌阁前，这个时候他不便阻止了[①]。

　　王泮生祠，当地人习称王公祠，1588年10月建成，为砖木建筑，坐北向南，三开间，面阔15米，进深7.72米，单檐硬山顶，梁架结构。谭谕是王公祠的主要董理者，王公祠建成后，他请路过肇庆的广西按察司副使李学一撰文，是为《观察山阴王公生祠记》[②]。

---

① 万历《肇庆府志》中"王公生祠"载："先是，公为守且迁，端人士共谋祀事，公闻而力沮之。闻有私绘像于家者，公即取毁之，屡矣。及是，乃就塔之右界文昌祠前，为堂祀公……公行矣，至是亦不能禁矣。"〔明〕郑一麟修，叶春及纂：《肇庆府志》卷一四《祀典》，岭南美术出版社2009年版，第286页。明万历十六年（1588）的《观察山阴王公生祠记》碑文载，王泮生祠"始于戊子年正月，落成于是年十月"，"戊子年"即万历十六年（1588）。参见刘晓生：《明代〈观察山阴王公生祠记〉碑文初考》，《肇庆学院学报》2013年第3期。

② 万历《肇庆府志》之"王公生祠"载："会余（李学一）过端州，乡缙绅谭君谕辈，征文为记。余生长粤中，所居去端数百里而近，故得以旌公之素。已询公所（转下页）

在王公祠建成之前，当地官民为王泮举行了隆重的欢送仪式①。那天，新上任的两广总督吴善出席了盛典。一名官员按照民间的风俗，当众脱下王泮的双靴，并为他换上新靴，而把一只旧靴封存在精美的匣中，安置于生祠，以感戴这位离任官员所建立的功德。

仪式结束后，老态龙钟的吴善，在当地官员前呼后拥下突然向旁边的仙花寺蹒跚走去，传教士们慌忙出门，作揖相迎。他们绝对没有想到，在桂林那样决绝地驱逐罗明坚的吴善会拜访他们。

吴善的拜访，意味着肇庆传教士濒临灭顶的危机已经过去。

王泮离开肇庆不久，惠州知府黄时雨接替王泮的职务，传教士对他颇熟悉，他先前来肇庆公干时，多次访问过仙花寺。

这样，肇庆官员交替，似乎没有置肇庆传教团于危险境地。

但此时，罗明坚却离开肇庆赴澳门。

为什么有这个安排？

利玛窦的回忆录是这样说的：

> 一切归于平静之后，罗神父回澳门去联系孟三德神父来肇庆的事，澳门的神父们都希望罗神父留下，等待范礼安神父。②

似乎罗明坚回澳门是为了办理孟三德进入肇庆事宜。但问题

（接上页）以治端状，则缕缕言之甚具。"〔明〕郑一麟修，叶春及纂：《肇庆府志》卷一四《祀典》，岭南美术出版社2009年版，第286页。

① 据《观察山阴王公生祠记》碑文，王公祠落成于万历十六年（1588）十月，而王泮是在万历十五年（1587）十二月被任命为湖广右参政的，他不可能延迟至生祠落成的次年十月方赴任。因而生祠前的欢送仪式，当是在生祠未竣工时举行的。

② 〔意〕利玛窦著，文铮译：《耶稣会与天主教进入中国史》，商务印书馆2014年版，第127页。

是,肇庆官府一直以来只允许两位西僧住在肇庆,罗明坚为什么突然又要将孟三德从澳门引入肇庆?而且他应该先疏通好肇庆官府的关系,待官府同意后才去澳门联系,后来在肇庆的利玛窦引入孟三德,就是这样做的。

因此,利玛窦的说法是令人生疑的,罗明坚离开肇庆去澳门应另有原因。

此时是1588年的早春时节。罗明坚拿着行李,沿着熟悉的路线,赶往码头,上船,习惯地回头看着矗立在河边的崇禧塔和旁边自己一手营建的仙花寺——这个他在中国的家。随着船渐行渐远,崇禧塔和仙花寺影影绰绰消失在天际中。罗明坚多次离开肇庆这个家,不知此次他是否有异样的感觉。

到澳门后,罗明坚一边研读儒家经典,一边等待范礼安来到澳门。此时,范礼安在印度果阿,等待日本天正遣欧使节团归来。

1588年5月29日,天正遣欧使节团随耶稣会组织的第40批远征队从里斯本抵达果阿,与范礼安会合。7月28日,范礼安率领使节团和17名耶稣会士从果阿返抵澳门[1]。

范里安在了解了肇庆教团的近况后颇感忧虑,与此同时,他也在盘算已经回到澳门大半年的罗明坚的去留问题。

罗明坚回到澳门后,利玛窦恳求岭西道黄时雨批准孟三德回肇庆。于是,作为耶稣会中国监督的孟三德又从澳门再度进入内地。

马丁事件虽然惩处了蔡一龙,但陆于充父子并没有收回他们亏蚀的钱,他们对神父们充满了仇恨。当他们看到罗明坚离开肇庆,换回孟三德后,就在城里张贴传单,谴责孟三德的非法居住。

---

[1] 〔葡〕施白蒂著,小雨译:《澳门编年史(16—18世纪)》,澳门基金会1995年版,第23页。

这年冬天，肇庆连降暴雨，西江洪水泛滥，冲决河堤，淹没了两岸的村庄和田地。洪水消退后，官府组织修筑河堤，并允许砍伐沿途树木作修筑之用。因为有官府的同意，河工大肆伐木毁林，沿江的园林遭了殃。

仙花寺就在江边，当河工试图闯入仙花寺时，神父们雇用的仆人——一个又高又壮的黑人，拦住了他们，好几个黝黑的印度裔仆人也冲过来支援。河工见势不妙，就撤退了。几位佣人也见好就收，没有再追。河工们见没有人追上来，胆子又大了，转过身来，捡地上的石头，朝仙花寺扔去，于是仙花寺的窗户、墙上、瓦上，一阵砰砰响。仆人问利玛窦要不要还击，为免把事情闹大，利玛窦说，还是要克制。

这时，更多的河工聚集，冲进仙花寺，砸门窗、家具，拆院子和街道之间的围墙。利玛窦一面要孟三德和一个翻译从后门出去报官；一面对这群人表示抗议，说他们可以将想要的东西拿走，但不要砸东西，但回应他的是一阵雨点般的石头。利玛窦急忙搂起一捆竹杆，扛在肩上，冲进人群，请求他们收下这捆竹杆去修堤。这群人停止扔石头，以胜利的姿态，欢呼着四散了。

傍晚的时候，一位官员来到住所，看到屋内外一片狼藉，房屋到处"伤痕"累累，表示同情，并召来几名士兵守在仙花寺门口，防止那些人再闯入。

第二天，这位官员向上司报告，利玛窦也去了。听完后，他觉得这个官员有些轻描淡写，有大事化小、小事化了的意思，表示不满。

利玛窦离开这位官员，直接去找知府郑一麟，向他申诉这群人如何打砸房屋，自己身体如何受到伤害。申诉完后，他又说不要追究这件事，不要惩处这些人。郑一麟一脸狐疑，表示不解。利玛窦说，如果惩罚了那些人，会给他们外国人带来更多麻烦，他要郑一麟出一道告示,禁止以后有人欺凌他们。郑一麟表示同意。第二天,住院外墙贴了一张官府的公告,禁止任何人袭击外国人的住所①。

孟三德发现自己待在肇庆没有什么好处,便又回到澳门,并把整个事情向已在澳门的范礼安做了详细的汇报。孟三德此时已经二进二出肇庆,后他又于1591年短暂进入内地,1596年11月4日在澳门辞世。

罗明坚、孟三德离开肇庆后,肇庆只有利玛窦一位传教士。

1588年上半年应该是利玛窦感到惬意的日子,此时,他不再像在中国官方登记簿中所注明的那样,以罗明坚"仆人"②的身份存在,他不再是看院打杂者,而是以住院主人的姿态主持肇庆传教团的内外事务。仙花寺在郑一麟贴上官府公告后安然无事,喜好机械装置的利玛窦,在仙花寺屋顶安了一个硕大的机械钟,更增添了仙花寺对当地民众的吸引力。当年8月,范礼安派年轻、不懂中文的麦安东到肇庆,给利玛窦配了一个下手。

但好景不长。9月3日,一份广州父老百人联名控告肇庆外国人的请愿书,递到省按察使蔡梦说手中,内容大意如下:

> 按中国法律,任何人见到为民有害之事,有向官厅告发之自由,同人等系广州长老,曾注意数事,不得不告知阁下,为能设法补救。
>
> 在这些事情之中,最要注意的是一些由外国而来住在肇庆府城内的外人。如若容许外人在内地居住,民等深恐从此酿成有害于国之重大事变,前车之鉴,足令吾人懂清灾害之所由来。

①河工袭击事件的经过,参见〔意〕利玛窦、〔比〕金尼阁著,何高济、王遵仲、李申译:《利玛窦中国札记》,中华书局1983年版,第206—208页。
②〔法〕裴化行著,管震湖译:《利玛窦评传》(上册),商务印书馆1993年版,第92页。

即以香山县属之澳门而论,大批国籍不同之外人麇集,欲借遣派公使入贡称臣之举,进入内地,并借口与中国通商欲居留广州。虽无人允许彼等,而仍居留澳门,不忍他去。回忆在过去的时期,彼等本居于商船之上,无人允许登陆,因此在集会完毕,便各扬帆远去,回归故国,现在竟建起高大楼房,屋宇栉比,如蜂之屯,如蚁之聚,作为长久之领土矣。

在本省内,人人已无不以此事自危,而彼等竟复日日寻求其狡诈之方法,并在肇庆城内集资建筑高塔,更令人心寒胆栗。彼等往来不断,无非为领入别的与彼等同样之外人。实在,同人等深恐此种外人之进入内地为暗查我国机密,以后遂联络别种仇视我国民族之外人,大张挞伐,我国民族将被逐散。正所谓"良田之内布满荆棘""居室之内引入蛇龙"。澳门的情形,宛如手足之疾,尚可容缓时日;今日之肇庆,则属心腹之疾,补救医治以俞速俞妙。

因此敬恳钧座与肇庆当局商议,将彼等驱逐出境,送往澳门。至于澳门之事,可从长计议一种妥善办法,此等德政无异拯救全省人民于水火之中,感恩戴德,永无宁息。[①]

请愿书透露的信息表明,当时民间对葡萄牙人是没有好感的,有防范抵制之心,并将肇庆的传教士们归于一类。请愿书未道明"住在肇庆府城内的外人"的传教者身份,只是说他们是更奸诈、深入省内的一群,因而是心腹之患,请求官府将他们驱逐出境。有意思的是,这些绅士们与当地居民一样,也认为崇禧塔是外国人建的。

---

①转引自〔法〕裴化行著,萧濬华译:《天主教十六世纪在华传教志》,商务印书馆1936年版,第325—326页。

　　请愿书在提刑按察使司受理后,批转给广东海道、广州知府等部门。利玛窦从肇庆知府郑一麟处获得消息后,通过赠送礼物等手段,取得了岭西道尹黄时雨、肇庆同知方应时等官员的支持,方应时以肇庆府与广州府没有业务往来为由,建议利玛窦向省提刑按察使司写辩驳书,利玛窦遂绕过广州府,直接向提刑按察使司陈述肇庆传教团的清白无过。这样,一时民议沸腾的广州耆老请愿事件遂不了了之,肇庆传教士又躲过一劫。

2. "最有资格的一位"

这些事件显示了当地居民、士绅对传教士公开的不满和对立。罗明坚一行从浙江回来后，中国传教团就结束了与肇庆官府的短暂蜜月。没了像王泮那样的传教士"保护人"，各种不满传教士的社会力量就更无忌惮，他们从隐忍走向公开，欲将传教士赶出肇庆。无论是肇庆和澳门的神父，还是往来东亚、南亚的范礼安，都感觉到中国传教团的岌岌可危。

罗明坚进入中国后，通过多年与中国官员和民众打交道，对当时中国的政治有了更多的了解和认识：

> 如果一个对中国一无所知的外国人乘船到了广东或者其他城市，并被告知一些有关该国的事情，他会知道这个国家里有很多行省，每个行省里又有一个级别较高的城市，就像每个行省的首府。其他城市都像服从上级一样属它管辖。他还会知道，每个城市里都有官员，他们服从于首府城市的官员。他们都受同一个地方长官的管辖。另一方面，所有这些行省的地方长官又接受整个国家的元首的统治。因此，即便某人没有见过皇城北京，在听了这些介绍之后也能说出在这个泱泱大国里有一位君王，所有的官员都听从他的指令，包括那些伟大和最

高的官员。①

　　正是基于以上对明朝权力体系的认识，罗明坚越来越觉得他的宗教要在中国立足，就必须得到中国皇帝的许可，要让皇帝许可，就必须组织朝觐皇帝的教宗使团。肇庆住院隐含的危机，更坚定了他的想法，他必须加快实施的步伐，从肇庆来到澳门，主要是想与范礼安商议此事。

　　范礼安也曾经想派外交使团，认为让天主教在中国获得稳固根基的最好办法，就是派遣教宗大使去北京。他在一封致耶稣会总会长的信中说道：怀疑和不信任外国人是中国人的"不治之症"，因此采用他们的服装、他们的语言、他们的习俗，竭力将自己改造成中国人的做法是不够的，在中国，时时刻刻在一切方面都要取决于官吏们的专断，而他们的官员又经常更换，官员们从另外一个省调来后，必须重新与他们建立关系，不然他们随时可以把传教士驱逐出国，所以要摆脱如此之多的危险和障碍，"唯有租借一块土地和获得中国皇帝的特旨，才能使我们得到进入中国的自由和在该国居住的安全"。但鉴于中国皇帝难以接近，已进入中国的传教士们无法找到其他的办法接近他，因而唯一的办法是以教宗的名义，派一个隆重的使节②。

　　肇庆住院被袭后，孟三德无法在那里安身，再度撤离肇庆，这更增进了范礼安对罗明坚派遣使团策略的认同。利玛窦后来在回忆录中说道：

---

① 转引自〔意〕麦克雷、才常慧译：《罗明坚："中国简介"和"中国天主教教义释义"，1582年》，《国际汉学》2016年第3期。

② 转引自〔意〕利玛窦、〔比〕金尼阁著，何高济、王遵仲、李申译：《利玛窦中国札记》附录《1978年法文版序言》，中华书局1983年版，第672—673页。

当总视察员从目击者那里得知我们神父在教团所遭遇的骚扰情形时,他就以全部注意去寻找使他们在中国能赢得更高声望的某种新方法……如果他们的居留得到皇帝认可,这件工作就会打下良好的基础;如果得不到,它看来就既没有把握也不能持久。对进行这件事的各种方法经过长期考虑之后,最可行的方法看来是由一位神父安排一个教皇使节去见中国皇帝。①

那派谁回欧洲游说呢?

罗明坚从绍兴回来后,当时的肇庆住院监督孟三德召集了一次会议,会上重提派遣教皇代表团。利玛窦表示支持,并建议由孟三德回欧洲面见教皇商谈此事。利玛窦后来还多次劝孟三德派罗明坚回欧洲。1588年1月孟三德给耶稣会总会长阿桂委瓦的葡萄牙助理写信,说利玛窦一再要求他选派罗明坚回罗马,孟三德讲述了自己的担忧:

因为我担心要从中国差会派出担子最重的人,即便是利玛窦神父一再要求我这样做,但我对此犹豫再三。

孟三德说罗明坚是中国差会"担子最重的人",他不同意利玛窦"驱逐一个差会的重量级人物"②。

---

① 〔意〕利玛窦、〔比〕金尼阁著,何高济、王遵仲、李申译:《利玛窦中国札记》,中华书局1983年版,第208页。

② 《孟三德致罗德里格斯函》,1588年11月4日,ARSI, Jap-Sin. 10-11, fols. 308-308v. 转引自〔葡〕萨安东著,金国平译:《罗明坚在欧洲》,〔意〕罗明坚著,〔意〕罗·萨多(Eugenio Lo Sardo)整理,金国平等译:《大明国图志——罗明坚中国地图集》,澳门特别行政区政府文化局2013年版,第23—24页。

对派谁回欧洲,范礼安其实早已成竹在胸,因而当利玛窦最初推荐孟三德时,范礼安并没有同意。

范礼安希望罗明坚回欧洲。

范礼安后来在1588年11月23日写给耶稣会总会长阿桂委瓦的信中,端出了他派罗明坚回欧洲的理由:

> 罗明坚神父已经为中国传教工作了很多年,现在他回到罗马是因为这是让他休息的机会,尤其是现在他已经老了,且负担很重,这么沉重的工作量会让他更加劳累。他现在离开这里是因为他不能很好地说这里的语言,正因为这个原因,您应该原谅他的返回,中国传教不是靠那些年老又劳累的人来完成的。[1]

裴化行在《天主教十六世纪在华传教志》中对此更是做了全面的转述:

> 在两年以前,利玛窦本来主张桑德(指孟三德)担负这种使命,范礼安未曾依随他的意见。其实罗明坚现在为在远东服务的能力,是一天不如一天,按各种文献上含糊的叙述,中国传教会的前驱及创始者在四十五的光景,像似已经被病苦及水土所销毁。他的记性已经不容许他学习中国的语言;会所中的用人,因为他过于仁惠,允许给予他们需要的次数虽然多过实行给予的次数,但是总为的使他们欢喜,所以这些人往往滥用他

---

[1]ARSI, Jap-Sin 11, fol. 29v. Cited in *FR* I, N. 303, p.250, n.2. 转引自〔美〕夏伯嘉著,向红艳、李春园译:《利玛窦:紫禁城里的耶稣会士》,上海古籍出版社2012年版,第116页。

的太温和的指挥……再说这时在中国,已经见不到与他同时东来的传教士,他游历过中国的五省(广西、广东、浙江、江西、湖南),他曾经参加中国传教事业的各种事变,所以是中国传教士中最有资格的一位。①

归结起来就是说罗明坚年纪大了,记性差了,汉语水平低了,为人太善良了,还有就是经历的中国事情多了,因而他成了被派遣回欧组织使团"最有资格的一位"。

　　其实这些还只是派罗明坚回欧的表面理由,范礼安还有他自己另外的"理由"。

---

①〔法〕裴化行著,萧濬华译:《天主教十六世纪在华传教志》,商务印书馆1936年版,第320—321页。

3. 归程

　　1588年11月20日，罗明坚背着行囊，乘坐一艘中国小帆船离开澳门。时已隆冬，冷风扑面，砭人肌骨。澳门渐渐远去，九年前（1579年7月20日），他踏上这块土地，后来踉跄进入内陆，居然在肇庆定居下来。住院现在风雨飘摇，范礼安下决心组织教宗使团，他认为是绝对正确的。他相信，通过自己的努力，能够圆满完成范礼安交给他的重要使命，不用太久，他将再踏上这片熟悉的土地，凭着他的中国话，他对中国的了解，还有与一些官员的关系，能领着使团，从广州一路向北，进入北京，觐见当朝的万历皇帝，那时不仅肇庆的住所可以保留下来，而且可以在中国广袤的土地上传播福音。

　　出发前范礼安郑重地给了罗明坚一个书面指令，要罗明坚抵达罗马见耶稣会总会长前，不要与西班牙国王、葡萄牙总督、葡萄牙与西班牙的差会代表接触①。他觉得范礼安的指示是对的。

---

①1588年11月21日范礼安致阿桂委瓦函："我命令罗明坚神甫并为他下达了书面的指令，或其他任何问题或无论是同在葡萄牙的枢机主教，还是同国王陛下，都不要谈任何事情。同时致函上述代理人说，在罗明坚神甫抵达罗马前，在与您谈话前，将不能涉及任何事情。"ARSI, Jap-Sin.11-I, fol.13v.转引自〔葡〕萨安东著，金国平译：《罗明坚在欧洲》，〔意〕罗明坚著，〔意〕罗·萨多整理，金国平等译：《大明国图志——罗明坚中国地图集》，澳门特别行政区政府文化局2013年版，第28页。

西走是为了东进,罗明坚此时心里充满着感激和期待。

一年多前,他的朋友、西班牙耶稣会士阿隆索·桑切斯,同样为打开中国的传教大门从东方回到欧洲。

但桑切斯向西方争取的是另一种支持——武力。1584年10月桑切斯与罗马诺一行欲通过澳门和肇庆的力量出使中国失败后,放弃了所谓外交路径,认为进入中国传教,只能诉诸武力。两年后,桑切斯在菲律宾制订了一份详细的征服中国的计划。计划说,调动10 000至12 000名西班牙、意大利或其他欧洲国家的士兵,加上5 000—6 000名日本人以及与此数目相等的菲岛上土著维萨亚人,辅之以火枪、标枪、长矛和滑膛枪等武器,再配置一些火炮和炸药,由耶稣会总会长手谕任命的先行官来统领,那么取胜是有保障的。他还说已经进入肇庆的耶稣会士熟知中国语言,可以充当翻译,里应外合①。这个计划获得了菲律宾总督、大主教的共同赞许。1587年,桑切斯带着菲律宾总督签署的武力进攻中国的计划回到西班牙,希望国王菲利普二世予以批准实施。

罗明坚行囊中有自己绘制的中国地图,因为很多还是草稿,因而把参考的中国资料也夹在一起,准备回欧后完成。罗明坚离开澳门前,范礼安和澳门神父们挑选了一些送给罗马教皇和耶稣会总会长的礼物,如象牙、肉桂、肉豆蔻、牛黄石等,还有精致的中国围屏,一些礼物原本是范礼安准备带回日本的。此外,罗明坚带了"至少24部中文书籍,以及很多国王、总督、教士、士兵、文人、贵族、商人和其他人穿戴的衣物"②。

---

① 〔法〕裴化行:《明代闭关政策与西班牙天主教传教士》,中外关系史学会、复旦大学历史系编:《中外关系史译丛》(第4辑),上海译文出版社1988年版,第265—266页。

② 参见谢明光:《从新发现文献再探罗明坚及其在华传教》所附《耶稣会士彼得罗·保罗·罗西神父有关中国的报告,写于1590年》,《国际汉学》2020年第4期。

　　罗明坚身上揣着几封信，最重要的一封是罗马教皇给中国万历皇帝的，一般认为这封信是罗明坚在澳门等待期间，范礼安令利玛窦代拟的，而利玛窦是在一位中国学者协助下完成的。另外还有代拟的教皇致广东总督的信，以及教皇赐给使臣的证书。信和证书的文字都是用毛笔书写的汉字。澳门传教士们认为，用很中国的方式，方能获得中国官员和皇帝的好感。

　　罗明坚离开澳门数天后，范礼安向欧洲寄了几封信，包括致教皇的、天主教国王的、耶稣会总会长的，主题是说他已经派遣罗明坚回欧洲组织教宗赴华使团，请他们提供方便、支持。

　　但范礼安写这些信还有另外的重要意图。他在信中一一郑重交代，教皇批准计划后，不要让罗明坚随团回到中国。在写于1588年11月23日致耶稣会总会长阿桂委瓦的信中，范礼安说"这个差会，老者、疲者不宜"，建议避免再将罗明坚派回中国。他还说罗的中文发音不好，甚至以戏谑的口吻说：罗明坚为中国差会所提供的最后服务是，一甩手，去了欧洲①。

　　正在海上漂摇、满怀希望回欧洲组织使团的罗明坚，还不知道范礼安派他回欧的真实"理由"或者说主要目的，是让他永别中国。罗明坚一向服从上司的安排，但凡范礼安交代的事，他都尽力去完成，不管事情有多难，也不管在他看来是否合理，这回范礼安要他回欧洲完成决定中国教团前途的重要使命，他觉得是上司对他的信任。

　　经过二十天的航行，罗明坚抵达了马六甲。一个月后，他从这

---

①1588年11月23日范礼安致阿桂委瓦函，ARSI，Jap-Sin.11-I，fol.29v.转引自〔葡〕萨安东著，金国平译：《罗明坚在欧洲》，〔意〕罗明坚著，〔意〕罗·萨多整理，金国平等译：《大明国图志——罗明坚中国地图集》，澳门特别行政区政府文化局2013年版，第23页。

里登上了一艘又挤又脏的葡萄牙四桅大帆船。船上有蠕虫,很多人患病,精神不振。船时常遇到风暴、洋流,如他来东方时所乘的船一样,颠簸不已。

船到圣海伦娜岛(Saint Helena)附近后,与六艘来自巴西和印度的葡萄牙大帆船会合。一支英国舰队一路跟踪。英国不久前打败了西班牙的"无敌舰队",英国海贼到处抢掠过往船只。

这一带曾经是西班牙控制的海域。1588年5月,拥有130艘舰只和30 000余名战士的西班牙"无敌舰队",发起了对英格兰的远征。西班牙舰队在英吉利海峡与英国舰队相遇,被后者击溃;在返航途中,又因风暴而在苏格兰海域折损了很多舰只。从此西班牙大伤元气,海上优势不复存在。

罗明坚所在的葡萄牙船队决定突围,船队逆风行驶了十七天,粮食都耗尽了。罗明坚所乘的船在特赛拉岛(Terceira)不幸沉没,他尽力救出自己的行李,包括珍贵的围屏、书籍和衣物等。他胡乱地提着这些物件,狼狈乘坐上另一艘葡萄牙人的船只。该船在一阵顺风的帮助下,于1589年9月13日抵达了里斯本港口。此时,距离他离开澳门之日已经近十个月了。

由于旅途劳顿,罗明坚上岸后就病倒了,在里斯本的耶稣会住院休息三个月后才恢复过来。

他这时不知是否获悉,在他到达欧洲的前不久,1589年8月15日,他开创的肇庆住院不保,住院的两位神父利玛窦和麦安东被地方官员撵出了肇庆。

广州耆老请愿书风波平息后,利玛窦以为肇庆传教团应该可以安枕无忧了,但在新任两广总督刘继文决心驱逐肇庆传教团后,利玛窦最终无力化解这次危机。

刘继文,字节斋,江南灵璧人,嘉靖壬戌(1562)进士,先后任浙江参政、江西布政使等职,1588年接替老死任上的吴善任两广总督。上任后因为怕鬼,也可能是嫌晦气,他不敢来肇庆的两广总督府办公,长期待在原来的两广总督府所在地梧州。

1589年4月,刘继文致函岭西道尹黄时雨,说肇庆传教士到处游窜,刺探中国情报,禀报澳门葡人;还指斥传教士用种种奇巧之技博取黎民欢心,以听其宣讲散布不容于我中华的宗教,他命令岭西道将他们尽快遣返回澳门,或押往广东北部韶州的南华寺,使其不易与外界交往①。

肇庆府同知方应时得知情况后,向利玛窦通报。利玛窦立即致信澳门的范礼安,建议为保住在中国内地的居住资格,同意刘继文的去韶州方案。范礼安很快回信,要他尽一切努力保住现在的住所,如做不到就返回澳门,绝不可接受另一个住地的安排。利玛窦后来利用代北京朝廷向葡萄牙商人购买紫色绸缎的机会去了澳门,当面同范礼安就传教团今后的去向进行磋商。经利玛窦分析、劝说后,范礼安改变了原来的决定,允许利玛窦在肇庆确实无法待下去的时候,迁往别处。

利玛窦返回肇庆后不久,1589年8月初,刘继文给肇庆地方官下达了一道强制性命令:尽快把外国人从城里驱逐出境,遣返本国,并支付60两银子作为抵偿他们房屋的代价。

利玛窦拒绝接受那60两银子,刘继文负气拒绝接见传教士。8月,刘继文训斥方应时办事不力,再度重申不允许传教士在中国内地居住,所给的60两银子补偿也不许传教士讨价还价。利玛窦闻讯后,决定离开肇庆。他到方应时的衙门送仙花寺的钥匙,再度表示

<hr>

①〔意〕利玛窦、〔比〕金尼阁著,何高济、王遵仲、李申译:《利玛窦中国札记》,中华书局1983年版,第222页;〔法〕裴化行著,管震湖译:《利玛窦评传》(上册),商务印书馆1993年版,第122页。

拒绝接受60两银子的补偿,并在方应时的请求下写了一张字条,以便方应时向刘继文交差。

利玛窦、麦安东然后与仆人一道上了一艘驶向广州的驳船,离开了肇庆。

方应时向刘继文及时汇报,说西僧们走了,并将仙花寺的钥匙展示给刘继文看,刘继文舒了一口气。方应时接着说,利玛窦拒绝接受60两银子的补偿,同时将利玛窦的字条交给刘继文看。刘继文脸色陡变,令方应时赶快派一艘快船将西僧追回来。

已经到广州的传教士们,没想到来自肇庆的一艘快船招他们返回肇庆,喜出望外。回到肇庆,利玛窦带着一个翻译,与方应时一同晋见刘继文。利玛窦长跪不起,刘继文要利玛窦走到自己的太师椅旁,以温和的语气问利玛窦为什么拒绝接受60两银子的补偿,说这些钱是给他们的盘缠。利玛窦说自己的钱足够用。见利玛窦还不愿接受,刘怒火中烧,并迁怒于翻译,命令卫兵把翻译捆起来。翻译跪下来叫屈,说这都是利玛窦定的。这时利玛窦结结巴巴说出一句很长的话,意思是不需要钱,只需要总督允许他们到中国的另一个地方居住,免受危险的海上航行。刘继文没有听懂,旁边一个卫兵跪下来重复了利玛窦的话。刘的态度缓和下来。最后通过当时在肇庆公干的韶州地方官从中斡旋,刘继文同意利玛窦去韶州。

8月15日,利玛窦领取了60两银子,离开了肇庆[①]。

[①] 关于刘继文改变主意,不让传教士撤回澳门,而改为到韶州居住的原因,利玛窦本人、后来的传教士和当代的一些研究者各有揣测分析。一说刘继文要利玛窦收下钱,将仙花寺占为己有作生祠合法化;一说是为了套问利玛窦是不是掌握炼金术;一说刘继文顾忌外国人在肇庆,担心他们刺探军情,从而不利于国家安全;一说刘继文老婆前一夜做了一个梦,梦见外国的神;一说刘继文怕葡萄牙人报复;等等。其中的细节耐人寻味,在此不详说。

需要说明的是,以上关于刘继文驱逐肇庆传教士,利玛窦与其斗智斗勇,成功由驱逐出境转为到韶州的经过,都是利玛窦一方的说法①。利玛窦认为刘继文驱逐传教士的目的,是抢夺仙花寺以作为自己的生祠。但至今没有另外的资料证明,刘继文企图霸占传教士的肇庆住院作为生祠,后来即使利玛窦离开肇庆住院,刘继文也没有将其作为自己的生祠。

而在一些历史记载和民间传说中,刘继文为官清廉,与海瑞并称于时,为"天下第二清官"。民间流传的"六尺巷"故事,其中一个版本就是说刘继文写诗劝告老家人,在建房时向邻居王姓大户退让三尺。如果刘继文是一个十分看重自身名节的人,他公开霸占别人财产作为自己的生祠,就难令人信服。至于要求传教士从开始的出境改为到广东的另一个地方,其中的原因也是多方面的,反映了刘继文对传教士在中国传教的矛盾心理,这不是利玛窦单方面施技转圜能促其转变的。

不知罗明坚在听到肇庆的传教士们被赶出住院后有何感想。如果他还在肇庆,他又如何处理与岭西道、肇庆知府们的关系,如何影响刘继文的决断? 最终结局,是仍留在肇庆,还是与利玛窦一样改去了韶州?

---

① 详见〔意〕利玛窦、〔比〕金尼阁著,何高济、王遵仲、李申译:《利玛窦中国札记》,中华书局1983年版,第220—236页。

4. 奔走游说

　　但罗明坚此时最忧心的,是如何完成范礼安交给他的使命,成功组织教宗使团。

　　西班牙一直垂涎与中国的贸易,从美洲横过太平洋来到亚洲后,无视罗马教廷颁布的保教权敕令,与葡萄牙争夺中国市场,兼并葡萄牙后,更加快了步伐。国王菲利普二世多次派遣使华团,但其出使计划都在葡萄牙东方势力或明或暗的抵制下,阴差阳错地化为泡影。在耶稣会士桑切斯的极力撺掇下,西班牙正谋划以武力进攻中国;当然,也一直没有放弃使团外交手段。

　　此时的教皇为西斯笃五世,他反对西班牙的海外扩张,在之前主持的天主教反法联盟谈判中,也没有顾及西班牙的利益。菲利普二世不愿西斯笃五世介入自己的远东事务,对回欧活动的传教士保持高度警觉。1587年,桑切斯一到欧洲,西班牙朝廷就派人接触、跟踪,欲在他见罗马教皇和耶稣会总会长之前,抢先了解他的意图。后来国王与他的大臣接见了桑切斯,如愿以偿从桑切斯口里挖出了他们想要的信息。

　　在"无敌舰队"惨败后,西班牙国力被极大削弱,其实已经无力东顾,在谋划武力进攻中国的同时,也在酝酿新的出使中国计划。他们闻讯已成功进入中国内地的罗明坚回到欧洲组织教宗使团,即欲抢先了解其详细计划并予以控制和利用。

葡萄牙本土最高领导人是西班牙朝廷派出的总督,时任总督系菲利普二世的侄子、红衣主教阿尔伯特·达·奥地利(Alberto da Áustria)。他在听说罗明坚回欧组织教宗使团一事后,第一时间报告了西班牙朝廷,并决定送罗明坚到西班牙觐见国王。

在罗明坚是否接触葡萄牙总督这一问题上,范礼安一方面叮嘱罗明坚在拜见耶稣会总会长前,不要见葡萄牙总督;另一方面又说不能拒绝以书面形式,给这位红衣主教提供他需要的中国信息。

耶稣会总会长阿桂委瓦获悉葡萄牙总督要送罗明坚见菲利普二世后,立即指示罗明坚从海路绕过西班牙去意大利的热那亚。但葡萄牙总督却通知罗明坚和耶稣会的葡萄牙会长、视察员,菲利普二世已经在西班牙恭候罗明坚。这样,耶稣会总会不得不指示罗明坚去见菲利普二世。

罗明坚动身去马德里,一路上有西班牙国王派出的埃武纳大主教接待。一到马德里,西班牙朝廷的大臣们就与罗明坚接触,筹划觐见国王事宜。

1589年12月17日,菲利普二世在马德里西北50公里处的埃斯科里亚尔修道院会见罗明坚,王储阿斯图里亚斯(Asturias)也在坐。两年多前,国王在这里也接见了桑切斯,桑切斯侃侃而谈西班牙征服中华帝国的计划。

菲利普二世此时六十二岁,身子正受痛风的折磨,见面时,罗明坚送给他从澳门带来的礼物,包括肉桂、肉豆蔻珠制作的小念珠、象牙盒装的芦荟,还向他展示了一份中国地图。菲利普二世表达了对中国的好奇,承诺与罗马教皇沟通协调,为教皇组织使团提供支持。会见持续了两个多小时。

但在罗明坚离开埃斯科里亚尔修道院后不久,菲利普二世改变了主意,他教罗明坚不要去罗马,而将出使中国之事全部交给西班牙来办理,他说他会向罗马教皇、耶稣会总会长和西班牙驻罗马大使写信解释。菲利普二世这样做,是想将罗明坚的组团计划,化作西班牙出使中国的计划。

罗明坚没有同意,因为他回欧洲组织教宗使团,是想达到在中国传教的目的,去罗马更能实现他原定的计划。

菲利普二世只得又召见罗明坚,宣称罗明坚可以去罗马,但劝他不要向教皇提任何要求,出使的一切事务还是由西班牙办理,他只需要从教皇处获得敦促中国皇帝同意传教的信函。

罗明坚在停留西班牙期间,把一份手稿献给了菲利普二世,这就是中国"四书"的西班牙文译稿。它现收藏在西班牙埃斯科里亚尔修道院。整部译稿包括《大学》《中庸》《论语》的前两篇,所参照的底本为朱熹《四书章句集注》的明代版本,罗明坚对之进行翻译,并适当加入了自己的评论。据说罗明坚的这份翻译手稿,直至1921年才被西班牙奥古斯丁会神父朱利安·扎克(Julián Zarco)发现。2016年,罗马国家档案馆馆长罗·萨多将手稿中的意大利文进行编辑整理后,这份手稿才真正被国际学界所认识①。

这是西方人首次以"四书"这一概念将中国儒家经典介绍到欧洲。那么,罗明坚是什么时候开始用西班牙文翻译《四书》的?

一种说法是,罗明坚极有可能是在前往马德里的途中接到西班牙国王的命令,开始用西班牙文翻译这部《四书》②;另一种说法是,罗明坚这项工作早在中国时就已开始,可能是在1584年《天主实录》

---

① 参见杨科:《罗明坚〈四书〉西班牙语译本手稿研究》,北京外国语大学硕士学位论文,2019年。

② 参见谢明光:《从新发现文献再探罗明坚及其在华传教》,《国际汉学》2020年第4期。

出版后至1588年11月20日从澳门返回欧洲这一段时间进行的^①。

在该手稿上,罗明坚附了一段西班牙文说明:

阁下:

为完成您所命令的,并且我在很短的时间内将赴罗马,我不能完成所有中国的文人(letrados)和官员(gouernadores)学习的教义(doctrina)。我鲁莽地交给您这一开始的部分(este principio),并请您原谅我的莽撞,因为如果我的主令我返回,我将为您完成该书和中国历史的其余部分、整个王国的地图,以及另外一本按照顺序包含它们一切事物的书籍。我们的主关照着天主教会和您的王室成员。

罗明坚^②

手稿附上这样一个信件式的字条,意味着它很可能不是罗明坚当面送给国王的。从字条的内容来看,似乎是菲利普二世命令他做的,那罗明坚正式从事这项工作,应最早开始于他决定觐见菲利普二世之时,完成于他离开西班牙前。但要在这么短的时间内高质量完成这样一部手稿,是很难想象的,估计他在中国时,已经动手用西班牙文试译《四书》了。

1590年5月,罗明坚离开马德里,带着大量的推荐信,带着西班牙驻罗马大使支持的承诺,从瓦伦西亚登船出发,前往意大利。罗明坚此时心情复杂,一方面为即将回到阔别已久的祖国而欣慰;另

---

① 参见〔法〕梅谦立、王慧宇:《耶稣会士罗明坚与儒家经典在欧洲的首次译介》,《中国哲学史》2018年第1期。
② 参见谢明光:《从新发现文献再探罗明坚及其在华传教》,《国际汉学》2020年第4期。

一方面对教皇的态度没有把握,忐忑不安。教皇西斯笃五世对西班牙王室态度一向强硬,不希望后者染指罗马教会事务,而菲利普二世对遣使计划要牢牢控制,在罗明坚启程不久,菲利普二世就下令西班牙驻罗马大使,一遇教皇有干扰使团的意图,就立即中止一切有关出使中国的谈判①。

罗明坚经过热那亚等地,于6月14日抵达了他的家乡那不勒斯。罗明坚1577年离开罗马,当时三十四岁,不知他离开罗马前,是否曾回过家乡。现在罗明坚回国是十三年之后,已经四十七岁了。

但他在家乡只待了几天就奔赴罗马,急着去见耶稣会总会长和当朝教皇。1590年6月29日,他见到了耶稣会总会长阿桂委瓦。大概是在8月20日这一天,觐见了教皇西斯笃五世,向他报告了中国的教务,请求向中国派遣使团②,并上呈了肇庆传教团用中文草拟的教皇致明朝万历皇帝的国书③。据说罗马教廷对国书做了修改、

---

① 罗明坚回欧后的活动情况,除注明者外,参见〔葡〕萨安东著,金国平译:《罗明坚在欧洲》,〔意〕罗明坚著,〔意〕罗·萨多整理,金国平等译:《大明国图志——罗明坚中国地图集》,澳门特别行政区政府文化局2013年版,第28页。

② 参见谢明光:《从新发现文献再探罗明坚及其在华传教》,《国际汉学》2020年第4期。

③ 国书全文如下:

太僧天主教门都僧皇哂嗬嘟第五顿首拜:

大明国国主御座下:伏以天主者,吾人之大父母也。生厕名世间,绍天主之正脉,处修善念,躬率礼拜教门,兼宣经戒等事,惟愿天下人,自知有大父母,不可不隆孝,以尊奉(奉)天主,传其圣教,显其名号。闻外邦多有昧天主事理,眩于异端;生居天竺,恻然动念,是以不惮委任之勒,跋涉之劳,锱铢之费,特选笃实博雅儒僧,遍游四方,谕扬天主正教,授以真经。其经乃天主亲制,以惠后人,当佩服而恪守之也。往谕之后,又申饬衔(御)旨,欲其钦奉厥职,随所经历之地,察彼之教,果与天主相合,始为正道;间有好崇邪说,即善为劝诱,以归吾教,毋使碔砆得以混玉哉。生见鄙,他无所求,窃幸推广慈悲,普济世人,俾仓(苍)生戴齿之伦,无不敬恭天主,谨遵规戒,则冥冥之中,降以祯(转下页)

审定。国书前一部分,主要是告诉大明皇帝,"天主"是我们的"大父母",人生世间,必须尊奉和礼拜天主,本教皇听说很多外邦不知天主,被异端所迷惑,所以特选"笃实博雅儒僧,遍游四方",宣扬天主正教,传授真经,"推广慈悲,普济世人"。后一部分,说前几年曾派几位僧人到了贵国,听说了贵国"君明臣良",经书家喻户晓,国家兴盛,但是贵国关于天主上帝,其事未明,所以特派四位"德行颇优,儒文宏博"僧人,在"旧往三僧,二德、玛窦、安东"陪同下,代本教皇拜访皇帝陛下。国书虽然用了一些礼貌用语和恭维的话,但也不乏教训之语,如说教皇推荐特使到中国,就是为了替皇帝布道解惑,显示教皇更加圣明。教皇派出的四名特使"僧人",均为在菲律宾传教的方济各会士,而肇庆传教团的耶稣会士仅作陪衬,担任向皇帝请安、献礼的次要角色。①

西斯笃五世在国书上签名后,于8月27日去世了。

(接上页)祥,同登仙境,不致悞(误)陷迷途,死堕苦狱,而生之夙愿慰矣。

先年曾委数僧,游至盛国,闻君明臣良,相与翊景运,文风丕振,苍赤宁生,经书家喻户晓,狩狄称慕隆矣。惟天主上帝,其事未解明否,今再令上僧四人,咱嘟噜、喧喋、哩喏、呜啲哑,德行颇优,儒文宏博,在嗾唽天主名字寺发卷,并旧住三僧,二德、玛窦、安东,代生趋拜足下,外具敝国土物为贽,薄将鄙诚。其物第一件乃天主真经一卷,盖足下膺宝,历以抚黎元,必为天主宠佑。烦望口诵心维,俯垂清照,虽道隔云坭(泥),不俨若近聆清诲乎? 所属臣庶,亦希为宣谕。推仁柔远,毋曰诞妄,则幸甚幸甚。又望足下不弃贱壤,爰赐硕才杰士,泛航而来,使生常瞻懿范,方显真诚相爱,倘符愚愿,四僧给有劄牒,沿途迎送,以华其行,则生之荷恩,宁有涯哉。敬修寸墨,伏祈

台照不宣

都僧皇哂唎嘟再顿首

天主生日一千五百九十年哂唎嘟第五年三月天竺国京师书立

摘自宋黎明:《神父的新装——利玛窦在中国(1582—1610)》,南京大学出版社2011年版,第1—2页。关于此《国书》的原作者,学术界一直有争议,有罗明坚、利玛窦、肇庆某文人等说法。

这份奇特的外交照会后来去了巴黎，在这里被发现和出版。

继任的新教皇乌尔班七世（Urban VII, 1590），9月15日当选后只在位十二天，就因为疟疾去世。此时罗明坚正在意大利南部城市雷焦卡拉布里亚（Reggio di Calabria）躲避罗马的流行疫病。

是年12月，格里高利十四世（Gregory XIV, 1590—1591）登位。罗明坚回到了罗马，在一名东方人的陪同下谒见教皇，报告了出使中国的计划，并给教皇看了一份他从中国带来的中国地图，还有他自己编写的《天主实录》。教皇饶有兴趣，宣称接受罗明坚的请求，委托当时的红衣主教乔瓦尼·安东尼奥·法奇内梯（Giovanni Antonio Facchinetti）负责处理向中国皇帝遣使事宜。

在格里高利十四世逝世后，法奇内梯于1591年10月14日接位，是为英诺森九世（Innocent IX），但他就职数月即去世。

继为教皇的是克来孟八世（Clement VIII）。他登位后，致力避免法国国王亨利四世（Henry IV）率领法国与罗马教廷分离，争取英王詹姆士一世（James I）对天主教的支持，还积极协助匈牙利组织十字军抗拒土耳其人的威胁，对罗明坚的出使计划无暇顾及。

至此，罗明坚面对的是这样一幅组织使团的政治版图：罗马教皇频繁更迭，并忙于棘手的欧洲事务；西班牙迅速衰落，国内外矛盾重重，想控制组团，却力不从心；葡萄牙担心出使的成功，会影响其对中国贸易的垄断地位，消极应付；耶稣会总会见教皇国书派遣的使者是菲律宾的四位方济各会士，认为遣使对本修会未必有多少好处，意兴阑珊。这样，一时为罗马教廷、西班牙、葡萄牙和耶稣会总会颇为关注的罗马教皇遣使中国的计划，各方都无力或不愿去推动，最后不了了之。

罗明坚为了完成范礼安的使命，数年奔波于国王与教会之间、家乡和罗马之间，折冲樽俎，精疲力竭。

1592年11月15日,与利玛窦在一起的传教士石方西(Francesco de Petris),从中国韶州写信给耶稣会总会长说:"明年等候罗明坚神父由罗马返回中国……"①这当然是不明真相的石方西的天真想法。但罗明坚如看到此信,定会得到些许安慰。

此时他离开中国已经四年了。

---

① 《石方西神父致总会长阿桂委瓦神父书》,1592年12月15日,撰于韶关,〔意〕利玛窦著,罗渔译:《利玛窦书信集》(下册),台北光启出版社1986年版,第507页。

5. 落日余晖

在选出新教皇的间隙,罗明坚回到位于那不勒斯撒列诺(Salerno)的奥尔学校(College de Nole),担任神师等职。游说组织教宗使团无望后,他就一直待在撒列诺。

返回欧洲后,罗明坚虽然没有机会施展抱负,但他并没有在孤寂幽静的教堂里,靠回忆昔日的辉煌来打发日子。他除了撰写回忆录,还绘编中国地图集,翻译中国的儒家经典著作。

他参考从中国带回的《大明一统文武诸司衙门官制》(简称《大明官制》)等资料,继续绘制中国地图,历经数年,于1606年编成《中国地图集》(Atlas of China)。

地图集包括明朝的两京十三省的地图,从与西方贸易相关的中国东南沿海省份广东、福建、浙江着手,再到北直隶和其他省份,打破了一般从明朝两个首都北京和南京开始的惯例。各分省地图,逐一标注、介绍省、府、县的产业、矿山、卫所。这些是中国行政建制中的重要信息,有些还是重要的军事信息,在之前的西方中国地图中是没有的。

罗明坚这部地图的画法,未采用西方的投影法,而是中国传统的绘图方法,有人说其素材和方法取自嘉靖、万历年间中国地图学家罗洪先绘制的《广舆图》，有的说取自官修的《大明官制》①。

　　这部《中国地图集》在当时未公开出版，以手稿形式分别保存在罗马国家图书馆、罗马国家档案馆、罗马耶稣会档案馆三处。1989年罗马国家档案馆馆长罗·萨多在馆中发现了手稿，通过研究，判断手稿的作者为罗明坚，并在意大利国家地理学会杂志上发表了论文《有关明代中国的第一地图集——罗明坚未刊手稿》，随后组织了一批学者继续研究。1993年意大利国家出版社出版了由他主编的《罗明坚中国地图集》(*Atlante della Cina di Michele Ruggieri, S. I.*)。

　　罗明坚《中国地图集》②终结了西方绘制单幅中国地图的时代，是西方历史上第一本中国分省地图集，开启了传教士绘制中国地图集的先河③。

　　书中不只有地图，还有描述性文字，从中可见罗明坚对中国自然和社会的认识，如他说：

---

① 详情参见汪前进：《罗明坚编绘〈中国地图集〉所依据中文原始资料新探》，《北京行政学院学报》2013年第3期；宋黎明：《中国地图：罗明坚和利玛窦》，《北京行政学院学报》2013年第3期；罗星：《罗明坚〈中国地图集〉研究》，贵州大学硕士学位论文，2017年；等等。

② 2013年，在澳门举办了"罗明坚《中国地图集》学术研讨会"。会后，由澳门特别行政区政府文化局与罗马国家档案馆合作出版了罗明坚地图集的中文译本《大明国图志——罗明坚中国地图集》。参见〔意〕罗明坚著，〔意〕罗·萨多整理，金国平等译：《大明国图志——罗明坚中国地图集》，澳门特别行政区政府文化局2013年版。

③ 1652年左右，传教士卜弥格(Michael Boym，1612—1659)绘制了另一部《中国地图册》(*Atlas Imperii Sinarum*)，也没有出版；1655年，卫匡国(Martino Martini，1614—1661)的《中国新地图集》(*Nova Altas Sinecsis*，1655)出版，在欧洲引起了巨大的反响，卫匡国也因此被誉为欧洲的"中国地理学之父"。他在绘制《中国新地图集》时，曾通过卡瓦莱蒂(Cavalletti)的地图集参考了罗明坚的作品。

华夏大地，其居民称其国为"大明"。窃以为，只要略微翻阅他们的史书与编年史，便有可能据其自述，了解到何人先来，何人后至。此王国幅员辽阔，恰恰被认为是东方最后一片地域。西邻印度与缅甸边境，北接被称之为契丹的鞑靼。华人与鞑靼人互有恐惧。之间隔着高山与一堵长城。余地海岸辽阔，大洋环绕。山脉南北逶迤，将华人与契丹人隔开。山谷与平原偶见山脉中断处，矗立着连接二者的坚固城墙。全境群山、长城环绕，蜿蜒5 000 000步，其中80 000步为人工起造的城墙，余下4 200 000步为蜿蜒的山脉。华人之史书云，200年前，一国王为保护华夏不再遭受曾经忍受了93年之久的鞑靼人的暴政而修建了长城。召来筑城的民工众多，竟然达到了全国三分之一的人口。土地肥沃，物产丰饶。一是人民的劳作，二是大自然的恩赐。一切应有尽有，极尽奢华与精致。山野、草原羊只成群。田野丰收谷物，林中野兔、紫貂及其他动物繁多，可供射猎。还可狩猎各种鸟类。

湖泊、河流及海洋中，盛产鱼类。金、银、铜、铁等矿产丰富，亦盛产宝石及硕大珍珠。还有麝香、大黄（中国块茎植物）、糖及其他调料。此处遍地耕种。松树漫山遍野，树下栽植豆类。此处土壤水量丰富，宜植水稻，此乃居民之主食。旱田里则种植大麦与小麦。然而，他们的主要营生无疑为丝绸服装的制造，因为桑树繁多，其叶为桑蚕的主要食物。勿忘的是，此地盛产水禽，尤其是鸭类。广州乃中国最大城市之一，在此，每天用于食用的鸭子便多达12 000只。中国划分为15个省。

每天，国王保持着10 000名士兵整装待发。他有"至尊"与"神武"之称，亦有其他尊号。由于同鞑靼人的战争连绵不断，顺天府作为国都，除征战的需要外，国王从不离此。华人如同契丹人一样,势如破竹,但华人的性情与能力略胜一筹。在聪明才智与狡诈诡异方面则过之。全国拥有948 350名骑兵及594 650名步兵。他们对国王忠贞不渝,随时准备为其征战。此为该王国之国防。此民族之肤色及人种:南方人皮肤黝黑,而北方人则如同欧洲人,肤色白皙。其脸庞宽阔,眼睛狭小,鼻子扁平,胡子稀疏,但不失英俊。男人用银簪将头发巧妙地绾成发髻。妇女则不仅以黄金,还以珍珠与宝石装饰头发。衣服漂亮标致,且价格菲薄。以绣金丝绸及各色布匹,据四季之需搭配缝制而成。冬季,衣下穿用紫貂、水貂及其他动物皮草。贵族很少骑马,通常乘坐轿子。运送贵妇的轿子在城内行走时,顶上盖有绣金遮布,以免窥视。类似法国人及德国人,食物丰盛,食物制作精美。像我们一样,围桌而坐,而非如波斯人及土耳其人席地而坐。喜饮酒,不暴饮。婚姻传统是,一男可明媒正娶数女。贵族多地拥有不同家室,百姓则一室而足。通奸论罪至死。婚礼通常在三月的满月举行,排场盛大,载歌载舞。

　　如后所述,华人聪明才智、超人之处大者莫过于文字之造诣。汉字成千上万,读写为大。捕鱼方法繁多。一种特别值得述及:一鸟如西班牙人所称的海乌鸦,当人们欲捕鱼时,停止给鸟喂食,饿着它们。然后用一小绳拴住嗉囊,阻止其吞鱼,赶它们离开渔船,从高处飞落捕鱼。待鸟嗉子里积满了鱼,才让它们飞回船,将鱼吐出。如此往返多次,直至渔民心满意足。华人之生活方式多种多样:种地者有之,打仗者有之,从事商品进出口者有之,总之,游手好闲者无之,伸手乞讨者无之。通常而言,勤恳耐劳,有伦理与法律自律。致力于圣事与智慧的学者亦不乏其人。因此,宗教与崇拜即其传统。崇拜的一偶像异名有三:南无、阿弥陀佛和释迦。表现脸谱亦有三种之多。此外,

还崇拜一公主像。虽是独生女,强迫也好,恳求也罢,从未放弃
苦修。多年后,供奉她的像称"观音"。在中国,有人崇拜基督,
亦供奉一脚踏月亮与龙之童贞圣母。此外,顶礼膜拜的天主与
神灵之数随心所欲。[①]

　　这是一个在中国境内度过数年的欧洲人对当时明帝国的描述。
其中的一些说法值得关注。比如说当时"华人与鞑靼人互有恐惧",
"在聪明才智与狡诈诡异方面",汉人胜过鞑靼人;说"广州乃中国最
大城市之一,在此,每天用于食用的鸭子便多达 12 000 只"。他高
度评价中国文字,说"华人聪明才智、超人之处大者莫过于文字之造
诣。汉字成千上万,读写为大"。他肯定中国人勤劳:"华人之生活
方式多种多样:种地者有之,打仗者有之,从事商品进出口者有之,
总之,游手好闲者无之,伸手乞讨者无之。通常而言,勤恳耐劳,有
伦理与法律自律。"还说中国"宗教与崇拜即其传统"等等。从中可
管窥罗明坚对中国社会和文化的认知程度。
　　罗明坚返回家乡后做的另一件重要事情,就是以拉丁文翻译中
国儒学经典"四书"。现罗马国家图书馆收藏了拉丁文《四书》译文
写本,写本扉页的背面注有"由罗明坚神父收集"字样,越来越多的
研究者认为,手稿由罗明坚手书,是罗明坚翻译的,约完成于 1591—
1593 年[②]。

①〔意〕罗明坚著,〔意〕罗·萨多整理,金国平等译:《大明国图志——罗明坚中国地
　图集》,澳门特别行政区政府文化局 2013 年版,第 91 页。
②手稿现保存于罗马意大利国家图书馆伊曼努尔二世馆藏（Biblioteca Nazionale
　V. Emanuele II di Roma）,编号为 Fondo Gesuitico〔3314〕1185。此部手稿正反
　面共 344 页,包括《大学》《中庸》《论语》《孟子》《诸家名言集》五个部分。关于手稿
　较详细的介绍,可参见王慧宇:《早期来华耶稣会士对儒家经典的解释（转下页）

1593年，曾担任过耶稣会总会长墨丘里安秘书的波赛维诺（Antonio Possevino），编撰了《针对〈耶稣会教育计划〉在历史、各学科和万民救赎方面的书目选编》①。在该作品的第一卷第九章中收录了罗明坚《大学》译文写本的部分内容，这是中国文化经典第一次在西方出版。

为什么这部《四书》译稿没有全部出版？

这和范礼安的态度有关。罗明坚翻译《四书》时，利玛窦正遵照范礼安的指示在中国的韶州翻译《四书》②。当听说罗明坚也在欧洲翻译《四书》时，利玛窦在1596年12月写信给耶稣会总会长阿桂委瓦，说"罗明坚的译文并不是好的，因为他只认识很少的中国字"③。当年，范礼安更明确请求阿桂委瓦不要出版罗明坚翻译的《四书》④。

（接上页）与翻译——以罗明坚〈中庸〉手稿为例》，《国际汉学》2016年第4期。手稿发现以来，德礼贤、施省三（Joseph shih Hsingsan, S. J.）、龙伯格（Knud Lundbaek）、达仁理（Francesco d'Arelli）、张西平、孟德卫（David E. Mungello）、麦克雷（Michele Ferrero）、梅谦立（Thierry Meynard）、罗莹、王慧宇、李慧等国内外学者对其进行了辨identity和研究。

① 原著名：*Bibliotheca Selecta qua agitur de Ratione stucliorum in historia*，*in disciplinis*，*in Salute omniun procuranda*。

② 利玛窦在1593年12月10日给总会长阿桂委瓦神父的信中说道："今年一年我们都在紧张地学习，我已经给我的同伴石方西神父讲完了一门课程，这是中国文人都要下工夫学习的关于道德的课程，也就是《四书》，其作者是四位相当出色的哲学家，其内容是优秀的关于道德的文献。视察员神父还让我把这些书译成拉丁文，以便对我编著一部新的教理问答手册有所帮助，我们非常需要一部中文的手册，因为最初编写的那部未能像应有的那样好。"〔意〕利玛窦著，文铮译：《利玛窦书信集》，商务印书馆2018年版，第104页。不过，至今仍未发现利玛窦的《四书》译本。

③ Valignano，*Leller to Aquaviva 1596*，*Fonti Ricciani I*，p. 250.转引自张西平：《儒家思想早期在欧洲的传播》，《中国文化研究》2016年第3期。

④ "他（范礼安）甚至在随后的建议中，于1596年请求阿桂委瓦拒绝出版（转下页）

罗明坚是如何理解和译介《四书》的?

我们不妨将罗明坚所译拉丁文《大学》的第一段四句,与中文原文对照一下:

原文:大学之道,在明明德,在亲民,在止于至善。

译文:教育人的正确道路,在于认识与遵循自然之光,在于塑造其他人,而且还在于能正确地行和止。

原文:知止而后有定,定而后能静,静而后能安,安而后能虑,虑而后能得。

译文:当人明白在哪里要停止时,他就停止,而停止时他便平静,且平静后他就感到安全,而安全后方能推理与判断,就能实现他的愿望。

原文:物有本末,事有终始。知所先后,则近道矣。

译文:事物本有秩序,有的事物是前提,有的事物是后果。能够掌握住事物秩序的人离自然所规定的原理不远了。

原文:古之欲明明德于天下者,先治其国。欲治其国者,先齐其家。欲齐其家者,先修其身。欲修其身者,先正其心。欲正其心者,先诚其意。欲诚其意者,先致其知。致知在格物。

译文:因此,愿意探究自然的因由、先天光明,为了治理世界的人们,首先要管理好自己的国家,而要恰当地管理好自己的国家,则应先以正当的规则来建立自己的家庭。那些要以正当的规则建立自己家庭的人,则应先建造自己的生活。要建造自己生活的人,则应先建造自己的精神。要塑造自己精神的

(接上页)罗明坚翻译的《四书》,理由是他的汉语水平不足。"〔葡〕萨安东著,金国平译:《罗明坚在欧洲》,〔意〕罗明坚著,〔意〕罗·萨多整理,金国平等译:《大明国图志——罗明坚中国地图集》,澳门特别行政区政府文化局2013年版,第23页。

人,则应先从众人的沉沦中拯救自己的灵魂。凡是试图从众人沉沦之中拯救自己灵魂的,他便需要端正欲望,要先为自己准备知识。而知识的圆满在于认识事物的原因与本质。[①]

我们知道,《大学》是一部中国古代儒家讨论教育理论的著作,原为《礼记》第四十二篇,南宋时,朱熹将其抽取出来,作《大学章句》,且置于"四书"之首。《大学》提出的"三纲领"(明明德、亲民、止于至善)和"八条目"(格物、致知、诚意、正心、修身、齐家、治国、平天下),讲述的是儒家内圣外王的道理,强调修己是治人的前提,修己的目的是为了治国平天下。从罗明坚的首段译文,可知罗明坚对《大学》的理解达到了一个较高的水准,如将"大学"译为"教育人的正确道路",将"明明德"译为"认识与遵循自然之光",将"亲民"译为"塑造其他人",将"止于至善"译为"正确地行和止"等,其领会的深度和翻译的准确度,超过了后来许多的知名传教士。

我们又来看看罗明坚是怎样翻译《论语》的。

在翻译中文前,罗明坚这样评价《论语》:

> 这本书是关于内心自省的。它是《四书》中的第三本。
>
> 关于这本书,孔子的学生曾子说,当你初读《论语》的时候,感觉到这些教诲很空洞,当你重读一遍或者两遍之后,你会发现里面你喜欢的东西,如果你继续读,你会发现它们特别好。如果你能一直坚持读到最后,你的内心会得到极大的愉悦,即使你自己没有意识到,你也会继续迫切地坚持读下去。

---

① 中文回译,是张西平先生翻译的,详见张西平:《罗明坚与儒家思想早期在欧洲的传播》,《国际汉学》2016年第3期。

关于这本书,同一个作者(即曾子)认为,确实有些人带着功利的目的去阅读这本对话录。事实上,如果谁在阅读和思考这本书之后,不能改变他自己的生活,那他相当于没有读这本书,毫无疑问,他也没有意识到他到底在读什么。(这本书)告诉学习者如何走上正确的人生道路。①

罗明坚认为反复读《论语》会使人感到愉悦,会给人很多人生的启迪。

他又是如何翻译《论语》的呢? 挑选他对《论语》前几句的翻译,可观其翻译的风格和对原义的理解程度:

原文:子曰:"学而时习之,不亦说乎?"

译文:孔子说:"一个人,不会因为不在意,而从不知行不一,从不停止思考和学习,在他不断接近完美高峰的时候,他会体验到极大的乐趣。"

原文:"有朋自远方来,不亦乐乎?"

译文:"如果人们为了能够学习如何培养美德,由共同的纽带联合起来,从遥远的地方来到一起,这难道不能算作大悦的源泉吗?"

原文:"人不知而不愠,不亦君子乎?"

译文:"如果有人已经走在了通往美德的路上,他不会太在意别人是否被他的美德打动,那他还需要别的什么才能获得最高形式的善和完美吗?"

---

① 麦克雷将罗明坚的拉丁文译成英文,张晶晶将英文译为中文。参见〔意〕麦克雷(Michele Ferrero)著,张晶晶译:《〈论语〉在西方的第一个译本:罗明坚手稿翻译与研究》,《国际汉学》2016年第4期。

原文：有子曰："其为人也孝弟而好犯上者，鲜矣；不好犯上而好作乱者，未之有也。君子务本，本立而道生。孝弟也者，其为仁之本与！"

译文：有子说："那些遵从父母、尊敬长者，且从不违反自己原则的人，对于他们来说，不可能在叛乱或邪恶中获得愉悦。那些渴望在任何一种形式的美德中获得完美的人，必须依赖于一个稳固的基础和原则；如果他能够这样坚持，那么没有什么东西可以使他脱离美德的坚实道路。为了这个原因去遵从父母、尊敬长者，就是这样两件事情，犹如一泓清泉，从中产生了我们所知的邻人之爱。"

原文：子曰："巧言令色，鲜矣仁！"

译文：孔子说："那些将外在的善伪装成美德的人，他如何用内心最真挚的情感拥抱美德呢？"

原文：曾子曰："吾日三省吾身：为人谋而不忠乎？与朋友交而不信乎？传不习乎？"

译文：曾子说："每一天我都要自我检查，我是否做到了以下三件事：一、不去做邪恶和坏的事情；二、确保那些与我交往的人们相信，我没有欺骗他们；三、不能让我的学生怀疑他们从我这里学到错的道理。"①

从上面的译句，我们可以看到罗明坚不只是从字面上直译原句，而是将孔子的言外之意表达出来，是一种带有阐释的翻译，而他的阐释，是比较切近儒家思想的。对于一个只学过几年中文，没有

---

① 〔意〕麦克雷著，张晶晶译：《〈论语〉在西方的第一个译本：罗明坚手稿翻译与研究》，《国际汉学》2016年第4期。

受过系统汉语教育的外国人来说,是很不简单的。

罗明坚对《四书》的翻译,采取的是"我注六经"的态度,忠实呈现"四书"原意,主要阐扬儒家的道德思想学说。后来的许多耶稣会士,包括利玛窦,在翻译阐释儒家经典时,试图从中发掘出早期儒家的"宗教"思想,调和儒、耶的本体论、宇宙论,可谓"六经注我"。

罗明坚先后以西班牙文和拉丁文翻译《四书》,是西方人首度译介中国经典,且奠定了后来西方解释和翻译中国经典的一些基本范式。

他为什么要从事这项对西方人来说很艰难费力的工作?

目前尚未见资料证明,此乃出自其上司范礼安的指令,相反,当译稿交给耶稣会总会审查时,范礼安出面阻止该书的出版。罗明坚翻译《四书》出自个人意愿,且起意已久。罗明坚到中国后,随着习得中国语言,接触了较多的中国儒家经典,他写的中国诗文,都可以看到中国经典的影子。他在中国钟情儒家经典,其因由,迎合官员和个人喜好兼而有之。他到欧洲后钟情翻译《四书》,并将西班牙文《四书》译稿赠送给菲利普二世,固然有炫耀中国学问的因素,但主要动因是希望通过《四书》译稿,向欧洲介绍中国古典文化及其哲学,证明中西文明具有相通性,不应鄙视中国文明,中国儒家通过理性,可以了解天主教。他想告知罗马教廷和耶稣会总会,中国思想可以与天主教思想调和,在中国传教是可行的。

范礼安不只是阻止罗明坚的《四书》译稿在欧洲出版。

罗明坚撰写的《天主实录》,是西方基督教世界第一次用汉语写成的教理书籍,在中国出版后影响很大,也给罗明坚带来了荣誉。他回到欧洲后,保留了该书版片的江南传教士重版了这本书。但利玛窦不再赠送和重版此书。1593年,范礼安要求利玛窦撰写新的"要理本"代替《天主实录》①。罗明坚于该年左右,打算在罗马出版拉丁文版《天主实录》,但耶稣会总会没有同意,因为范礼安给耶稣会总会长写信,说罗明坚不通中文②。1604年,利玛窦自撰的《天主实义》出版,范礼安指示中国传教团禁止流传罗明坚的《天主实录》,而代之以利玛窦的《天主实义》。直到利玛窦去世后,《天主实录》才得以重新出版,但改名为《天主圣教实录》,序言署名由"天竺僧明坚"改为"远西罗明坚"。卷前的《天主圣教实录引》后题"耶稣会后学罗明坚述,同会费奇规、阳玛诺、孟儒望重订,值会傅汎际准"③。

罗明坚晚年的种种著述,在西方可谓前无古人,因而引起接触者的兴趣,但由于范礼安等人的干预,不能公开出版和传播,只能以手稿的方式湮灭无闻。

1607年5月11日,罗明坚在撒列诺逝世,终年六十四岁。

此时,利玛窦正在北京,他在这里已经待了六年多。1595年离开韶州后,利玛窦经南昌、南京等地,两度进京,终于在1601年定居北京,并于1605年的夏天,在北京宣武门今天的南堂位置购买住屋。购置房屋不久,范礼安准备进入中国视察,他在亚洲奔波几十年,穿梭在日本、澳门、印度等地,仍没有进入过中国内地。但正在筹备入境的时候,他患上重病,于次年的1606年1月病世,享年六十九岁。

---

① 利玛窦在1593年12月10日致耶稣会总会长阿桂委瓦的信中说:"视察员神父还让我把这些书(指《四书》)译成拉丁文,以便对我编著一部新的教理问答手册有所帮助,我们非常需要一部中文手册,因为最初编写的那部(指罗明坚的《天主实录》)未能像应有的那样好。"〔意〕利玛窦著,文铮译:《利玛窦书信集》,商务印书馆2018年版,第104页。

② 参见宋黎明:《神父的新装——利玛窦在中国(1582—1610)》,南京大学出版社2011年版,第53页。

③ 转引自宋黎明:《神父的新装——利玛窦在中国(1582—1610)》,南京大学出版社2011年版,第36页。

从此,自称"孤儿"的利玛窦深感时日不多,与徐光启、李之藻等官员紧密交往,翻译介绍西方科学著作,撰写回忆录。1610年5月11日,利玛窦于北京病世。这一日正是三年前罗明坚去世的日子。

三位意大利巨人在17世纪初先后告别世界,他们间所有的关联和缠绕都化作了尘埃。他们的祖国,当时仍处于诸国分割状态,多数小国仍属于君主专制国家,教皇国为神权国家,只有威尼斯、热那亚、锡耶纳、卢卡等少数几个小国采取共和制。在意大利这块饱经战火的土地上,共和与反共和,宗教改革与反宗教改革,科学与反科学,文艺复兴与反文艺复兴,资本主义与反资本主义,正在黎明前的暗夜里激烈搏斗、撕咬……

1598年前后,罗明坚奉耶稣会总会长阿桂委瓦之命撰写了回忆录——《中国差会情况汇报》,但最终也未获准出版。这样,有关他在中国的非凡经历,至今长眠于耶稣会的档案馆中[①],随岁月尘封,被后世忘记。

---

① 档案编号:ARSI,Jap-Sin(Archivvm Romanum Societatis Iesu,Japonica-Sinica).101,fols.

八

罗明坚和他的世界

1. 走进他者的世界

对罗明坚,笔者因为掌握资料所限,至今还不知他是什么模样。现有文献对他的状貌没有多少描述,只说他刚进入中国的时候蓄了很长的胡子,后来听从两广总督陈瑞的建议,曾把胡须剃了。又说他体重较大,在去浙江绍兴翻越韶关梅岭时,要四个人抬他,付了双份轿子钱。还有就是徐渭的诗说他"高躯胡鬓口颊迷",说明罗明坚身形高大,长着很长的胡须,面部迷人。但他的形象于我,又是活生生的,他似乎总是用他那双凹陷的眼睛,和蔼地看着他人;他高大的身子总是闲不住,做这做那,忙个不停。

他是一个意志无比坚定的开拓者。他以坚忍力行的精神去做自己认定要做的事,明知不可为而为之,不达目的决不罢休。当时的传教士一般都有这种精神,但他表现得尤其突出,能忍受一般传教士不能忍受的困厄。比如,对西方人来说如天书般难学的中国文字,他在其他传教士惊奇、嫉妒、嘲讽的目光中顽强去学习;比如,他为了获得官员的支持,敢于壮着胆去见连中国百姓都敬而远之的各路官员;比如,在绍兴败归后,为了挽救岌岌可危的肇庆住院,他在无人牵线搭桥、人地生疏的情况下敢闯广西官府衙门。他总是在行动中,在其他同道望而却步时,一个劲儿地向前冲,东奔西走,左冲右突,干成了当时很多传教士干不成的事情。

　　沙勿略、范礼安尽管结合他们在远东的实践,设计了适应性传教策略,但同为远东,对日本"适应"和中国的"适应"就有很大的差别,沙勿略和范礼安具有在日本的适应经验,但它们不一定能移植到中国。比如,当时在日本,接受天主教的主要人群是广大的下层民众;而在中国,传教士们面向的主要人群是社会上层的士大夫阶层。美好的想法常常是说起来容易做起来难,沙勿略、范礼安的适应性策略与中国社会相结合,还需要践行者。罗明坚就是这样一个坚毅的践行者。

　　罗明坚也是一个具有人格魅力的人。他对人温厚、和善,跟他共过事的传教士都有这个看法。他以西方宗教戒律与儒家道德节操待人处事,急人之所急,无论是上司、官员还是同事、居民要他做的事,他尽力去完成,甚至对上司范礼安极不喜欢的西班牙耶稣会士桑切斯,在其被广州官府打入大牢后,都能两肋插刀,不顾一切地"捞人"。

　　但他又有倔强的一面,甚至有些天真。他虽以"天竺僧"自居,但骨子底里却忠实于自己的宗教原则。平日里虽然对官员毕恭毕敬,但官员说了有违他宗教信仰的话,他会表现不悦并义正词严地辩解。绍兴之行到达高岭,他们造访了一个佛教寺庙,受到僧人们热情接待,用餐时,罗明坚给了僧人们一些关于天主教教理问答的抄本,还不合时宜地对僧人们说,这是最好的教义,偶像崇拜是虚妄的,不可相信①。在所著《天主实录》中,他也不妥协地宣扬自己的宗教信仰,而后来利玛窦的《天主实义》则有点犹抱琵琶半遮面。

　　很多中国官员、士人接触他后,愿意跟他交往,有些与他成为了

---

① ARSI,Jap-Sin 101 I,fol. 44.转引自〔美〕夏伯嘉著,向红艳、李春园译:《利玛窦:紫禁城里的耶稣会士》,上海古籍出版社2012年版,第107页。

知心的朋友。这不完全是因为他会迎合他们，会送东西，很多传教士也懂这一套，主要还是与罗明坚的为人有关。他的善良、宽厚，确实有时容易被人算计，但会赢得正直、良善者的友好相待，他人格的基本面，是他走向中国内地后不断获得支持的基础。

罗明坚对中国及其文化有真挚情感。他从西方东渡印度时，就说着要到中国去。后来听说能去中国，其兴奋之情难以言表。来到澳门后他开始学习中国文字，虽然艰苦，但充满激情。到中国内地后，他对中国人和中国文化没有倨傲和偏见，学习中国礼仪，改换中国服装，率先起中国文雅的尊名字号，与士大夫吟诗唱和，"朝读四书暮诗篇"，融入中国文化氤氲和晚明士大夫生活方式之中。

罗明坚对学习中国文化，开始的时候多出于工具性考虑，正如他自己所说的："不久我们将化为中国人，'以便基督能赚得中国人'。"[1]但后来却透着一种热爱，这种热爱是建立在对中国文化精神认同基础上的。他不止是模仿中国人待人接物的外在形式，还想了解中国文化的内在机理。他翻译中国儒家经典，选择当时流行的朱子版本，且忠实呈现原意。他对宋明理学和先秦儒学一视同仁，致力发掘儒家的道德思想。利玛窦及后来很多耶稣会士"援古儒""斥今儒"，不看重宋明理学，对儒家的兴趣，主要是想从先秦儒学那里发掘契合天主教的中国神明信仰元素。罗明坚以理性的态度挖掘、传扬中国儒家经典中鲜明的伦理思想，并追求当时儒士的道德生活方式，可以说深入到了中国文化的堂奥，也可以说他真正走进了中国——一个于他来说的他者世界。

适应性策略，首先是文化适应。要做到文化适应，必须对中国文

---

[1]《罗明坚致总会长阿桂委瓦神父书》，1583年2月7日，撰于肇庆，〔意〕利玛窦著，罗渔译：《利玛窦书信集》（下册），台北光启出版社1986年版，第451页。

化有比较深入的认识,而不了解中国文字、不读中国经典、不与中国社会直接接触,对中国文化的了解终究是表层的、隔膜的。罗明坚的中国传教适应性策略,是在对中国及其文化认识不断深化的基础上不断调适而来的,外围传教团的议论和责难,多少有一些隔靴搔痒,他的上司的一些指令,时常是一种"本本主义"的瞎指挥。

罗明坚作为天主教传教士进入中国内地长期居住的第一人,与中国士大夫中开明者友好互动,克服民族的、文化的偏见与隔阂,把欧洲文化介绍到中国,同时把中国文化介绍到欧洲,创造了中西文化交往史上的多个"第一":建立了晚明时期中国第一所外国人学习汉语的学校;编写了第一部汉外辞典《葡汉辞典》;第一次将儒家蒙学经典《三字经》译成西方语言(拉丁语);写出西方人第一部中文著作《天主实录》;绘编了西方第一本中国地图集;第一次以西班牙文、拉丁文翻译儒家经典"四书";等等。通过他不寻常的个人经历和著述,中西两大文明世界在文化上初识互动。在这个过程中,他既秉承西方文化、自身宗教思想原则,又尊重中国文化传统与中国礼俗,体现了对中华文明的平等包容意识,开创了中西文明对话、文明互鉴的先河。

2. 组织使团与不归路

罗明坚在四十五岁盛年，被上司安排到欧洲游说，组织教宗使团。在他本人不知晓的情况下，禁止他重返中国，理由是他年纪大了，汉语水平低了，为人太温和，不能驾驭复杂的人际关系。

关于年龄。1588年，罗明坚四十五岁，利玛窦三十六岁，孟三德五十七岁，后者担任澳门耶稣会会长和中国传教团团长。1597年，利玛窦担任中国传教团团长时，也是四十五岁。

关于汉语能力。范礼安不会说汉语，他本人当然难分辨罗明坚的汉语程度，他说"罗明坚神父已经老了，不能再学好汉语"，很有可能是在利玛窦提供的信息基础上作出的判断。利玛窦对罗明坚的中文口语水平评价不高，在谈及罗明坚绍兴之行时说道："在这所房屋里受到款待期间，大家经常谈到基督教，但没有多大效果，因为一位神父完全不懂中文，只能默默地听，而另一位只能拼命地对付，讲得结结巴巴，只有一个没经验的老人当翻译。"[1]这里说的那位汉语讲得结结巴巴的人，指罗明坚；另外一位完全不懂中文的人是麦安东。当时利玛窦身在肇庆，他描述在浙江的两位传教士的情形有如

---

①〔意〕利玛窦、〔比〕金尼阁著，何高济、王遵仲、李申译：《利玛窦中国札记》，中华书局1983年版，第193页。

身临其境,是很难令人信服的。罗明坚撰写了《天主实录》、中国诗集,编过《葡汉辞典》、中国地图集,翻译过《四书》,他的诗文和他对儒家经典的翻译水准,超过后来不少汉学家,都足以证明他具有较高的汉语水平。罗明坚学习汉语的方法,现在不少学者包括汉语教学研究人员比较关注。有人说他学习的顺序是:先掌握汉字,再阅读,再是口语,把"念"放在第一位,"写"放在第二位,"说"放在第三位。这是说罗明坚对汉字先记忆,然后运用于写作,最后学习会话。范礼安借助利玛窦的一些评语,以此去推断罗明坚的汉语会话不行。而罗明坚自己说:"视察教务的司铎(当为范礼安)写信通知我,令我学习中国的语言文字,在'念''写''说'三方面平行进展。我接到命令以后立即尽力奉行。"①罗明坚编写的《宾主问答辞义》表明,从一开始他就注意汉语官话的发音和会话训练,也就是说罗明坚是在"念""写""说"三方面平行进展的。当时利玛窦的汉语口语能力如何? 1589年会见两广总督刘继文,利玛窦的讲话刘没有听懂,旁边人重复一遍后,刘才清楚利玛窦的意思。利玛窦后来很长一段时间还需要带着翻译处事②。

关于太温和,不能驾驭复杂的人际关系。罗明坚在澳门、广州和肇庆期间,与中国官吏打交道还是得体的。在广州时,海道朱东光对他另眼相看;在肇庆,总督陈瑞待他友好,他与知府王泮、郑一麟的关系更不错。当时澳门处理与广东地方政府的棘手事务,最终大多落在罗明坚头上,将孟三德、卡布拉尔、麦安东等引入内地,也

---

① 〔法〕裴化行著,萧濬华译:《天主教十六世纪在华传教志》,商务印书馆1936年版,第183页。

② 关于罗明坚的汉语水平,可参见张西平:《欧洲早期汉学史》,中华书局2009年版,第41—54页;宋黎明:《中国地图:罗明坚和利玛窦》,《北京行政学院学报》2013年第3期。

主要靠罗明坚疏通官府的关系，一个一个坎都因为他的努力跨过去了。而肇庆传教团与当地居民间的几次冲突，都发生在罗明坚不在肇庆，利玛窦主持肇庆事务时。当时许多中国官员都乐于跟罗明坚来往，他跟中国官员的融洽程度，当时肇庆和澳门的其他传教士是不能望其项背的。罗明坚温厚，可能容易被那些耍小聪明的人蒙骗、利用，特别是"马丁事件"，给他造成了被动的局面，但不能因为他偶一失手和对同事们的宽容，就完全否定他的社交和办事能力。也就是说，他的温和善良，怎么也难成为一个不让他在中国待下去的堂皇理由。

一种说法是，罗明坚被召回欧洲主要是因他和利玛窦在传教策略上有分歧。

问题是，在肇庆期间，罗明坚与利玛窦在传教策略上是否有本质区别？比如先学好中文特别是官话，处理好与官员的关系，争取到官员的支持，不局限在广东，向外省扩展，"搞掂"皇帝，自上而下传教；比如以科学技术博得中国精英阶层对欧洲文明的好感，走学术传教路子；比如从借佛传教到亲儒传教；等等，他俩并没有多大的分歧，而且是罗明坚先在实践。

罗明坚回欧与组织教宗使华团密切关联。组织教宗使华团牵涉中西各方，从中可知悉当时中国和欧洲人不同的世界观念，也可发现罗明坚与利玛窦识见的高下。

葡萄牙触摸中国南疆后，仿效中国的藩属国，试图通过派出外交使团打开与中国贸易之门。如从1517年开始，葡萄牙国王曼努埃尔一世命令费尔南·安德拉德武装护送多默·皮列士使团觐见明武宗，该使团虽受到"浪漫"的武宗的接见，但大部分使团成员最后被处死。1562年，新任葡印总督弗兰西斯科·库蒂尼奥（Francisco Coutinho）为了稳固葡萄牙刚刚在澳门的居留利益，并希望将天主教传入中国,在耶稣会士的请求下,决定派遣果阿富商迪奥戈·佩雷拉出使中国,谒见皇帝。次年,迪奥戈·佩雷拉使团抵达澳门后,与广东政府多次交涉,要求进京谒见中国皇帝,但迟迟未获广东政府的批准。库蒂尼奥不得不另行组织使团,命令迪奥戈·佩雷拉之妹夫吉尔·戈伊斯(Gil de Góis)以国王特使的身份使华。这次使华要求,经广东官府审验并向朝廷奏报后,最后被礼部驳回,礼部还下令广东地方官详查:如实为葡萄牙人诡托进贡,则谢绝;若有汉人奸细从中勾引,则将其治罪①。

跟随葡萄牙、西班牙东来的传教士,除了鼓动殖民政府出使中国,自身也依靠殖民势力主动组织使团。沙勿略开始的时候就想在他的商人朋友迪奥戈·佩雷拉支持下,以使团名义进入中国,后来使团因为马六甲总督的阻挠而未成行。此后,东来传教士组织了几次所谓的"使团",但都铩羽而归,最多只达到中国广东、福建等东南沿海地区。

传教士,包括沙勿略、范礼安、罗明坚、利玛窦等比较了解中国社会的耶稣会士,对当时中国官僚政治的认识,其实不少属皮相之见。他们虽然知道中国等级森严的官僚体制和皇权至上,但毕竟没有接触到权力中枢和皇帝,他们对中国君主的认识,很多时候是基于对欧洲君主的认识,觉得搞定君主就能够传教,却并不了解中国君主不同于他们欧洲的君主。欧洲君主间或许可以通过外交使节协调利益之争,而当时中国君主与藩国间实行朝贡贸易体制,外国只有向中国皇帝称臣纳贡,才能建立两国关系,所以当时葡萄牙派出的使团,到广东申请赴北京觐见皇帝,朝廷总是命令广东地方官

①《明世宗实录》卷五四五"嘉靖四十四年(1565)四月癸未"条,台北"中研院史语所"校勘,1962年影印本。

详查使团是不是真纳贡，是否另有所图。

因此，试图通过派遣教宗使团劝说中国皇帝允准在中国传教，从一开始就是传教士们建立于自身经验基础上的理想主义想法。罗明坚自踏入中国大陆就没有放弃这种想法，他在给上司的信中不断地提及寄送觐见中国皇上的礼物。当浙江之行、广西之行开辟新住地失败之后，更强化了这种想法，以致最后从肇庆回澳门，促使范礼安付诸实施。范礼安作出派罗明坚回欧洲的决定，虽然有上文所述的其个人主观"理由"，但也与罗明坚热衷组织教宗使团不无关系。

罗明坚游说组织教宗使团，在中国一方固然是"伪命题"，其实在欧洲一方也是"伪命题"。此时的西班牙已不是几年前汹涌东来的葡萄牙，随着海上霸权不再，国力的迅速衰落，没有足够的动力和能力向东方拓展。严重依附天主教君主国家的罗马教廷，此时也在忙于护卫自己的地盘，处理与欧洲国家和反天主教势力的各种纷争，自顾不暇。而且在当时中国朝贡贸易体制下，要求出使国称臣纳贡，而教宗使团将自己抬得很高，很难以藩国的委曲之姿出使明朝。

可以说，罗明坚回欧洲，从他进入中国开始就埋下了种子。他组织教宗使团的想法，在其中国事务顺利推进的时候，可能隐藏起来，但一遇到不顺利，就会不断浮现和强化，而他又对外面的世界特别是欧洲的变化，缺乏足够的敏感，终因昧于大势，只顾赶路，陷进人生的沼泽地。

对这场注定不能成功的组织使团之旅，利玛窦比罗明坚有更清醒的认识。利玛窦虽然也赞成组织使团，却没有罗明坚积极和热心，更不愿充当组织者。他后来在中国立足后，在范礼安外围的支持下，依靠自己的努力，去接近当时的权力心脏，锲而不舍向北京朝廷进发，在他心里，对利用西方国家和教宗外交使团打开中国传教的终南捷径，已经不抱希望。

3. 松动的华南社会

　　罗明坚去世的1607年乃明神宗万历三十五年。神宗亲政之初，血气方刚，励精图治，处理政务有条不紊。万历十三年(1585)，他拖着肥胖的身体，步行到京城南郊，大汗淋漓地祈雨。万历十五年(1587)，他要求朝廷内外文武官员，冠礼、婚娶、丧事、祭祀、宫室、车马、衣服不得超过制度规定。

　　转折始于万历十六年(1588)。这年末，有个叫李沂的言官上疏，触怒了神宗，神宗抱怨李沂不说贪官却唯独说他贪婪，认为李沂在诽谤君父，犯下了不可饶恕之罪。此时，好权趋利官僚，与名节之士，交相攻讦。为了对付官僚集团，次年元旦，神宗开始不上早朝，三月后，他免除了被提拔和新授职官员的面谢，自此上朝次数减少，深居不出。年末，有一个叫雒于仁的大理寺左评事，上疏进献《四箴疏》，说他当官一年多，仅朝见皇帝三次；说皇帝身体有病，而皇帝的"病"在酒色财气，他指责万历：

　　　　皇上诚嗜酒矣，何以禁臣下之宴会？皇上诚恋色矣，何以禁臣下之淫荡？皇上诚贪财矣，何以惩臣下之饕餮？皇上诚尚

气矣,何以劝臣下之和衷? ①

神宗看到这样指着自己鼻子骂的奏疏,居然没有立即拿问上疏者,而是"留其疏十日"②。

张居正时代,内阁与宦官结合的首辅专权,没有留给朋党多少空间,张居正去世后,朝中不再有政治权威,官员们为扩大自己的势力,相结成党,讥议朝政。神宗中后期,社会对朝政的批评,从官场走向民间,从街头巷尾走向通衢闹市。

万历二十四年(1596)起,神宗为弥补财政空缺,派遣宦官到各地任矿监税使征收捐税。他们为非作歹城乡,强征游商小贩,勒索富商大贾,侵占农民田地。除了梁永播虐于陕西,还有李凤苛征于广东,潘相作恶于江西,高淮贪残于辽东,马堂横行于河道……弄得各地民不聊生,"民变"四起③。

自此,明朝溃败决裂,不可振救。史曰:明亡于万历④。

罗明坚进入中国,乃在万历初期,处于张居正主政末期和神宗亲政初期。他奔波来往于澳门、广州、肇庆、桂林、绍兴等地,在内地活动的地点主要在广州和肇庆。罗明坚、利玛窦等传教士进入中

①《明神宗实录》卷二一八"万历十七年(1589)十二月甲午"条,台北"中研院史语所"校勘,1962年影印本。

②〔清〕张廷玉等撰,中华书局编辑部点校:《明史》卷一二二《雒于仁》,中华书局1974年版,第6102页。

③参见〔清〕张廷玉等撰,中华书局编辑部点校:《明史》卷二一《神宗本纪二》,中华书局1974年版,第279—295页。

④"故论者谓明之亡,实亡于神宗,岂不谅欤。"〔清〕张廷玉等撰,中华书局编辑部点校:《明史》卷二《神宗本纪二》,中华书局1974年版,第295页。"论者谓明之亡不亡于崇祯,而亡于万历云。"〔清〕赵翼著,王树民校证:《廿二史札记校证》卷三五,中华书局2013年版,第797页。

国,一种异质文化载体,飘落滑行千年的文明古国,引起各方反应,激起社会微澜,可以让我们更真切了解当时的中国社会,尤其是华南社会。

关于中央与地方的关系。

从罗明坚进入中国,还有之前容许葡萄牙人到广州贸易,我们可看到当时地方政府与中央政府的微妙博弈关系。当地方管理体制形格势禁,迫于各阶层诉求,需要改弦更张的时候,具有开拓精神的地方官员,会从地方利益出发,向中央提出突破传统体制的要求。这种局部体制调整,在得到与朝廷有密切关系的地方要员同意或默许后,会得到中央朝廷的认可,改革、创新就这样出现了。西方殖民者的到来,中央王朝出于文明古国和经济强国的自大意识,一方面怀柔远人,试图以朝贡贸易形式满足西方殖民者的利益诉求,但当西方殖民者武力挑衅并与走私集团、海盗、倭寇结合,影响帝国安定的时候,自觉物产丰饶、无需借外夷通有无的中央政府,从国家安全考虑,采取了闭关锁国的基本国策。而广东地方政府因从商业贸易中尝到了好处,周旋于中央王朝与西方殖民者之间,一方面代表帝国,捍卫地方的安靖,防范和抵御西方殖民者的武力侵略;另一方面,争取朝廷开放贸易市场,在可控的范围内,满足西方殖民者的利益诉求。广东官员允许葡萄牙商人定期到广州贸易,就是广东地方政府与中央王朝如是博弈的结果。

罗明坚、利玛窦入住肇庆,是肇庆府批准的,却获得了其上各级的默许。为什么知府同意后,广东地方政府和北京中央朝廷都默许? 因为它们都有需要。朝廷需要通过广东地方官在澳门采办外国的奇珍异物,而广东地方官往往将这个差事转给了传教士;朝廷和省里官吏到肇庆后,需要游山玩水,而肇庆除了有优美的自然景观,还有全中国其他地方没有的西方文化景观——仙花寺及其缤纷的西方藏品,参观仙花寺成为当时来肇庆官员的"保留节目",以至仙花寺里"镇馆"藏品三棱镜被诈骗后,官府大动干戈。这样,只要这些外国人能做中国顺民,遵守朝廷的文化价值观,不危及社会的安定,各级官员都默认了他们的存在。而地方官员常常打着为朝廷服务的招牌,并将这些外国人贴上僧人(后来是学人)的标签,就可以了。从明朝地方与中央关系的这些个案,可以管窥中西初识时代,明朝官僚机制是如何反应和调适的。

关于官府与民间的关系。

普通民众对西方人的到来存在复杂的情感。一方面,民众对西方人和他们带来的器物充满好奇,有些人试图从殖民者和传教士身上获得利益。因为好奇和利欲,民众中的不良之辈,对传教士存在欺诈行为。当时的肇庆官府基本能做到秉公执法,没有因为传教士是外来者,就有所偏袒。也可能因为这个原因,一遇到官员来判明是非的时候,那些不良之辈就不敢面对官员。比如,在罗明坚首次进入广州时,那位砸伤自己、企图敲诈罗明坚的人,在海道朱东光赶来后急忙溜走了。"马丁事件"中,罗洪因为家里太穷,配合蔡一龙说自己妻子与罗明坚通奸,想敲诈神父一把,案件审理那天,不敢到场作证,还怕官员来找,带着妻子逃之夭夭。还有,当地民众看西方器物时,一遇到官员到来,就立刻闪到一边。可以看出,民众对官员心存畏惧。

另一方面,民众对殖民者抢夺乃至吃小孩传言存在恐惧,对官府与传教士的友好关系存在不满。因为恐惧和不满,肇庆民众与传教士发生了几次冲突。这些冲突,表面上袭击的是传教士,实际上是对官府权威的挑衅,因为官府是传教士的保护者,仙花寺外墙贴有不许民众骚扰传教士的官方告示。当地民众将官府所修的崇禧塔称之为番塔,更是对官府与传教士关系的嘲讽,以致逼得官府出来自辩。

当时官员尤其是上级官员大多是外来的,三年秩满要考察,考察后或升迁,或调动,加上这些官员所操官话,与方言差别很大,因而官员与当地民众很难形成亲近关系。

既然官员与当地老百姓有些隔膜,那么外来官员通过什么阶层来处理、维系与当地民众的关系呢? 这个阶层主要是地方绅士阶层,它由当地的退休官员、儒生和家族长老等组成。他们是当地一股不可小觑的社会力量。对西方殖民者和传教士的到来,地方社会的上层是比较警觉的,殖民者对地方的侵扰影响了地方的安宁,传教士的到来,对地方传统文化观念是一种侵蚀,因而从主观上来说,这个地方绅士阶层是采取排外态度的。但是他们也是务实的一群,他们在与西方殖民者的贸易中尝到了甜头,对西方殖民者和文化具有一定的包容性,因而对外抵制是暧昧、不彻底的。我们看到,在传教士去留、仙花寺建设、有关传教士案情的处理上,都闪现出地方绅士的身影。王泮与退休官员谭谕的关系,就有标本式的意义。谭谕作为地方绅士阶层的代表,成为了王泮倚赖的朋友,王泮通过他处理兴学、建塔、治水等事务,也通过他调解官府与传教士、传教士与当地居民的关系。谭谕成为官员与民众(传教士也是民)间的必要缓冲。他既是代表官方敲打传教士的黑脸式人物,又是传教士疏通官方的媒介,因而成为传教士既讨厌憎恨又必须巴结讨好的对象。

关于僧人的社会地位。

罗明坚进入广州以及后来与利玛窦进入肇庆后,官员和当地百姓称他们为西僧,罗明坚等人也以"天竺僧"自称,他们的住院挂上王泮题写的牌匾"仙花寺",说明它也是被界定为佛寺。大部分官员们(部分清醒者除外)、几乎当地老百姓,都把他们归于僧人,以至不少参观传教士临时住所和后来仙花寺的人,还烧香下跪,捐功德钱,甚至把圣母玛利亚像等同观音,向其跪拜求子。总之,当时的社会民众用他们熟悉的佛教定义传教士、看待传教士。传教士的地位犹如当时僧人在社会中的地位,从当时传教士在肇庆的地位,可以蠡测僧人的社会地位。传教士与当地民众发生了几次纠纷,如所谓扣押小孩事件、河工冲击住院事件,表明当时民众与传教士是有矛盾的,他们虽然知道这些西僧与官员走得很近,有官员护持,但因为西僧毕竟不是官府本身,因而,当地一些看不惯传教士的民众,会找一些理由欺负他们。

当时僧人的地位,也可以从传教士们极力向儒士靠拢窥见一斑。传教士首先都把自己打扮成僧人,后来却想与僧人撇清关系,致力把自己打造成知书识礼的儒士。罗明坚读儒家经典,爱与儒士们吟风颂月,在所著的《天主实录》中引用和附会儒家的词句。他与利玛窦后来的服饰,都不是典型的僧服,类似当时儒士的服装,显示儒士在社会中的主流地位。

僧侣们的地位虽然不是很高,但以之作为自己的身份,却使传教士获得了实际的好处。这样可使传教士们更能接触到大多数的中国民众,罗明坚曾经写了一篇题为《关于援助中国人的方式的若干意见》,文章中说:"采用僧侣们的生活方式乃是支持中国传教团事业的一种恰当的措施。"①

关于中国人对待西方文化的态度。

我们看到中国官员和民众对西方器物好奇,包括对建筑、自鸣钟、三棱镜、日晷、地图、图像等,特别是都对三棱镜神奇炫目的光彩好奇。其次是对西方地图学存有兴致,当时挂在仙花寺的地图对官

---

① 转引自〔意〕利玛窦、〔比〕金尼阁著,何高济、王遵仲、李申译:《利玛窦中国札记》附录《1978年法文版序言》,中华书局1983年版,第677—678页。

员们震动很大,后来以王泮为首的官员十分珍视《山海舆地全图》,反映了当时知识阶层对西方制图学、地图学的兴趣。人们对自鸣钟的机械装置不感兴趣,只是对它准时报时感到惊奇。精神层面,对传教士的信仰,一些官员知识分子已经意识到了它是另一种宗教,并向传教士打听其中的教义,因为罗明坚、利玛窦在传教中披上了佛教的外衣,其他大多数官员、士人以为它是佛教的一种,并没有感到意识形态和文化上的威胁并因此而警觉。在广州、肇庆和绍兴,传教士公开开展宗教活动,当地官员也没有拦阻,连传教士自己也感到意外。《天主实录》是在王泮支持下出版的,书中驳斥了当时中国人的佛教、道教和其他民间信仰,所以传教士们担心该书会受到人们的反感,但没想到它的出版发行很顺利,未遇到对这本书的反抗声浪,王泮每次带朋友来仙花寺参观,还都提醒传教士送《天主实录》给他的朋友。当时的僧侣应该是最清楚传教士的信仰与自己不是一路的,但僧人接触这些所谓"西僧"后,对他们都比较友好,还有僧人来仙花寺参观。以上这些人们的反应和现象,一方面是由于此种宗教刚进入中国,人们对其认识模糊粗浅;另一方面缘于当时中国人对自身文化和信仰的自信,对传教士及其信仰不以为意,以包容之心待之。

但我们也要看到,传教士信中所反映的中国人对他们宗教宣传和活动的反应,多为一面之词,有些是事实,有些可能是报喜不报忧的迎合上司之语。他们在传教中的战战兢兢,说明他们还是遇到了不少社会阻力。中国人对超自然神的信仰不容易接受,因而传教士在当时发展教徒不多。

最后我们看看当时的岭南官场。

罗明坚、利玛窦进入中国内地居住后,有较长时间与中国官场的接触,只待过几天的传教士的浮光掠影的随感与他们的观察是不能同日而语的。他们在寄给西方的信中，说这里官僚等级分明，上级官员对下级官员具有绝对的权威，上级对下级可以随意体罚，下级对上级没有多少尊严。罗明坚、利玛窦看清了这点，认识到要在中国立足，在官员面前不能有所谓平等，更不能倨傲，他们见到官员显得格外的谦卑有礼。

但要看到，官员们大都是科举考试的成功者，自小受到儒家文化的熏染，具有基本的道德底线和是非标准，罗明坚在信中对他接触的官员，像刘尧诲、朱东光、陈瑞、王泮、郑一麟、黄时雨等，评价还是比较高的。

罗明坚交往最多的官员是王泮。王泮来自绍兴的一个大家族，通过科举考试走上仕途，他来到肇庆，积极推行张居正主导的朝廷新政，治理当地久治不愈的水患，改善了肇庆的生态环境，改造了府学，留下了跃龙窦、七星湖和崇禧塔等遗迹，可以说他是当时一位有作为的能吏。万历《肇庆府志》说他"性恬淡，自奉如寒士，居官廉洁"[1]，道光《高要县志》还说他"与民接，未尝疾言遽色，然端慤有执，虽门生故交，无所私，参划幕府机事，悉中窾要"[2]。他在当地名望较高，当他升迁离开肇庆时，肇庆官民为他修建生祠。

王泮的政绩，既出自他的勤政、务实，也出自他的开拓和开放意识。他经常带着朋友参观传教士住所，观赏西洋器物；他鼓动利玛窦翻译和组织印刷地图，并视为珍宝，送给朋友；他尽力为传教士们编写、印制、发行中西文化交流读物提供帮助。可以看出他是当时那些地方官员、知识阶层中，对外来西方文化最具敏感性和开放性

---

① 〔明〕郑一麟修，叶春及纂：《肇庆府志》卷一八《名宦传二》，明万历十六年（1588）刻本，岭南美术出版社2009年版，第367页。

② 〔清〕韩际飞、叶承基修，何元等纂：《高要县志》卷一八《宦绩录》，清道光六年（1826）刻本，岭南美术出版社2009年版，第250页。

的一员。

王泮对传教士的姿态和政策,还必须置于当时广东官场的环境中理论。当时广东对外交往较多,对外贸易在国内最为兴盛,特别是与葡萄牙、西班牙商人和殖民势力接触多年,官员们见多识广,普遍较内地官员具有开放和开拓意识,王泮任职时的历任两广总督,如陈瑞、郭应聘、吴文华等,都是来自福建、在两广经营多年的务实官员。我们不能只看到站在前台的王泮、郑一麟等,还要看到他们后面站着的官员群体。

晚明时期,包括广东珠三角地区在内的东南沿海商品经济比较发达,甚至在一些城镇、乡村出现了明显的雇佣劳动方式。人们的生活观念也悄悄发生转变,开始崇尚奢靡的生活方式。甚至人们的政治观念也发生了某些变化,从官员到民众,敢于议论时政,一些士大夫甚至敢于挑战君权,觉得不能以君主之是非为是非,而应以天下之是非为是非①。罗明坚进出中国肇庆的过程,依托的是这种悄悄发生变化的地域社会空间。

---

① 万历二十六年(1598)内阁首辅沈一贯上揭帖称:“往时私议朝政者不过街头巷尾,口喃耳语而已。今则通衢闹市唱词说书之辈,公然编成套数,抵掌剧谈,略无顾忌。”〔明〕沈一贯:《敬事草》卷三《请修明政事收拾人心揭帖》,山西巡抚采进本,第26页。另外,《明史纪事本末》载:“锡爵尝语宪成曰:‘当今所最怪者,庙堂之是非,天下必欲反之。’宪成曰:‘吾见天下之是非,庙堂必欲反之耳!’”〔清〕谷应泰:《明史纪事本末》卷六六《东林党议》,中华书局2015年版,第1027—1028页。

4. 撕裂、无力的西方

中西初识时代的西方一方，是葡萄牙、西班牙及其信仰的天主教。它们从东西两路突入中国南疆之后，虎视眈眈中国内陆，施展各自策略，展开了激烈的争夺，致使中西首度交往纷乱无序。

首先，葡萄牙与西班牙激烈争夺中国贸易市场。

葡萄牙为了商业利益，开始的时候也试图武力挑衅，但武力未占到便宜，就使团外交、武力骚扰、武装走私多管齐下，后来通过与地方政府谈判，获得了在广东的贸易权利。在获得中国的贸易权利后，葡萄牙对中国政府显示臣服的姿态。见葡萄牙在中国赚得盆满钵满，稍后来到东方的西班牙也希望获得中国开放的港口，并试图以武力来获取与中国贸易的权利，从国王到传教士都叫嚣武力征服中国。1580年后虽然西、葡合并，但同一王冠之下，葡萄牙仍然反对两国间互通有无，反对西班牙插手葡萄牙的对外事务，明里暗里强力抵制西班牙染指中国贸易。但西班牙并不善罢甘休，菲利普二世在传教士的怂恿下制订了出使和进攻中国的计划，两国对中国市场的争夺呈白热化状态，一度形成了葡萄牙、西班牙和中国间的复杂关系。后来由于西班牙迅速衰落、忙于欧洲事务，其进攻中国的计划才未付诸实施。

其次，西方宗教势力争相进入中国并在传教策略上分歧对立。

西方天主教想归化中国人,耶稣会为急先锋,方济各会、多名我会、奥古斯丁会等修会也急迫想进入中国。在罗明坚、利玛窦进入中国内地后,西班牙耶稣会和其他修会也试图借助肇庆传教团达到它们的目的。

在如何进入中国和归化中国人上,天主教内部形成了和平传教和武力传教两派,以桑切斯、卡布拉尔等为代表的西班牙传教士和部分澳门耶稣会士奉行武力传教策略,而以范礼安、罗明坚、利玛窦为代表的意大利耶稣会士采取和平传教策略。两种传教策略在当时争论激烈。

争论的背后是对中国文化态度的分野。武力传教派奉行欧洲中心主义,他们带有强烈的欧洲民族优越感和文化偏见,以欧洲为中心,藐视异质文化,欲借助西方殖民者的优势和力量,以西方基督教文化碾压一切"异端"。一些西方传教士自1569年起一直叫嚣以武力打开中国,桑切斯因其主张而深得西班牙国王的欢心,后者还制订了进攻中国的计划。和平传教派,奉行文化平等和文化适应,他们钦佩、尊重古老而灿烂的中华文明。为了传教,他们放弃与生俱来的西方生活习惯,力图与异质文化沟通熔铸。

但同为文化适应,范礼安、利玛窦更实用主义一些,罗明坚则仍秉持天主教原教义原则。罗明坚因为懂中文,阅读了中国的大量书籍,加上他的敏感,对中国文化的体认较深,从骨子里喜爱中国文化,并企图通过译介儒家经典,证明中西文明具有相通性。范礼安和初期的利玛窦对中国及其文化的体认要浅很多,文化适应在他们眼里,只是一种手段而已,他们的着力点是如何笼络中国士大夫的上层,快速进入北京,争取中国皇帝的支持。

第三,西方国家与宗教势力在对待中国问题上存在矛盾与对立。

君权和神权在进入中国上虽然并驾齐驱、互相利用,但它们间显然也存在分歧,且不说传教士也与商人争夺、分割贸易利益,就是在进入中国的策略上,传教士与殖民者也存在分歧。殖民者主张武力征服,骨子里潜藏欧洲文化优越观,初来乍到中国虽不能以武力制胜,但对中国文明睥睨不屑。这种观念和姿态极不利于传教士进入中国,因为不尊重中国文化,就会受到中国政府、官员、士人的强力抵制,无数传教士被拒之门外就说明了这一点。所以,以范礼安为首的文化适应派耶稣会士,与葡萄牙和西班牙殖民者存在深刻矛盾,在东方传教事务上,不会完全按照葡印总督与澳门管理者的指令行事。

在欧洲,天主教国家的君主虽然与罗马教会总体上建立了联盟,但世俗王权与宗教神权间也存在错综复杂的矛盾。我们从罗明坚回欧组织教宗访华使团上,可见两者间互相猜忌和在主导权上的激烈争夺,这使罗明坚在重重矛盾中左冲右突,仍难于挣脱。

可见中西初识时代,西方各种势力虽然对中国经济和文化扩张的目标是一致的,但它们之间理念分殊、互相倾轧。这加剧了当时广东官员和民众对其的抵触和排拒,也使首先进入内地的传教士罗明坚、利玛窦疲于应对来自自身阵营的主义论争和人事纷扰。第一波触及中国的西方力量,不仅整体孱弱,而且因为其纷乱无序和前现代性质,无法对成熟的中国社会和文化施加根本性影响。

5. 个人命运与背后的世界

罗明坚去世四百多年后，知名汉学家、意大利耶稣会传教士德礼贤说了一句意味深长的话：

> 罗明坚铺路的日子结束于1583年9月10日。对于利玛窦，罗明坚说了施洗约翰对耶稣说过的话：他一定会变得更加重要，我必须消失。①

1583年9月10日是罗明坚带着利玛窦到达肇庆的日子。如果说带着利玛窦进入肇庆，就意味着罗明坚被利玛窦替代的命运，德礼贤的话真有几分难以言说的况味。

罗明坚是天主教中国传教事业的实际开创者，肇庆传教团的

---

① 参见〔意〕麦克雷著，张晶晶译：《〈论语〉在西方的第一个译本：罗明坚手稿翻译与研究》，《国际汉学》2016年第4期。德礼贤所著《第一本中文基督教义手册的历史—汉学肖像》一文开宗明义说道："在中国传教事业之创建过程中，耶稣会士罗明坚神父的神意角色，与施洗者约翰一样。他作为一位真诚的'新郎的朋友'，为利玛窦——传教事业的真正奠定者——开辟道路，引领其进入中华帝国，然后在世人眼前消失。"德礼贤著，谢明光译：《第一本中文基督教义手册的历史——汉学肖像》，《国际汉学》2016年第2期。

"内政外交"主要是他在撑持①,可他从来不是中国传教团的负责人。他主动将利玛窦引入中国,为利玛窦学习中国语言创造条件,后来以"兄弟"之名,将其带进中国内地。肇庆期间,由于罗明坚的能力,利玛窦一直是以助手的身份协助罗明坚工作。罗明坚适应性传教的实践和思想,为利玛窦后来的传教工作做了大量的铺垫和准备。罗明坚在肇庆累积的各种人脉关系,成为利玛窦后来的重要依赖力量。但罗明坚回到欧洲后,命运从此转折,与他挚爱的中国和这里的事业突然诀别,在家乡过着孤寂的生活。他如果不回欧洲,或者能从欧洲重返中国,凭着他的韧性、节操、智慧和能力,可以干出一番他自己更认可的事业。

　　几百年来,罗明坚的形象在利玛窦高大的阴影里湮没不见。我们的历史教科书、专题历史宣传品乃至一些学者的著作,在讲到16世纪中西文化交流开创、奠基时期时,罗明坚都是以利玛窦的附属的形象出现,甚至连罗明坚的名字也不被提及。

　　是什么造成罗明坚的历史贡献与其乖舛命运的极大反差?

　　一些学者说罗明坚之所以不如利玛窦,就是他依附佛教,而利玛窦由"附佛"转变为"合儒"。其实罗明坚"以僧自居",更多的是一种权宜之计,他借当时中国人熟悉的佛教定位身份,只是为了显示自己不是商人而是宗教人士,同时也是表达"中国化",做中国顺民的姿态。利玛窦开始时,也是出于此考虑而自命"西僧"。罗明坚虽表面上对佛教有所同情并借用了一些佛教词汇,但这并不等同于依附佛教。在《天主实录》一书中,他就曾严厉地批判了佛教的轮

---

① "接替了弗朗西斯科·卡布拉尔出任中国差会长上的孟三德神甫,在1588年认为,罗明坚肩负了在华的一切工作。"〔葡〕萨安东著,金国平译:《罗明坚在欧洲》,〔意〕罗明坚著,〔意〕罗·萨多整理,金国平等译:《大明国图志——罗明坚中国地图集》,澳门特别行政区政府文化局2013年版,第23页。

回说、偶像崇拜等。相反,他表达了明显的亲儒倾向。罗明坚对于儒家思想一直是肯定的,他认为儒家的伦理思想与天主教思想不相违背,他写的诗"要酬天主德,不用宝和珍。只爱人心好,长行礼义仁",便是调和儒家思想和天主教思想的最好例子。罗明坚的亲儒相较于后来的利玛窦虽然要浅一些,但其首次展示的天主教"亲儒"倾向无疑为后继者开辟了道路。此外,他翻译的中国经典,都是各类儒家经典,而少有佛教相关内容,他对儒家经典释读的准确性甚至超过许多后来的传教士。利玛窦虽然曾经说在翻译《四书》,但至今未发现他翻译的《四书》文本。可以说,罗明坚开启的"亲儒"适应策略,影响了利玛窦和其他后来进入中国的传教士,奠定了中西文化交流的基调。

有人认为,罗明坚不像利玛窦那样有着同教会高层人士的密切联系和支持,罗明坚过去同范礼安不熟识,又不善于进行情感方面的沟通,使范礼安对他缺乏信任感。

罗明坚进入中国,虽不是范礼安钦点,但却是后者传教策略的结果。对罗明坚,范礼安一直有自己的看法。在派传教士与两广总督陈瑞打交道上,范礼安即怀疑罗明坚是否有能力胜任,后虽派出送礼的使团,但正式使者并非陈瑞指明要见的罗明坚,而是原准备派往日本且根本不懂中文的巴范济,罗明坚仅作为他的助手随行。当罗明坚历经艰辛取得在肇庆居留和传教的实际成果之后,被任命为中国传教团监督的,却不是开创有功的罗明坚,而是刚从印度被派往澳门随即进入肇庆、对中国情况十分陌生的孟三德。后来范礼安名义上是派他回欧洲组织教宗访华使团,实际上是打发他离开中国,为利玛窦让路。在罗明坚回到欧洲后,范礼安还通过耶稣会总会,阻挠罗明坚出版拉丁文《天主实录》和中国地图集、《四书》等。

确实,罗明坚一直没有得到过范礼安的认可和信任①。

而范礼安与利玛窦的关系,却是另一番风景。利玛窦与范礼安和阿桂委瓦在内的一些宗教上层人士,在罗马学院时就有着良好的师生关系,后来发展成为一种相当融洽和互相信任的上下级关系。利玛窦来到东方后,勤于向耶稣会总会长和其他上层神父写信,加强与耶稣会长上的沟通,以致后人可以编成《利玛窦书信集》。现在写罗明坚的经历,要大量借助利玛窦和其他传教士的信件内容。

罗明坚也遵从耶稣会组织的规定,向上级写了一些书信,但因忙于传教团的各种纷杂事务,也可能是性情使然,没有像其同道一样勤于写信,而且即使写信,他作为事件的主持者、亲历者,却常常比旁观者、从属者说得简略,常有"相信××神父已经向您报告了"之类。他1582年12月24日的信是这样说的:"这封信不会太长,因为视察员神父范礼安将会把这里的一切、一般的与特殊的事件向您当面报告,目前我基于服从以及视察员的意思,就要动身去会两广

_____

① 萨安东认为,范礼安和罗明坚存在竞争的关系,加剧了两人之间的不合:"两人都出生于那不勒斯王国,均为西班牙国王的臣民。两人年龄略有不同:当时范礼安年值49岁,罗明坚则43岁。两人进入耶稣会都较晚。范礼安27岁入会,罗明坚入会时已经29岁。两人均拥有法律学士学位,但后来的用途却不同:范礼安的学位似乎从未学以致用。一生事务缠身,埋没在重要神职人员随从中。一起暴力事件给他打上难以忘怀的烙印,导致他进入威尼斯的一个监狱。然而罗明坚的情况不同:他是双料(即教会法和民法)学士。在加入耶稣会之前,作为西班牙属那不勒斯王家法院的法官,前途似锦。即使是成为耶稣会士后,有时也称其为罗明坚博士。可以说,在俗时,罗明坚的履历,较之范礼安,更加突出或更加可敬。问题是,两强相遇必有一斗。"〔葡〕萨安东著,金国平译:《罗明坚在欧洲》,〔意〕罗明坚著,〔意〕罗·萨多整理,金国平等译:《大明国图志——罗明坚中国地图集》,澳门特别行政区政府文化局2013年版,第23页。

总督(指陈瑞)……"①1585年10月10日,他写给耶稣会总会长阿桂委瓦的信也只有几行字,首行是这样说的:"由于急于动身去南京,没有太多的时间,只能给总会长略禀数言,相信中国省会长孟三德神父已经向您报告了。"②他限于纪律,浙江之行这样重要的事情,他必须向总会长报告,但因要为动身做充分准备,没有时间写太长的信,详细报告只得委之于他人,他的个性和行事风格决定了他做这样的选择。

　　有人说是因为罗明坚与西班牙籍耶稣会士桑切斯走得太近。

　　葡萄牙和西班牙是当时的两大海洋霸主,在全球争夺殖民地、势力范围和贸易市场,乃至传教权(保教权)。桑切斯是西班牙派出的东方代表,曾经被派到澳门宣布西、葡合一,要求澳门的葡萄牙人效忠西班牙国王,鬼使神差在广州遇到了罗明坚。罗明坚后来通过陈瑞的关系,把他从广州的监狱里"捞"出来,可谓桑切斯的恩人。罗明坚与桑切斯在进入中国传教的策略上明显不同,前者是和平的文化适应加使团外交,后者主张大炮武力加使团外交。桑切斯一方面想求助罗明坚做内应,达到他的政治目的和传教目的,另一方面对罗明坚也想知恩图报。在罗明坚修仙花寺缺钱的时候,桑切斯伸出援助之手,愿意提供帮助,罗明坚病急乱投医,在澳门与其打得火热,后来虽然没有用西班牙的援助,但此事在澳门闹得沸沸扬扬。这一切,都尽在范礼安掌握之中。范礼安与桑切斯的关系,其实也很复杂。开始的时候,两个人在澳门承认西班牙与葡萄牙合并、效忠菲利普二世上达成共识,范礼安又希望借助桑切斯发展澳门与菲

①《罗明坚致总会长阿桂委瓦神父书》,1582年12月24日,撰于澳门,〔意〕利玛窦著,罗渔译:《利玛窦书信集》(下册),台北光启出版社1986年版,第443页。

②《罗明坚致总会长阿桂委瓦神父书》1585年10月18日,撰于肇庆,〔意〕利玛窦著,罗渔译:《利玛窦书信集》(下册),台北光启出版社1986年版,第475页。

律宾的贸易,因而两人也有一段蜜月期。后来因为葡、西两国在经济和传教方面的利益冲突,加上传教策略上的差异,两人在不少场合包括在给耶稣会总会长的信中互掐。他们两人的关系是建立在政治功利基础上的。罗明坚与桑切斯的关系则不同,带有私谊的成分,两人虽然在传教策略上不同,但在个性上有相同点:爽直,并以己之力帮助他人。在范礼安与桑切斯关系破裂之后,罗明坚虽然一如既往地尊重范礼安,但又按照自己为人处世的原则与桑切斯维持良好的关系,这固然会影响范礼安对他的看法。

其实牵扯罗明坚命运的是他背后的世界,因而罗明坚的命运最终要从他生活的世界去分析。中国明朝在大航海时代开始后,仍继承亘古以来的以华夏为中心的天下观,怀抱世界中心主义和文化优越感,在对外关系上严夷夏之防,实行朝贡贸易体制,除了显示国威、怀柔远人,没有对外贸易和文化扩张的动力,在朝贡贸易体制下,也不可能与其他国家进行平等的交往。欧洲也处于现代的前夜,它们虽然随着世界地理大发现,没有世界中心的天下观,但也有民族和文化优越感,为了贸易利益和文化扩张(主要传播基督教),它们走向全球。中西初识,主要是西方一方借助先进的航海技术、武器进行贸易和文化扩张所造成,中国处于被动状态。在这个过程中,远离中国政治中心的东南沿海地区首当其冲,这里因为对外贸易和商品经济的发展,部分具有开放意识的务实官员,冲破朝贡贸易体制,以平等之态开展对外经济和文化交往。如此,罗明坚凭着耶稣会的适应性传教策略和自己对中国文化的尊重意识,依顺中西初识的大势,走上时代的前台。但当时中国中央朝廷的天下观和朝贡贸易体制并没有改变,欧洲国家和教会的欧洲中心主义也没有改变,中西方社会在当时不可能开展平等的政治和文化交往。罗明坚囿于不能认清当时中西方国家的本质,从一开始就怀抱理想主义的使团外交策略,影响了其回到欧洲之后的命运。

　　罗明坚的命运,还可从他身处的社会组织观察一下。罗明坚从印度到澳门,固然是范礼安想要人,给他提供了机会,但他是凭着自身的语言、学识和交往能力,在指定的人因故不能前往而被在果阿的传教士们集体推选出来的,以致他到澳门后的一段时间里,在日本的范礼安都不知道葡属印度传教团派了谁到澳门。如果1588年回欧组织使团的人选,由在澳门的传教士们推选;再假如,罗明坚是否从欧洲再回到中国,是否出版著述,不是由个人决断,罗明坚的命运是不是另一种结局? 这些是颇值得我们思量的。须知,当时的中国是一个中央集权的君主专制社会,耶稣会也是一个等级分明、高度军事化管理的专制性社会组织,在前现代的非民主社会和组织中,个人际遇带有极大的偶然性,在很大程度上取决于其直接管理者的见识和道德水准。

　　至于罗明坚身后的影响力问题,牵涉耶稣会和天主教的历史、研究资料的发现及历史研究者的观念和偏好等复杂因素,是难以用三言两语说清楚的大命题,需待专文论述。罗明坚回到欧洲后,利玛窦沿着罗明坚实施的适应性路径,利用肇庆住院时期奠定的社会关系网络,从华南走向北京,造就了西方传教和中西文化交流的第一座高峰,宗教和研究团体以及受其影响的社会大众,都把敬仰的目光投向他。而呈现罗明坚进居中国非凡经历和在中西文化交流上卓越作为的珍贵文献,因为人为的阻扰,没有公开出版,一直沉睡在图书馆、博物馆,使罗明坚的事迹和形象湮灭不闻。后来随着历史的不断演进,中西文化交流的大戏不断上演,专业和非专业的看客,大多关注高台上的星光闪耀者,无暇眷顾那些星光大道的铺路人。

主要参考文献

1. 古籍

《大明会典》,万历重修本。

《明世宗实录》,台北"中研院史语所"校勘,1962年影印本。

《明神宗实录》,台北"中研院史语所"校勘,1962年影印本。

《明太祖实录》,台北"中研院史语所"校勘,1962年影印本。

《明武宗实录》,台北"中研院史语所"校勘,1962年影印本。

〔明〕顾应祥:《静虚斋惜阴录》,《北京图书馆古籍珍本丛刊》(64),书目文献出版社1996年版。

〔明〕郭棐等纂:《广东通志》,万历三十年(1602)刻本。

〔明〕霍与瑕:《霍勉斋集》,光绪十二年(1886)南海石头书院重刊本。

〔明〕陆鏊、陈烜奎等纂修:《肇庆府志》,明崇祯六年(1633)刻本,岭南美术出版社2009年版。

〔明〕马欢著,万明校注:《明本〈瀛涯胜览〉校注》,广东人民出版社2018年版。

〔明〕沈德符:《万历野获编》,中华书局1959年版。

〔明〕沈一贯:《敬事草》,山西巡抚采进本。

〔明〕谈迁著,张宗祥点校:《国榷》,中华书局1958年版。

〔明〕王世贞:《嘉靖以来首辅传》,台湾商务印书馆1983年影印本。

〔明〕徐渭：《徐渭集》，中华书局1983年版。

〔明〕严从简著，余思黎点校：《殊域周咨录》，中华书局1993年版。

〔明〕张燮著，谢方点校：《东西洋考》，中华书局2000年版。

〔明〕郑一麟修，叶春及纂：《肇庆府志》，明万历十六年(1588)刻本，岭南美术出版社2009年版。

〔清〕谷应泰：《明史纪事本末》，中华书局2015年版。

〔清〕韩际飞、叶承基修，何元等纂：《高要县志》，清道光六年(1826)刻本，岭南美术出版社2009年版。

〔清〕仇巨川：《羊城古钞》，广东人民出版社1993年版。

〔清〕童范严修，陈庆龄等纂：《临川县志》，同治九年(1870)刻本。

〔清〕屠英等修，胡森等纂：《肇庆府志》，清道光十三年(1833)刻本，岭南美术出版社2009年版。

〔清〕叶鈵：《明纪编遗》，清康熙三十九年(1700)事天阁刻本。

〔清〕印光任、张汝霖著，赵春晨点校：《澳门纪略》，广东高等教育出版社1988年版。

〔清〕张廷玉等撰，中华书局编辑部点校：《明史》，中华书局1974年版。

〔清〕赵翼著，王树民校证：《廿二史札记校证》，中华书局2013年版。

程树德：《九朝律考》，中华书局2006年版。

梁赞燊等纂：《高要县志》，民国三十七年(1948)版。

2. 著作

〔澳〕杰弗里·C. 冈恩(Geoffrey. C. Gunn)著，秦传安译：《澳门史：1557—1999》，中央编译出版社2009年版。

〔德〕彼得·克劳斯·哈特曼(Peter C. Hartmann)著，谷裕译：《耶稣会简史》，宗教文化出版社2003年版。

〔法〕埃德蒙·帕里斯(Edmond Paris)著,张茹萍、勾永东译:《耶稣会士秘史》,中国社会科学出版社1990年版。

〔法〕费赖之(Louis Pfister)著,冯承钧译:《在华耶稣会士列传及书目》,中华书局1995年版。

〔法〕裴化行(Henri Bernard)著,管震湖译:《利玛窦评传》,商务印书馆1993年版。

〔法〕裴化行(Henri Bernard)著,管震湖译:《利玛窦神父传》,商务印书馆1998年版。

〔法〕裴化行(Henri Bernard)著,王昌祉译:《利玛窦司铎和当代中国社会》,上海徐家汇土山湾印书馆1943年版。

〔法〕裴化行(Henri Bernard)著,萧濬华译:《天主教十六世纪在华传教志》,商务印书馆1936年版。

〔法〕荣振华(Joseph Dehergne)等著,耿昇译:《16—20世纪入华天主教传教士列传》,广西师范大学出版社2010年版。

〔法〕沙百里(Jean Charbonnier)著,耿昇、郑德弟译:《中国基督徒史》,台北光启出版社2005年版。

〔法〕谢和耐、戴密微等著,耿昇译:《明清间耶稣会士入华与中西汇通》,东方出版社2011年版。

〔美〕邓恩(George H. Dunne)著,余三乐、石蓉译:《一代巨人——明末耶稣会士在中国的故事》,社会科学文献出版社2014年版。

〔美〕夏伯嘉(R. Po-chia Hsia)著,向红艳、李春园译:《利玛窦:紫禁城里的耶稣会士》,上海古籍出版社2012年版。

〔葡〕巴洛斯(João de Barros)等著,何高济译:《十六世纪葡萄牙文学中的中国》,中华书局2013年版。

〔葡〕伯来拉(Galeote Pereira)、克路士(Gaspard da Cruz)等著,何高济译:《南明行纪》,工人出版社2000年版。

〔葡〕若泽·赫尔曼诺·萨拉依瓦(José Hermano Saraiva)著,李均报、王全礼译:《葡萄牙简史》,花山文艺出版社1994年版。

〔葡〕萨安东(António Vasconcelos de Saldanha)主编:《16—19世纪葡中关系史研究》,澳门东方葡萄牙学会1996年版。

〔葡〕施白蒂(Beatriz Basto da Silva)著,小雨译:《澳门编年史(16—18世纪)》,澳门基金会1995年版。

〔葡〕曾德昭(Alvaro Semedo)著,何高济译:《大中国志》,上海古籍出版社1998年版。

〔日〕榎一雄:《明末澳门》,《榎一雄著作集》(5),日本汲古书院1993年版。

〔日〕平川祐弘著,刘岸伟等译:《利玛窦传》,光明日报出版社1999年版。

〔瑞典〕龙思泰(Anders Ljungstedt)著,吴义雄等译:《早期澳门史》,东方出版社1997年版。

〔意〕范礼安(Alessandro Valignano)著,〔日〕高桥裕史译注:《东印度巡察记》,日本平凡社2005年版。

〔意〕柯毅霖(Gianni Criveller)著,王志成、思竹、汪建达译:《晚明基督论》,四川人民出版社1999年版。

〔意〕利玛窦(Matteo Ricci)、〔比〕金尼阁(Nicolas Trigault)著,何高济、王遵仲、李申译:《利玛窦中国札记》,中华书局1983年版。

〔意〕利玛窦(Matteo Ricci)著,罗渔译:《利玛窦书信集》,台北光启出版社1986年版。

〔意〕利玛窦(Matteo Ricci)著,〔法〕梅谦立(Thierry Meynard)注:《天主实义今注》,商务印书馆2014年版。

〔意〕利玛窦(Matteo Ricci)著,文铮译:《利玛窦书信集》,商务印书馆2018年版。

〔意〕罗明坚(Michele Ruggieri):《天主圣教实录》,台湾学生书局
　　1966年版。

〔意〕罗明坚(Michele Ruggieri)著,〔意〕罗·萨多(Eugenio Lo
　　Sardo)整理,金国平等译:《大明国图志——罗明坚中国地图
　　集》,澳门特别行政区政府文化局2013年版。

〔英〕C. R.博克舍(Boxer,C. R.)编注,何高济译:《十六世纪中国南
　　部行纪》,中华书局2019年版。

(澳门)《文化杂志》编:《十六和十七世纪伊比利亚文学视野里的中国
　　景观》,大象出版社2003年版。

陈丙先:《菲律宾殖民当局的对华政策(16—17世纪)》,厦门大学出
　　版社2015年版。

崔维孝:《明清之际西班牙方济会在华传教研究(1579—1732)》,中
　　华书局2006年版。

戴裔煊:《〈明史·佛郎机传〉笺正》,中国社会科学出版社1984年版。

樊树志:《万历传》,人民出版社1993年版。

方豪:《中国天主教史人物传》,中华书局1988年版。

费成康:《澳门:葡萄牙人逐步占领的历史回顾》,上海社会科学院出
　　版社2004年版。

顾卫民:《葡萄牙海洋帝国史(1415—1825)》,上海社会科学院出版
　　社2018年版。

顾卫民:《"以天主和利益的名义":早期葡萄牙海洋扩张的历史》,社
　　会科学文献出版社2013年版。

湖北省地方志编纂委员会编:《湖北省志·宗教》,湖北人民出版社
　　1997年版。

黄一龙:《两头蛇——明末清初的第一代天主教徒》,上海古籍出版社
　　2015年版。

金国平、吴志良：《早期澳门史略》，广东人民出版社2007年版。

金国平编译：《西方澳门史料选萃(15—16世纪)》，广东人民出版社 2005年版。

黎玉琴主编：《意犹未尽利玛窦》，世界图书出版公司2019年版。

李德复、陈金安主编：《湖北民俗志》，湖北人民出版社2002年版。

戚印平：《耶稣会士与晚明海上贸易》，社会科学文献出版社2017 年版。

戚印平：《远东耶稣会史研究》，中华书局2007年版。

沈定平：《明清之际中西文化交流史——明代：调适与会通》(增订 本)，商务印书馆2007年版。

宋黎明：《神父的新装——利玛窦在中国(1582—1610)》，南京大学 出版社2011年版。

汤开建：《澳门开埠初期史研究》，中华书局1999年版。

万明：《中葡早期关系史》，社会科学文献出版社2001年版。

吴志良、金国平、汤开建主编：《澳门史新编》，澳门基金会2008年版。

吴志良、汤开建、金国平主编：《澳门编年史》，广东人民出版社2009 年版。

徐宗泽：《中国天主教传教史概论》，上海徐家汇土山湾印书馆1938 年版。

张奉箴：《福音流传中国史略》，台湾辅仁大学出版社1971年版。

张天泽著，王顺彬、王志邦译：《中葡通商研究》，华文出版社2000 年版。

张天泽著，姚南、钱江译：《中葡早期通商史》，香港中华书局1988 年版。

张文达：《中国军事人物辞典》，黑龙江人民出版社1988年版。

张维华：《明史欧洲四国传注释》，上海古籍出版社1982年版。

张西平:《欧洲早期汉学史》,中华书局2009年版。

3.论文

崔维孝:《明清之际西班牙方济会在华传教研究(1579—1732)》,暨
　　南大学博士学位论文,2004年。

高源:《儒家典籍在欧洲首次译介考辨》,《历史研究》2021年第1期。

顾卫民:《范礼安与早期耶稣会远东(中国与日本)传教》,《史林》
　　2001年第2期。

何凯文、龚智:《利玛窦仙花寺遗址位置的"文化整体"研究》,《肇庆学
　　院学报》2015年第1期。

江彩芳:《范礼安与中日传教团(1578—1606)》,暨南大学硕士学位
　　论文,2008年。

江应樑:《古代暹罗与中国的友好关系》,《思想战线》1983年第4期。

蒋祖缘:《明代广东巡抚与两广总督的设置及其历史地位》,《广东社
　　会科学》1999年第2期。

金国平、吴志良:《"火者亚三"生平考略——传说与事实》,《明史研
　　究论丛》(第10辑),紫禁城出版社2012年版。

金国平、吴志良:《葡人入居澳门开埠历史渊源新探》,《三条丝绸之路
　　比较研究学术讨论会论文集》,2001年。

康志杰:《最早到湖北传教的欧洲传教士》,《民族大家庭》1994年第
　　2期。

李护暖:《仙花寺遗址初考》,肇庆市地方志编撰委员会办公室编:《肇
　　庆市地方史专辑》,1985年版。

林东阳:《利玛窦的世界地图及其对明末士人社会的影响》,《纪念利
　　玛窦来华四百周年中西文化交流国际学术会议论文集》,台湾辅
　　仁出版社1983年版。

刘芳:《论明末天主教在湖北的开教情况》,《中国天主教》2012年第
　　1期。

刘利平:《论吴桂芳提督两广之治绩》,《明史研究》(第12辑),黄山书
　　社2012年版。

刘明强:《番鬼屋就是利玛窦的仙花寺》,《韶关学院学报》2012年第
　　9期。

刘晓生:《明代〈观察山阴王公生祠记〉碑文初考》,《肇庆学院学报》
　　2013年第3期。

刘晓生:《"仙花寺"位置与得名再探》,赵克生、黎玉琴编:《第三届"利
　　玛窦与中西文化交流"国际学术研讨会论文集》,中山大学出版
　　社2013年版。

罗星:《罗明坚〈中国地图集〉研究》,贵州大学硕士学位论文,
　　2017年。

戚印平:《"Deus"的汉语译词以及相关问题的考察》,《世界宗教研
　　究》2003年第2期。

宋黎明:《利玛窦与谭谕(Tansiaohu)》,黎玉琴主编:《意犹未尽利玛
　　窦》,世界图书出版公司2019年版。

宋黎明:《仙花寺与刘公祠在同一地点吗? ——耶稣会在华第一座天
　　主教堂考》,《西江文博》2013年第2期。

宋黎明:《中国地图:罗明坚和利玛窦》,《北京行政学院学报》2013年
　　第3期。

唐坚、刘明强:《利玛窦仙花寺建筑考》,《肇庆学院学报》2015年第
　　1期。

万明:《从八封信简看耶稣会士入华的最初历程》,《文献》1993年第
　　3期。

汪前进:《罗明坚编绘〈中国地图集〉所依据中文原始资料新探》,《北

京行政学院学报》2013 年第 3 期。

王慧宇:《现存最早的欧洲语言〈孟子〉手稿析论》,《哲学研究》2021
　　年第 6 期。

王慧宇:《早期来华耶稣会士对儒家经典的解释与翻译——以罗明坚
　　〈中庸〉手稿为例》,《国际汉学》2016 年第 4 期。

王庆余:《王泮和他的〈中国全图〉》,《自然杂志》1985 年第 5 期。

吴宏岐、韩虎泰:《明代两广总督府址变迁考》,《中国历史地理论丛》
　　第 28 卷第 3 辑。

伍玉西:《澳门与马尼拉关系的开始——1579—1584 年间赴澳门的
　　西班牙人》,《社会科学辑刊》2016 年第 4 期。

伍玉西:《明代中后期"广州交易会"与中西文化交流》,《广州大学学
　　报》(社会科学版)2016 年第 10 期。

谢辉:《罗明坚〈天主实录〉刊印流传考》,《汉籍与汉学》2017 年第
　　1 期。

谢明光:《从新发现文献再探罗明坚及其在华传教》,《国际汉学》2020
　　年第 4 期。

徐丽:《明清肇庆城市的发展及其影响因素》,暨南大学硕士学位论
　　文,2011 年。

杨科:《罗明坚〈四书〉西班牙语译本手稿研究》,北京外国语大学硕士
　　学位论文,2019 年。

杨少芳:《西人汉语学习第一篇:〈宾主问答辞义〉初探》,《国际汉学》
　　2018 年第 2 期。

姚丽雅:《耶稣会远东巡察使范礼安(1539—1606)及其远东传教事
　　业》,上海大学硕士学位论文,2006 年。

岳峰、郑锦怀:《西方汉学先驱罗明坚的生平与著译成就考察》,《东方
　　论坛》2010 年第 3 期。

曾新:《明代广州城市自然环境及城市布局的特征——明代地方文献中的广州城地图研究》,《岭南文史》2005年第4期。

张西平:《西方汉学的奠基人罗明坚》,《历史研究》2001年第3期。

张西平:《罗明坚与儒家思想早期在欧洲的传播》,《国际汉学》2016年第3期。

张西平:《儒家思想早期在欧洲的传播》,《中国文化研究》2016年第3期。

赵玉田:《明代肇庆知府王泮仕途考》,《岭南文史》2013年第1期。

朱雁冰:《从西方关于儒家思想的最早传说到利玛窦的儒学评价》,《神学论集》1993年第96期。

〔法〕梅谦立(Thierry Meynard)、王慧宇:《耶稣会士罗明坚与儒家经典在欧洲的首次译介》,《中国哲学史》2018年第1期。

〔法〕裴化行(Henri Bernard):《明代闭关政策与西班牙天主教传教士》,中外关系史学会、复旦大学历史系编:《中外关系史译丛》(第4辑),上海译文出版社1988年版。

〔法〕舒特(J. F. Schütte)著,耿昇译:《耶稣会士进入中国的过程》,《西北第二民族学院学报》(哲学社会科学版)2000年第1期。

〔美〕霍华德·林斯特拉编,万明译:《1583—1584年在华耶稣会士的8封信》,《国际汉学》(第2辑),大象出版社1998年版。

〔美〕马爱德(Edward Malatesta):《范礼安——耶稣会赴华工作的决策人》,(澳门)《文化杂志》1994年第4期。

〔美〕西比斯(Joseph Sebes):《利玛窦的前辈》,(澳门)《文化杂志》1994年第4期。

〔美〕杨福绵:《罗明坚、利玛窦〈葡汉辞典〉所记录的明代官话》,《中国语言学报》1995年第5期。

〔葡〕萨安东(António Vasconcelos de Saldanha)著,金国平译:《罗

明坚在欧洲》,〔意〕罗明坚著,〔意〕罗·萨多整理,金国平等译:
《大明国图志——罗明坚中国地图集》,澳门特别行政区政府文
化局2013年版。

〔意〕德礼贤(Pasquale M. D'Elia)著,谢明光译:《第一本中文基督教
义手册的历史——汉学肖像》,《国际汉学》2016年第2期。

〔意〕麦克雷(Michele Ferrero)、才常慧译:《罗明坚:"中国简介"和
"中国天主教教义释义",1582年》,《国际汉学》2016年第3期。

〔意〕麦克雷(Michele Ferrero)著,张晶晶译:《〈论语〉在西方的第一
个译本:罗明坚手稿翻译与研究》,《国际汉学》2016年第4期。

4.外文文献

A. H. Rowbotham, *Missionary and Mandarin, The Jesuits at the Court of China,* Berkeley University Press, 1942.

Albert Chan, S. J. , "Michele Ruggieri, S. J.(1543-1607) and His Chinese Poems", *Monumenta Serica* 41 (1993).

ARSI, Jap-Sin(Archivvm Romanum Societatis Iesu, Japonica-Sinica).101, fols.

C. R. Boxer. *The Portuguese Seaborne Empire(1415-1825), Alfred A. Knopf, 1969.

E. Bretschneider, *Medival researches from eastern Asiatic sources : fragments towards the knowledge of the geography and history of central and western Asia from the 13th to the 17th century.* Munshirm Manoharlal Pub Pvt Ltd.

Joseph Dehergne, S. J. , "Les Chréstientés de Chine de la Période Ming 1581-1650", *Monumenta Serica* 15 (1957).

Lúcio de Sousa, *The Early European Presence in China, Japan, the Philippines and Southeast Asia (1555-1590)—The Life of Bartolomeu Landeiro*，Macao: Macao Foundation，2010.

后　记

　　罗明坚1579年来到澳门，1583年进入中国内地长期居住，成为中西初识时代中西文化交流的开创者和铺路人。1588年，他被安排回欧洲，从中国消失，后来又因利玛窦的高大身影，从大多数历史叙述者的视野里消失。

　　写这样一本小书，关注这样一个"小人物"，已酝酿了一些时日。十几年前第一次看《利玛窦中国札记》，被首度入华耶稣会士们的中国"奇遇"所吸引，后来因为工作关系，编辑和阅读了不少相关书籍，对葡萄牙和传教士如何进入中国，中国政府怎么应对，各个阶层如何反应，饶有兴趣。我们的教科书和大量的研究著作，对传教士最初进入中国的叙述比较粗略，且几乎一个口吻，将初创行动和中西文化交流的奠基之功，一股脑算在后来成功进入北京的利玛窦头上，而对创造了中西文化交往史上多个"第一"的罗明坚忽略不提或作为利玛窦的陪衬一笔带过。过去求学时代所受的学术训练教导我，凡事皆有因由，且宜从小处着手、从大处着眼去观察、阐释。中西初识时代所谓"一代巨人"的故事，就发生在这片我所熟悉的土地上，他们的到来，曾经惊动了上至朝臣下至街民形形色色人，透露了我们社会和文化的基因，因此我试图弄清具有标本意义的罗明坚。

　　伴随着有关罗明坚史料的不断发现，国内外学者张西平、金国平、吴志良、戚印平、汤开建、宋黎明、夏伯嘉（R. Po-chia Hsia）、萨安东（António Vasconcelos de Saldanha）、麦克雷（Michele Ferrero）、梅谦立（Thierry Meynard）、汪前进、杨慧玲、岳峰、罗莹、王慧宇、伍玉西等，在各自的研究领域，对罗明坚的中西文化交流活动、著述和地位，给予了更多关注和肯定，使罗明坚的形象逐渐清晰起来，走出了利玛窦的身影。这更坚定了我在本职工作之余，撰写这一本小书的信心。去年新冠疫情期间，我得闲顺便走马观花式地参观了某个大型博物馆的展览，看到展览结尾处说到中西文化交流一段，在利玛窦硕大照片之下，照例是"中西文化交流第一人"的标签，近旁的电视里，传来雄壮的男中音："利玛窦是中西文化交流的第一人，他是第一位到中国内地的传教士，他是第一位用拉丁文翻译《四书》的西方人，他建立了中国第一个天主教堂……"展览馆空旷旷的，但还是有一对青年人伫立屏幕前，了解这些"知识"。我当时庆幸自己在做一件该做的事。

经过较长时间的材料收集工作后，我开始动笔撰稿。但在取什么体例和笔法上，颇犯踌躇。本书现在这个样子，是不断调整的结果。前七个部分讲述罗明坚来去中国的背景、过程，采取叙事的笔调，甚至还描述了一些历史场景，其中虽然也有一些作为叙事组成部分的引文，但均是通俗易懂的文字，资料出处、必要的解释和难懂的引文材料，都放在脚注中。第八部分多为论述性文字，想将罗明坚与他周围的人、行走过的社会做一番梳理，算是总结一下自己多年来的有关思考。

关于历史研究是走前现代的叙事之路，还是走现代大行其道的阐释之路，一直有争议。知名党史专家杨奎松将历史研究看作是人的研究，认为历史学研究和写作，应该坚持走叙事的路，而且叙事要如史学大家陈寅恪所言："与立说之古人，处于同一境界，而对于其持论所以不得不如是之苦心孤诣,表一种同情。"本人服膺其说,但要做到以"了解之同情"姿态,客观、中立、生动地讲好历史故事,殊为不易。还原一个具有标本意义历史人物的鲜活生命历程,弄清其交往的人、经过的事,让读者感知个体命运与社会的关联以及历史现象背后的历史逻辑,在某种程度上,比抽象地分析总结其学说、思想和历史影响之类更加艰难。

本书试图以现有的资料,叙说罗明坚东奔西走(包括在中西方间的"东奔""西走"和进入中国内地后的"东奔西走")的具体过程,厘清他所经历事件的来龙去脉;试图从他个人的经历,反观利玛窦、范礼安、王泮、陈瑞、郭应聘、沙勿略、桑切斯、卡布拉尔、菲利普二世等历史人物及中西初识时代的中西方社会;试图从罗明坚与其行走社会的关系,让读者感知个体或阶层命运与政治制度、社会组织、文化传统的关联性。

本书写作过程中,参考了大量前人所作的相关研究,得到了不少学者的指导和不少朋友、同事的鼓励或帮助;出版过程中,得到了中华书局执行董事徐俊、总编辑周绚隆、学术著作编辑室主任罗华彤的大力支持,本书责任编辑王贵彬对书稿进行了悉心编辑处理,在此表示衷心感谢!

因为本人占有材料和笔力的局限,书中多有不尽如人意之处,写作的初衷远没有实现,敬祈读者方家批评指正。

2021年3月10日
广州东山印象台